La revue Legs et Littérature est une publication de l'Association Legs et Littérature (ALEL). L'Association remercie l'Institution Éducative Notre Dame (INEND) et Carrol F. COATES, professeur émérite à l'Université de Binghamtom, pour leur soutien financier.

Ce numéro est dédié à Dereck Walcott, écrivain Sainte-lucien, mort au moment de la préparation de ce numéro, le 17 mars 2017.

Redactrice en chef
Mirline Pierre

Sous la direction de :
Carolyn Shread
Dieulermesson Petit Frère

Les points de vue contenus dans les articles sont exprimés sous la responsabilité de leurs auteurs. Tous les textes de ce numéro sont protégés par le Bureau haitien du droit d'auteur (BHDA).

ISSN : 2307-0234
ISBN : 978-99970-86-25-9
LEGS ÉDITION
Dépôt légal : 17-05-242
Bibliothèque Nationale d'Haïti

© Legs et Littérature, mai 2017

Contact :
www.legsedition.com
alel.legsedition.net
legsetlitterature@venez.fr
509 37 48 59 51
509 37 45 33 05
26, Delmas 8, Port-au-Prince, Haïti.

La rédaction

Wébert Charles
(Haïti)

Dieulermesson Petit Frère
(Haïti)

Jean Watson Charles
(France)

Catherine Boudet
(Ile Maurice)

Mirline Pierre
(Haïti)

Carolyn Shread
(États-Unis)

Guillemette de Grissac
(France-Réunion)

Jean James Estépha
(Haïti)

Fritz Calixte
(France-Haïti)

Claudy Delné
(États-Unis-Haïti)

Kokouvi Dzifa Galley
(Togo)

La revue Legs et Littérature est une publication de l'Association Legs et Littérature (ALEL). L'Association remercie l'Institution Éducative Notre Dame (INEND) et Carrol F. COATES, professeur émérite à l'Université de Binghamtom, pour leur soutien financier.

Ce numéro est dédié à Dereck Walcott, écrivain Sainte-lucien, mort au moment de la préparation de ce numéro, le 17 mars 2017.

Redactrice en chef
Mirline Pierre

Sous la direction de :
Carolyn Shread
Dieulermesson Petit Frère

Les points de vue contenus dans les articles sont exprimés sous la responsabilité de leurs auteurs. Tous les textes de ce numéro sont protégés par le Bureau haitien du droit d'auteur (BHDA).

ISSN : 2307-0234
ISBN : 978-99970-86-25-9
LEGS ÉDITION
Dépôt légal : 17-05-242
Bibliothèque Nationale d'Haïti

© Legs et Littérature, mai 2017

Contact :
www.legsedition.com
alel.legsedition.net
legsetlitterature@venez.fr
509 37 48 59 51
509 37 45 33 05
26, Delmas 8, Port-au-Prince, Haïti.

La rédaction

Wébert Charles
(Haïti)

Dieulermesson Petit Frère
(Haïti)

Jean Watson Charles
(France)

Catherine Boudet
(Ile Maurice)

Mirline Pierre
(Haïti)

Carolyn Shread
(États-Unis)

Guillemette de Grissac
(France-Réunion)

Jean James Estépha
(Haïti)

Fritz Calixte
(France-Haïti)

Claudy Delné
(États-Unis-Haïti)

Kokouvi Dzifa Galley
(Togo)

Éditorial

LA CARAÏBE, UNE COMPLEXITÉ À MÉTISSER

Les tentatives de définition de la Caraïbe se limitent le plus souvent à une approche géo-spatiale. D'où tout discours à son sujet revêt toujours un cachet géopolitique. Or, en dehors de sa position géographique et son apport dans les questions politiques et économiques, la Caraïbe constitue une grande richesse en termes d'unité et de diversité sur les plans culturel, linguistique et littéraire. Mis à part les clivages politiques et/ou les intérêts économiques voire ses particularités ethniques, ses différentes subdivisions géographiques font d'elle une mosaïque culturelle.

« *L'un des lourds héritages de la Caraïbe est la colonisation* »

L'un des lourds héritages de la Caraïbe est la colonisation. C'est ce que souligne Jean Casimir qui affirme que « Dès que l'on parle de la mise en place des sociétés de la Caraïbe, on pense à l'établissement de groupes ethniques de diverses origines dans des sociétés esclavagistes[1] ». Qualifiées constamment de « sociétés postcoloniales », les communautés qui la composent souffrent d'un déficit d'identité et sont dans une perpétuelle quête de définition et de représentation de soi. Connue pour ses écrivains, ses artistes et sa culture éclectique, la Caraïbe compte trois prix Nobel de littérature : Saint-John Perse (Guadeloupe), Derek Walcott (Sainte-Lucie) et V.S. Naipaul (Trinidad). Dans ce numéro de la *Revue Legs et Littérature*, les contributeurs se sont

---

1. Jean Casimir, « La suppresion de la culture africaine dans l'histoire d'Haïti », *Socio-anthropologie*, no 8, 2000.
https://socio-anthropologie.revues.org/124. Consulté le 9 mai 2017.

donc attelé d'allumer les projecteurs sur cette portion géographique du continent américain qui constitue à elle seule une mixité culturelle d'envergure. Les lectures sont plurielles, les pistes de réflexions sont très profondes et appréhendent le monde caribéen comme un ensemble à la fois homogène et hétérogène, en d'autres termes, un tout complexe. Aussi est-il considéré dans ses différentes dimensions historique, linguistique, littéraire et culturelle aux fins de mieux aider à comprendre toute la complexité de ses savoirs et ses dynamiques politiques, sociales et culturelles.

Composée fondamentalement des Grandes et des Petites Antilles, la Caraïbe est une aire fragmentée et éclatée ; comme espace de cohabitation, elle est à la fois francophone, anglophone, hispanophone et même germanophone. D'où l'impossibilité de parler d'unité ou d'uniformisation de la Caraïbe, alors qu'il ne semble point impossible de parler d'une conscience caribéenne. Outre le passé colonial et esclavagiste qui est l'une des spécificités de la région, c'est aussi « une zone géopolitique où les violences politiques sont multiples et ce quelle que soit la nature politique des régimes en vigueur[2] ». Autrement dit, elle constitue un lieu d'instabilité miné par les tensions et les luttes politiques pour/dans l'exercice du pouvoir, la misère chronique due à une économie exsangue, un environnement ravagé par les cyclones et les catastrophes naturelles.

> *« C'est une zone géographique où les violences politiques sont multiples »*

« Espace tropical situé à la confluence de l'Amérique[3] », né du métissage, la Caraïbe, pour reprendre une expression de Romain Cruse est « un territoire à géométrie variable[4] » si l'on tient compte de l'ensemble des paradoxes entourant l'espace au regard des représentations qui en découlent. Claudy Delné suggère de «

---

2. Laurent Jalabert, « Les violences politiques dans les États de la Caraïbe insulaire (1945 à nos jours) », *Amnis*, 3, 2003. http://amnis.revues.org/484. Consulté le 9 mai 2017.

3. Eric Dubesset, « Penser autrement l'identité régionale caribéenne », *Études caribéennes*, 21, avril 2012.
https://etudescaribeennes.revues.org/5739. Consulté le 9 mai 2017.

4. Romain Cruse, « La Caraïbe, un territoire à géométrie variable », *Visionscarto*, 23 novembre 2013, http://blog.mondediplo.net/2012-11-23-La-Caraibe-un-territoire-a-geometrie-variable. Consulté le 7 mai 2017.

l'appréhender en tant que conscience insaisissable » (p. 129) vu toute la complexité de parler de « l'existence certaine d'une véritable communauté caribéenne[5] », mais de « se concentrer sur le patrimoine commun » (p. 129) entre autres la créolisation perçue selon Giraud comme un processus de fabrication culturelle[6]. Ce qui donne raison à Delné d'affirmer que « la Caraïbe est un humanisme » (p. 130). Dans son article, Audrey Debibakas évoque la Caraïbe sous la notion d'archipel dans la mesure où il s'agit d'une « unité diffractée sous forme de traces, de pulsions et d'élans mais qui se traduit aussi et essentiellement et par la présence douloureuse du manque » (p. 161). Aussi parler de ce bloc revient-il à soulever la question de la mémoire (collective), le déplacement et la dispersion puisque la population caribéenne est composée de toutes ces ethnies ayant « vécu une brutale rupture de filiation avec leur terre matricielle. Le lieu n'est donc dans ce contexte jamais acquis et habité. On est face à une perpétuelle "recherche du lieu" » (p. 162).

« *Le Caribéen se considère toujours comme l'incarnation de son pays* »

À travers deux figures de femmes, Jean-James Estépha a soulevé la question de l'origine, la mémoire, l'attachement et le sentiment d'appartenance du Caribéen à sa terre natale, ce qui fait que même exilé ou migrant il a toujours avec lui ce coin de terre duquel il ne peut se détacher. La région caribéenne est particulière et chacun a sa propre façon de l'habiter et de se faire habiter par elle. D'où ce besoin vital et essentiel pour le migrant « de s'affirmer, de continuer à vivre… en s'appuyant sur son premier ou unique bagage qu'on emporte partout : son identité insulaire » (p. 120) car le Caribéen se considère toujours « comme l'incarnation de son pays » (p. 124). Dans ce même registre d'insularité, Serghe Kéclard bouscule les dogmes, les pratiques pour proposer une autre lecture de la littérature martiniquaise que l'on a tendance à réduire à un petit groupe d'écrivains comme il est coutume chez nous restreindre la

---

5. Michel Giraud, « Faire la Caraïbe, comme on refait le monde », Pouvoirs dans la Caraïbe, 14, 2004, http://plc.revues.org/252. Consulté le 9 mai 2017. .
6. Ibid.

production littéraire à une petite chapelle. Se démarquant de cette vision fermée et minimaliste pour « élargir la vision du champ littéraire martiniquais », il étudie avec finesse l'œuvre de Georges E. Mauvois qui est, à ses yeux, une figure littéraire incontournable de la Martinique et qui porte en lui la Caraïbe.

La langue, en particulier le créole/kreyòl qui est également un élément clé de la thématique de ce numéro est abordée à travers le prisme de la littérature. À partir d'une démarche comparative du français, de langue africaine, en particulier le fon, le Dr Saint-Fort a, dans son papier, cherche à expliquer, à la lumière d'approches de différents chercheurs ayant mené des études sur les créoles, les origines du créole haïtien qui se définit comme « une langue autonome qui a forgé son propre système lexical, syntaxique et phonologique » (p. 90). Il a donc passé en revue la situation linguistique des différentes populations de la colonie de Saint-Domingue, y compris leurs origines géographiques, pour essayer de faire ressortir l'influence de ces diverses langues dans la création du créole. Pour sa part, Frenand Léger se propose de « déterminer le rôle de la langue haïtienne dans l'économie générale de l'œuvre romanesque » (p. 36) de Gary Victor. Il s'est donc appuyé sur ses trois premiers romans tout en s'intéressant à la « créolisation linguistique du français » (p. 36) aux fins d'analyser les enjeux et les qualités esthétiques de cette démarche. Si le créole est la langue principale de la majorité des Haïtiens, il n'est pas pour autant celle la plus utilisée dans la production littéraire. À bien considérer toute la masse de la production littéraire haïtienne, l'on conviendrait que l'étoffe « littérature d'expression française » lui sied au mieux que toute autre forme de dénomination. À ce niveau que la réflexion de Mirline Pierre met sur le tapis une question séculaire, à savoir cette dichotomie créole/français, qui a toujours fait couler beaucoup d'encre et de salive. Partant du fait que le français est, qu'on le veuille ou non, « la langue de production par excellence de la majorité des écrivains [haïtiens] » (p.153), il convient de s'interroger sur les représentations du créole dans la littérature, son mode d'appropriation par les créateurs.

Par ailleurs, le professeur Benjamin Hebblewaithe a proposé une large réflexion en langue créole sur le vaudou –ce mode d'être de l'Haïtien au monde. Sa contribution présente un intérêt à deux niveaux. D'abord, il y a l'aspect culturel puisqu'il porte sur un élément fondamental de la culture haïtienne, le vaudou. Et l'aspect linguistique qui rejette l'idée axée sur l'impossibilité de mener une réflexion scientifique en langue créole. Il est allé dans le fond des choses en questionnant certaines pratiques rituéliques, en particulier le rite Rada afin de saisir sa complexité et son mode opératoire au regard des religions mondiales.

D'un autre côté, même si la littérature haïtienne se définit comme une littérature d'expression française, les réalités qu'elle met en scène, en particulier, le genre romanesque haïtien, sont « pétries des constantes de la vie courante haïtienne » (p. 19), souligne Alba Pessini en axant son propos principalement sur l'œuvre romanesque de Lyonel Trouilot. Des années 90 à nos jours, ce dernier a su construire une œuvre gigantesque. Le social étant un point clé de sa production, Pessini entend analyser, à partir d'une lecture approfondie de ses divers romans, l'engagement du romancier qui invite le lecteur à faire face à « une société incapable de se prendre en charge, où les individus traînent » (p. 26). Jamais société n'a été autant fragilisée, meurtrie et écartelée faute d'une certaine « revendication citoyenne », de vivre et être-ensemble. La démarche de Pierre Suzanne Eyenga Onana s'inscrit dans cette dynamique, à savoir confirmer que la littérature a cette capacité à « réécrire l'histoire des hommes » (p. 175) et proposer de nouvelles manières d'être et de vivre avec l'autre, donc avec soi. Autrement dit un autre individu avec une « nouvelle identité et mû par le besoin éthique de vivre ensemble avec ses concitoyens » (p. 178) dans une nouvelle société. La littérature est, dès lors, l'une des plus grandes formes d'expiation qui soit, et l'œuvre littéraire ne se conçoit jamais en dehors de l'histoire.

Loin la prétention d'avoir tout évoqué au sujet de ce bloc

> *« Jamais société n'a été autant fragilisée, meurtrie et écartelée faute d'une certaine revendication citoyenne »*

complexe et métissé qu'est la Caraïbe, ce numéro apporte un grand éclairage avec des voix et des regards multiples sur ces sociétés ayant « donnée naissance à des modes de vie originaux, dont les arts et la littérature témoignent[7] ».

Dieulermesson Petit Frère, M.A.

---

7. Dominique Chancé, *Histoires des littératures antillaises*, Paris, Ellipses, 2005, p. 6.

son mode d'appropriation par les créateurs.

Par ailleurs, le professeur Benjamin Hebblewaithe a proposé une large réflexion en langue créole sur le vaudou –ce mode d'être de l'Haïtien au monde. Sa contribution présente un intérêt à deux niveaux. D'abord, il y a l'aspect culturel puisqu'il porte sur un élément fondamental de la culture haïtienne, le vaudou. Et l'aspect linguistique qui rejette l'idée axée sur l'impossibilité de mener une réflexion scientifique en langue créole. Il est allé dans le fond des choses en questionnant certaines pratiques rituéliques, en particulier le rite Rada afin de saisir sa complexité et son mode opératoire au regard des religions mondiales.

D'un autre côté, même si la littérature haïtienne se définit comme une littérature d'expression française, les réalités qu'elle met en scène, en particulier, le genre romanesque haïtien, sont « pétries des constantes de la vie courante haïtienne » (p. 19), souligne Alba Pessini en axant son propos principalement sur l'œuvre romanesque de Lyonel Trouilot. Des années 90 à nos jours, ce dernier a su construire une œuvre gigantesque. Le social étant un point clé de sa production, Pessini entend analyser, à partir d'une lecture approfondie de ses divers romans, l'engagement du romancier qui invite le lecteur à faire face à « une société incapable de se prendre en charge, où les individus traînent » (p. 26). Jamais société n'a été autant fragilisée, meurtrie et écartelée faute d'une certaine « revendication citoyenne », de vivre et être-ensemble. La démarche de Pierre Suzanne Eyenga Onana s'inscrit dans cette dynamique, à savoir confirmer que la littérature a cette capacité à « réécrire l'histoire des hommes » (p. 175) et proposer de nouvelles manières d'être et de vivre avec l'autre, donc avec soi. Autrement dit un autre individu avec une « nouvelle identité et mû par le besoin éthique de vivre ensemble avec ses concitoyens » (p. 178) dans une nouvelle société. La littérature est, dès lors, l'une des plus grandes formes d'expiation qui soit, et l'œuvre littéraire ne se conçoit jamais en dehors de l'histoire.

Loin la prétention d'avoir tout évoqué au sujet de ce bloc

> « *Jamais société n'a été autant fragilisée, meurtrie et écartelée faute d'une certaine revendication citoyenne* »

complexe et métissé qu'est la Caraïbe, ce numéro apporte un grand éclairage avec des voix et des regards multiples sur ces sociétés ayant « donnée naissance à des modes de vie originaux, dont les arts et la littérature témoignent[7] ».

Dieulermesson Petit Frère, M.A.

---

7. Dominique Chancé, *Histoires des littératures antillaises*, Paris, Ellipses, 2005, p. 6.

Sommaire

• **Langues, Littératures et Cultures de la Caraïbe**

17   Littérature et société dans l'œuvre de Lyonel Trouillot
Par Alba Pessini

35   Le traitement du Kreyòl dans les trois premiers romans de Gary Victor
Par Franand LÉGER

57   De Foyal à Ayiti : Georges Eleuthère Mauvois, une insularité littéraire ouverte sur la Caraïbe
Par Serghe KÉCLARD

71   Le créole haïtien et ses origines : française ou africaine ?
Par Hugues SAINT-FORT

101   Sik salitasyon nan Rit Rada a : Patwon fondalnatal ak eleman patikilye nan salitasyon lwa rada yo
Par Benjamin HEBBLETHWAITE

121   D'Haïti ou de la Barbade, l'Antillais emporte toujours son île comme premier bagage. Lecture croisée de *La Dot de Sara* et *Moi, Tituba sorcière*
Par Jean James ESTÉPHA

133   La pensée archipélique face à la résurgence de l'extrême droite américaine ou du monde : du négrisme, de l'antillanité, de la créolité à la pensée archipélique
Par Claudy DELNÉ

153   Langues et Cultures en Haïti : la place du créole dans la littérature
Par Mirline PIERRE

165   L'archipel caribéen : entre désencrages géographiques et désencrages littéraires
Par Audrey DEBIBAKAS

183   *Le Briseur de rosée* d'Edwidge Danticat à l'épreuve du duvaliérisme : entre exorcisation, quête identitaire, devoir de mémoire et postulation éthique de l'être-ensemble
Par Pierre Suzanne EYENGA ONANA

Sommaire

• **Portrait et témoignage**

203   Édouard Glissant, un singulier héritier
        Par Fritz Calixte

207   Louis-Philippe Dalembert : « L'écriture m'aide à rassembler mes idées »
        Propos recueillis par Dieulermesson Petit Frère

• **Lectures**

217   *C'est avec mains qu'on fait chansons*
        Par Marie-Josée DESVIGNES

221   *Romances du levant*
        Par Kokouvi Dzifa GALLEY

225   *Les jeux du dissemblabe. Folie, marge et féminin en littérature haïtienne contemporaine*
        Par Robert BERROUËT-ORIOL

230   *Le pied de mon père*
        Par Jethro ANTOINE

233   *Banal oubli*
        Par Mirline PIERRE

236   *L'oeillet ensorcelé*
        Par Kokouvi Dzifa GALLEY

241   *Ferdinand, je suis à Paris*
        Par Dieulermesson PETIT FRERE

• **Créations**

247   *Escapades sous les Tropiques*
        Pascal Hermouet

251   *D'un voeu primapare*
        Robert Berrouët-Oriol

257   *Parenthèses*
        Navia Magloire

261   *Haute lutte*
        Jean Watson Charles

Sommaire

267 *Cologne*
     Milady Auguste

• Regards

275 *Comité international des études créoles, 15ème colloque international*
     Par Fritz Calixte

277 Prix, distinctions et événements

• Repères bibliographiques des écrivains de la Caraïbe

277 Recensement sélectif d'œuvres d'écrivains de la Caraïbe

279 **Liste des contributeurs**

• Première partie

Langues, Littératures, et Cultures de la Caraïbe

17   **Littérature et société dans l'œuvre de Lyonel Trouillot**
Par Alba PESSINI

35   **Le traitement du kreyòl dans les trois premiers romans de Gary Victor**
Par Frenand LÉGER

57   **De Foyal à Ayiti : Georges Eleuthère Mauvois, une insularité littéraire ouverte sur la Caraïbe**
Par Serghe KÉCLARD

71   **Le créole haïtien et ses origines : française ou africaine ?**
Par Hugues SAINT-FORT

101   **Sik salitasyon nan Rit Rada a : Patwon fondalnatal ak eleman patikilye nan salitasyon lwa rada yo**
Par Benjamin HEBBLETHWAITE

121   **D'Haïti ou de la Barbade, l'antillais emporte toujours son île comme premier bagage. Lecture croisée de *La Dot de Sara* et *Moi, Tituba sorcière***
Par Jean James ESTÉPHA

133 **La pensée archipélique face à la résurgence de l'extrême droite américaine ou du monde : du négrisme, de l'antillanité, de la créolité à la pensée archipélique**

Par Claudy DELNÉ

153 **Langues et cultures en Haïti : la place du créole dans la littérature**
Par Mirline PIERRE

165 **L'archipel caribéen : entre désancrages géographiques et désencrages littéraires**
Par Audrey DEBIBAKAS

183 **Le Briseur de rosée d'Edwidge Danticat à l'épreuve du duvaliérisme : entre exorcisation, quête identitaire, devoir de mémoire et postulation éthique de l'être-ensemble**
Par Pierre Suzanne EYENGA ONANA

Littérature et société dans l'œuvre de Lyonel Trouillot

Alba Pessini enseigne la langue et la littérature française à l'Université de Parme (Italie). Elle a obtenu son Doctorat en littérature comparée à l'Université Sorbonne Paris IV en cotutelle avec l'Université Alma Mater Studii de Bologna. Ses recherches concernent la littérature contemporaine française et francophone, en particulier les auteurs caribéens de langue française (Antilles, Haïti, Guyane). Elle s'est occupée dans sa thèse des écrivains de la diaspora haïtienne et de thématiques comme l'exil, la migration et le retour au pays natal.

Résumé

En partant d'un bref panorama des écrivains haïtiens qui ont ouvert la porte au roman qui s'impose tardivement sur la scène littéraire haïtienne nous essaierons de montrer comment le genre romanesque a mis, selon les moments et les revendications, l'accent sur différentes représentations de la société. Si au début de son parcours, avant l'Indigénisme, le roman s'applique à dénoncer les mœurs de la petite bourgeoisie, ses travers et sa corruption, c'est le monde rural (Jacques Roumain) et urbain (Jacques Stephen Alexis) que le roman interpellera dans les années 40 et la fin des années 50. L'époque contemporaine voit dans le roman une remise en question de l'aspect merveilleux prôné par Alexis. En nous concentrant sur l'œuvre romanesque de Lyonel Trouillot (sans pour autant perdre de vue d'autres auteurs qui publient leurs romans à la même époque, nous pensons entre autres à Gary Victor et Louis-Philippe Dalembert) nous tenterons de déchiffrer dans ses textes le regard qu'il pose sur la société et les individus qui la peuplent ainsi que le rôle que la littérature assume aujourd'hui dans une œuvre qui a été souvent définie comme engagée.

Mots clés

Lyonel Trouilot, littérature, société, engagement, réel urbain.

LITTÉRATURE ET SOCIÉTÉ DANS L'OEUVRE DE LYONEL TROUILLOT

Depuis son irruption tardive[1] sur le devant de la scène littéraire haïtienne, la forme romanesque accompagne les transformations de la société insulaire. Comme le souligne en général la critique et Léon-François Hoffmann en particulier dans ses ouvrages, le roman est d'abord paysan au début du XXe siècle, en prise directe avec le monde rural et ses difficultés et, plus tard, prolétaire (Jacques Stephen Alexis, *Compère Général Soleil*[2] et *L'Espace d'un cillement*[3]) : « ce transfert d'intérêt [...] reflète une évolution démographique uniformément accélérée : les cultivateurs abandonnent massivement les terres épuisées par l'érosion et la surexploitation pour venir s'entasser dans les bidonvilles urbains[4] ». L'évolution chronologique de la société informe le roman mais les récits fictionnels sont également pétris de constantes de la vie courante haïtienne : la corruption omniprésente, les thèmes liés au vodou, l'éternel conflit entre Noirs et Mulâtres (ce préjugé de couleur qui s'est matérialisé dès la naissance de la première République Noire et qui persiste aujourd'hui encore[5]), la présence du merveilleux au sein du quotidien.

---

1. Léon-François Hoffmann, *Le Roman haïtien. Idéologie et structure*, Sherbrooke, Naaman, 1982, p. 83.
2. Jacques Stephen Alexis, *Compère Général Soleil*, Paris, Gallimard, 1955.
3. Jacques Stephen Alexis, *L'Espace d'un cillement*, Paris, Gallimard, 1959.
4. Léon-François Hoffmann, *Littérature d'Haïti*, Vanves, EDICEF/AUPELF, 1995, p. 194.
5. Jean Métellus dans son ouvrage *Une nation pathétique* (Paris, Maisonneuve & Larose, 2003, pp. 251-252) nous en explique les tenants et les aboutissants.

Avec l'avènement des dictatures des Duvalier, les meurtrissures engendrées par le régime autoritaire vont peupler les romans qui demeurent essentiellement urbains. C'est ce réel que vont coucher sur papier les romanciers qui publient dans les années quatre-vingt-dix ; ils appartiennent à ce milieu, le partagent et c'est donc la ville – capitale ou ville de province – qui se déploie comme décor dans toute sa laideur et sa décadence ou, pire encore, sa décrépitude. Les descriptions de Port-au-Prince que nous trouvons tant chez Gary Victor, Yanick Lahens ou Lyonel Trouillot appellent le rapprochement. La ville chez ces romanciers devient monstrueuse, dévoreuse, c'est aussi un lieu commun de la narration où la mise en texte du réel haïtien semble arrivé à un point extrême de non-retour. La ville n'est pas seulement un espace physique avec ses miasmes, ses ordures, ses égouts à ciel ouvert, elle est aussi un espace social fait de heurts, de rapports de force à l'intérieur duquel les cloisons se veulent parfaitement étanches et où l'escalade de l'échelle sociale, lorsqu'elle est possible, ne se fait qu'au prix de renon-cements qui mettent en péril l'équilibre même de l'individu. Ces écrivains que nous avons cités affrontent le chaos, la misère et le dénuement. Dans cette nouvelle approche du réel, la dimension merveilleuse, d'enchantement, de la terre haïtienne si chère à Alexis s'effrite ou mieux s'inverse comme le souligne si bien Régis Antoine dans un chapitre de son anthologie analytique, *Rayonnants écrivains de la Caraïbe*, intitulé : « Le réalisme merveilleux dans la flaque ». Sa réflexion éclaire la démarche entreprise par les écrivains qui composent entre les années 80-90 ; il insiste sur le renversement qui s'opère dans ces mêmes années face au réalisme merveilleux prôné par Alexis, il ne s'agit pas selon lui d'une « théorie esthétique qui lui a été opposée » mais c'est plutôt « à travers un imaginaire et une poétique contraire que se désigne le retournement[6] ». La flaque est ainsi « le symbole d'une vie souillée et stagnante [...] ce cliché négatif brouille et recompose à l'opposite les éléments d'un enchantement révolu[7] ».

Doit-on reconnaître dans la façon que ces auteurs ont d'appréhender le réel, de

---

6. Régis Antoine, *Rayonnants écrivains de la Caraïbe*, Paris, Maisonneuve & Larose, 1998, p. 54.
7. Ibid., p. 53.

dénoncer les tares de leur société, l'engagement[8] qui a été celui d'autres écrivains comme Jacques Roumain ou Jacques Stephen Alexis ? La réponse ne peut être que positive en ce qui concerne le mot au sens large du terme, toutefois c'est un engagement qui ne s'embarrasse plus d'idéologies, la plupart du temps pernicieuses; ils sont avant tout écrivains mais aussi citoyens et comme tels il est bien sûr inévitable que certaines préoccupations se répercutent et passent à travers leurs œuvres. Les héros de leurs romans n'ont plus le caractère messianique d'un Hilarion ou d'un Manuel[9], il y a donc rupture avec un certain type d'engagement. Auparavant, la littérature romanesque ressentait en quelque sorte le besoin de proposer, d'avancer des « recettes » pour la métamorphose de la société. L'écriture, selon Lyonel Trouillot, se veut avant tout un acte de plaisir et il avoue à ceux qui l'interpellent sur le rôle de l'écrivain : « Moi je réponds à cela que j'*écris avec*. Je n'écris pas pour mais, *j'écris avec*. Pas avec ma réalité mais cette réalité. Je ne prétends pas changer la réalité en écrivant […] Je ne me sens pas obligé, quand j'écris, […] d'obéir à une sorte de commande sociale[10] ». Des mots que partage aussi Gary Victor puisque, dit-il, « il faut constamment rappeler aux gens que nous sommes avant tout des écrivains [….] que nous avons des préoccupations esthétiques[11] ». Toutefois s'ils n'écrivent pas pour intervenir sur la réalité, cette dernière est la toile de fond qui reflète une « esthétique du délabrement[12] ». Nous nous proposons ici, au-delà de ces points de contact que nous avons soulignés et qui nous semblent communs aux écrivains qui sont restés, refusant l'exil, sur le sol insulaire, de définir

---

8. Elena Pessini, « L'œuvre romanesque de Lyonel Trouillot: quelle écriture pour quel engagement ? », (Alessandro Costantini, éd.), *Interfrancophonies*, Nouvelles formes de l'engagement dans les littératures francophones, n° 7, 2016, pp. 101-115, <www.interfrancophonies.org>.
9. À la fois Hilarion dans *Compère Général Soleil* et Manuel dans *Gouverneurs de la rosée* avaient comme objectif d'améliorer leur situation mais aussi de contribuer à une société meilleure par un engagement politique et social.
10. Entretien de Guy Tegomo sur le site Africultures.com du 23 juin 2009 disponible à l'adresse suivante : http://www.africultures.com/php/index.php?nav=article&no=8720 (dernier accès 24 février 2016).
11. *D'Encre et d'exil 4: quatrièmes rencontres internationales des écritures de l'exil, rencontres organisées par la Bpi (Bibliothèque publique d'information) du 3 au 5 décembre 2004*, "Une heure avec Gary Victor", Paris, Bpi, 2005, p. 69.
12. Lyonel Trouillot, « Haïti 90 : l'esthétique du délabrement », *Notre Librairie*, Littérature haïtienne. De 1960 à nos jours, n. 133, janvier-avril 1998, pp. 22-25.

l'originalité des choix accomplis par Trouillot, depuis son premier roman *Les Fous de Saint-Antoine*[13], dans sa mise en scène du contexte social qui est la toile de fond de ses histoires. La société que peint Trouillot dans ses mécanismes d'exploitation et d'exclusion ne semble pas avoir fait de grands pas en avant depuis l'Indépendance; ce qui interroge l'écrivain n'est plus seulement le collectif mais plutôt l'individuel et c'est ainsi qu'il se focalise sur des vicissitudes personnelles au sein d'une communauté qui freine l'épanouissement de l'individu et « expose la difficulté d'être et la pénible naissance à soi-même[14] ».

La société représentée dans les textes de Trouillot génère des êtres à la personnalité multiple, des hommes et des femmes le plus souvent en proie à la schizophrénie, au dédoublement, une caractéristique qui revient chez d'autres écrivains notamment Frankétienne et Gary Victor. Ce dernier explique comme il suit, ce trait que l'on retrouve au fil de ses narrations :

> *Nous sommes dans un lieu où il faut constamment se construire des masques, parce que le poids du collectif est tel chez nous qu'il faut constamment se forger une personnalité par rapport à ce collectif et oublier le « je » oublier le « moi ». [...] D'ailleurs, nous nous trouvons tellement dans des pratiques de survie qu'il faut constamment être quelque chose pour survivre, s'oublier soi-même, oublier son âme*[15].

Le dédoublement, la schizophrénie comme pathologie qui frappe les individus est la thématique centrale du roman *Thérèse en mille morceaux*[16] publié en 2000 dans lequel la protagoniste Thérèse Décatrel, issue de la moyenne bourgeoisie de la ville du Cap, au Nord de l'île, décide de nous livrer son existence à travers le journal qu'elle tient pour se raconter. Le

---

13. Lyonel Trouillot, *Les Fous de Saint Antoine : traversée rythmique*, Port-au-Prince, Henri Deschamps, 1989.
14. Maïa Gabily, « Lyonel Trouillot : amères Caraïbes », http://www.zone-litteraire.com/zone/interviews/lyonel-trouillot-ameres-caraibes (dernier accès 24 février 2016).
15. *D'Encre et d'exil 4: quatrièmes rencontres internationales des écritures de l'exil*, rencontres organisées par la Bpi du 3 au 5 décembre 2004, cit, p. 72.
16. Lyonel Trouillot, *Thérèse en mille morceaux*, Arles, Actes Sud, 2000.

milieu bourgeois est le microcosme où se produit le drame de Thérèse, milieu qui l'a façonnée et dont elle doit respecter les non-dits, les interdits, les traditions. L'exercice d'é-criture que la protagoniste entreprend devient l'espace de la connaissance de soi, de la rencontre avec les multiples facettes qui l'habitent depuis que « l'autre Thérèse » est venue remettre en question ou mieux bouleverser une vie déjà tracée, faite de sentiments, d'actes et d'idées imposés par un milieu qui se love sur lui-même, érige des barrières, maintient ses défenses et refuse toute incursion de l'extérieur. Depuis sa naissance, Thérèse est prisonnière des conventions sociales qui régissent un monde en vase clos où l'enfermement est de rigueur. La demeure familiale est l'image même de cette clôture et les êtres qui y habitent se réduisent à incarner des « icônes » sans vie, des « zombies », des « vieux cadavres à répétition installés dans la moisissure[17] ». L'irruption dans sa vie de « l'autre Thérèse » lui permet de s'ouvrir à un monde ignoré jusque-là, un monde qui n'est plus celui de la surface et du chemin linéaire tel que les autres, et en particulier sa mère, ont voulu lui imposer. Grâce à l'intervention de son double, elle prend la mesure de son être au monde, de sa consistance en tant qu'individu, en effet, elle réalise « que les gens ont des vies intérieures, des avenues et des culs de sacs qui zigzaguent dans leurs têtes[18] ». Elle va lentement, non sans difficultés, se libérer de l'enfermement qui l'opprime, les résistances aux voix intérieures sont fortes. La lutte qui se joue entre les différentes Thérèse précède à un être multiforme, complexe. Lyonel Trouillot ne se limite pas à un portrait de la bourgeoisie par le biais de la vie de Thérèse, il met en scène aussi, à travers le récit de son personnage, les tensions entre l'intérieur de la demeure et l'extérieur. Un espace, ce dernier, interdit dès l'enfance, et qui n'entre dans la maison familiale qu'à travers la voix de Jean, mari de Thérèse, dont l'union « ne fut jamais fondé[e] sur une œuvre de chair[19] ». Le dehors, entendons par là les gens communs, les classes populaires sont tenus à distance par la mère, c'est bien elle, en effet, qui « [les] avait prévenues contre mille et un démons qui attendaient dehors, cherchant à profiter de nos moindres faiblesses[20] ». C'est donc face à

---

17. Ibid., p. 23.
18. Ibid., p. 33.
19. Ibid., p. 21.
20. Ibid., p. 27.

l'amputation d'une partie d'elle-même, face à ces vexations, que s'insurge l'autre Thérèse qui induit la protagoniste à revendiquer, et enfin à s'approprier, une partie d'elle-même qui lui appartient et dont elle ne peut se passer. Lyonel Trouillot, dans sa narration, alterne les voix, agit habilement sur les pronoms personnels *je* et *elle*, ainsi que sur les possessifs *ma* et *sa* qui disent l'écart entre les deux Thérèse. Trouillot assigne au double de la protagoniste la capacité de renverser les frustrations qui ont dicté la vie de Thérèse, grâce notamment au langage employé pour nommer l'innommable. Le langage ordurier, voire même obscène, dont elle fait usage traduit la libération d'inassouvissements longtemps soufferts comme le tabou du sexe. Cependant, la distance entre les Thérèse se comble lentement au fil des chapitres dans une union libératrice, une amorce de connaissance de soi, une renaissance au monde qui ne peut se faire que par le départ, l'éloignement d'un milieu qui viole la personnalité féminine mais aussi l'individu.

La rigidité des classes sociales, le maintien des distances entre la classe aisée bourgeoise et des affaires et la classe populaire se traduit aussi dans la disposition verticale de l'espace urbain comme nous le signale Mathurin D. Saint-Fort, une des voix de *Yanvalou pour Charlie*[21] (2009), qui a quitté son petit village natal pour fuir une famille cultivant le mensonge et s'installer à Port-au-Prince pour partager avec d'autres l'ambition de faire carrière dans un cabinet d'avocat d'affaires : « [...] et tous les gens que je fréquente participent comme moi à cette culture de l'escalade [...] on préfère se battre pour tout regarder d'en haut, surtout les autres[22] ».

Dans ce texte, Trouillot continue sur le chemin de chroniqueur des difficultés qui jalonnent les parcours des individus dans la capitale et les maux qui affligent la société. Cette fois, contrairement au lent processus qui a permis la prise de conscience de Thérèse, il nous semble que Trouillot fasse de Mathurin un personnage tout à fait conscient du dédoublement que lui-même entreprend et entend parfaire : « Je suis encore en période de rodage dans la composition de mon personnage [...] dans mon rôle d'avocats d'affaires[23] »,

---

21. Lyonel Trouillot, *Yanvalou pour Charlie*, Arles, Actes Sud, 2009.
22. Ibid., p. 14.
23. Ibid., p. 18.

tout se base sur la représentation, sur le masque qu'il faut endosser pour jouer des coudes, trouver sa place mais surtout la garder. L'implacable lucidité de Mathurin D. fait de lui un observateur scrupuleux des mécanismes qui conduisent, espère-t-il, en haut de l'échelle sociale, il connaît les combines qui gèrent la corruption et apprend à travers les fautes des autres, notamment celles de son prédécesseur : « j'ai remplacé au cabinet un comme nous qui avait glissé dans une affaire de contrebande. Ce n'est pas la faute que le chef avait sanctionnée mais le mauvais goût de s'être fait prendre[24] ». Mathurin, dans cette course vers les sommets, s'est spolié de tout son bagage passé, de sa naissance, de son histoire familiale misérable, d'une partie de son nom même pour se concentrer sur le présent. L'irruption inattendue dans le cabinet de Charlie, jeune adolescent désœuvré et déguenillé dont la brève existence s'est déroulée dans un centre d'accueil pour enfants abandonnés, va obliger Mathurin à lever le masque. Charlie dévoile le second prénom qui se cache derrière l'initiale qui suit le premier Dieutor, qui selon lui, « sent la campagne[25] ». Ce prénom qui résonne dans le cabinet annule le long travail d'oubli et de mise en scène qu'a mené jusque-là Mathurin, en effet il souligne que Charlie : « [...] a cassé la mécanique qui me confortait dans un vivre sans hier. Les temps se sont mélangés dans ma tête. Les personnages successifs que j'avais pu être et oublier, cet autre que j'allais devenir, se sont mis à se contredire et à se battre[26] ».

La demande d'aide de Charlie pousse Mathurin à parcourir à rebours des sentiers auparavant désertés, à faire resurgir une mémoire douloureuse et à partager une semaine durant, lui qui n'a jamais voulu s'encombrer de sentiments, les états d'âme et l'histoire de Charlie. Au récit de Mathurin Dieutor, Lyonel Trouillot fait succéder d'autres voix dont celle de Charlie et d'un narrateur qui recomposent les aléas de l'existence d'un groupe d'adolescents hébergés dans un Centre où ils ont été pris en charge par le père Edmond. L'auteur nous trace le portrait d'une jeunesse port-au-princienne à la dérive, abandonnée à son sort de misère et de pauvreté. Tous ces jeunes, qu'ils se nomment Filidor, Gino, Nathanaël, Charlie charrient un lourd

---

24. Ibid., p. 19.
25. Ibid., p. 38.
26. Ibid., p. 36.

bagage de malheur qu'ils traînent derrière eux et qui les enferment dans un sentiment de crainte diffuse : « Au Centre comme dans la rue [...] tout nous apprend à avoir peur. Le matin, au réveil, on a déjà peur et l'on se demande ce qui suivra le chant du coq et les klaxons. Et le soir c'est pareil, on a du mal à s'endormir parce qu'on a peur du lendemain[27] ».

Lyonel Trouillot nous demande de nous pencher sur une jeunesse en mal d'avenir, qui tourne en rond, qui porte les marques de l'exclusion ; le Centre pour bien des enfants est une antichambre de la mort auxquels les autres se sont habitués : « De tous les lieux de mort, le pire, c'est le dortoir. Les petits qui vont mourir, on les repère tout de suite. Un ventre enflé, une grosse tête, et le reste du corps, rien que les os et la peau[28] ». Ce lieu prend les traits d'une sorte de Cour des miracles où la nature étale ses défaillances : « Côté déformation physique et curiosités naturelles, on trouve de tout au centre : des maigrelets comme Filidor, des bosses, des plaies qui ne guérissent pas, des édentés, des boiteux. Y a même eu un garçon qui avait deux fois six orteils et un doigt de plus à la main gauche, mais la mort l'a emporté avant que la nature, méchante comme elle sait l'être, ne lui en fasse pousser d'autres[29] ». Vu que le Centre ne promet pas de vie meilleure, les adolescents cherchent à s'allier entre eux et tombent dans les filets de la délinquance qui conduira Charlie à quémander l'aide de Mathurin Dieutor pour sortir de la mauvaise passe dans laquelle il s'est fourré. Cette jeunesse aux abois n'a aucune chance de trouver des remèdes, si ce n'est pour Nathanaël l'illusion de devenir militant, de vouloir pour l'avenir « un monde où tout va bien. Une étoile pour chaque vivant[30] ». Cette nouvelle donne va faire éclater le groupe et conduire à la catastrophe. Le jour du partage du butin accumulé lors de leur vol qui a lieu dans la cité où habite la sœur-mère de Nathanaël, s'achève sur un drame, la mort de Charlie, une mort accidentelle, non voulue, une mort sans raison et sur la folie de Nathanaël. C'est ainsi que la force vive de la société s'effrite, s'enroule dans les girons d'un enfer qui engloutit tout espoir.

---

27. Ibid., p. 72.
28. Ibid., p. 78.
29. Ibid., p. 92.
30. Ibid., p. 86.

Toute l'œuvre de Trouillot s'élabore autour d'une spirale tragique qui laisse au lecteur une forte impression d'irrémédiable, de définitif, de se trouver face à une société incapable de se prendre en charge où les individus se traînent. La mise en scène de l'enfance abandonnée n'est pas le seul objectif de l'auteur. En effet, la famille, la présence d'un père et d'une mère ne suffit pas pour que l'enfance s'épanouisse et souvent le huis clos familial – si cher à l'écrivain – est l'espace même où elle fait naufrage. C'est le cas de Mariéla et Colin protagonistes des *Enfants des héros*[31] qui subissent dans l'antre familial des vexations et des violences. Colin, l'enfant-narrateur, nous raconte son histoire et celle de sa sœur qui se déroule dans un bidonville dégradé de la capitale où leurs journées sont scandées par les coups que leur père Corazón, inflige à sa compagne Joséphine, jusqu'au jour où se matérialise l'acte extrême : le meurtre de Corazón. Le narrateur insiste sur la fatalité de l'acte qu'ils ont accompli ensemble, un geste non prémédité mais qui semble plutôt entrer dans une logique où « la violence attire la violence ». Les frustrations du père, qui pour survivre s'est inventé un passé de boxeur dont les combats et les victoires n'existent que dans son imagination, se répercutent dans l'enceinte familiale. Elles sont le résultat de l'humiliation quotidienne que l'homme subit à travers les injures et les reproches qui lui sont adressés par son patron au garage où son rêve de boxeur imbattable se heurte avec la réalité qui ne fait de lui qu'un simple levier, un moins que rien, un outil au milieu de tant d'autres. Les enfants qui assistent par hasard à une de ces scènes et que l'enfant-narrateur définit « la première mort de Corazón » voient l'image qu'ils s'étaient malgré tout faite de leur père s'effondrer. Trouillot semble nous dire que la vocation de la société haïtienne, depuis les hauteurs du pouvoir jusqu'aux classes les plus démunies, est celle des rapports de force entre les individus où « les plus forts tapent sur les plus faibles et la vie continue[32] ». La fuite de Mariéla et Colin, à la fois victimes et bourreaux, traqués par la police, durera trois jours ; une cavale dans la ville qui leur ouvre les portes d'une nouvelle dimension jusqu'alors méconnue. La ville qu'ils vont arpenter, où ils vont flâner et s'accaparer des moments à eux, les entraîne à la connaissance d'un espace autre, différent de celui auquel ils

---

31. Lyonel Trouillot, *Les Enfants des héros*, Arles, Actes Sud, 2002.
32. Ibid., p. 40.

se sont toujours mesurés. Ils vont aussi goûter la douceur de la colline Boutilliers qui leur offre un moment unique, une « sorte de temps hors du temps ». Il existe bien alors autre chose au-delà de l'enfermement du bidonville et de la violence du milieu familial, ce qu'ils avaient jusque-là ignoré ou préféré ignorer : « pour survivre, nous préférions croire le monde entier pareil au nôtre. Avec des tas de Joséphine, de Corazón[33] ».

Lyonel Trouillot peaufine, au fil de ses romans, une cartographie de la société insulaire, chaque texte semble ajouter une nouvelle tesselle pour parfaire sa mosaïque, avec une attention particulière pour les jeunes, pour ces individus qui pourraient tenter de changer la donne et investir dans un avenir plus prometteur. Dans *Kannjawou*, le dernier roman en date publié en 2016, certains traits constitutifs des fictions de l'auteur que nous avons auparavant soulignés s'imposent comme une urgence : la jeunesse en échec, une société fonctionnant par clivages, l'organisation de l'espace urbain qui délimite, cloisonne et l'impossibilité, malgré les efforts accomplis, des individus de constituer une communauté, d'entrer en contact les uns avec les autres : « Nous avions la ville à nos pieds. Deux villes. Celle que nous connaissions. Et celle que nous ne pouvions qu'imaginer. Nous sommes d'une ville où se côtoient les cités interdites. Dans nos randonnées, nous traversions parfois un quartier avec des portails hauts comme les murs du pénitencier et des chiens qui aboyaient fort et restaient chez eux[34] ». Un seul narrateur (son nom nous est inconnu) s'acquitte, dans un journal qu'il tient d'un bout à l'autre du texte, du récit des existences d'un groupe de cinq jeunes, dont il fait partie, et qui ont leur quartier général rue de l'Enterrement, une rue pauvre de Port-au-Prince qui débouche sur un cimetière, triste présage pour ceux qui y habitent. La séparation entre les riches et les pauvres se manifeste également dans l'ultime demeure : « Les riches, les surdoués et autres personnages de qualité s'en sont allés mourir ailleurs. Ici, la richesse et la pauvreté, la réussite et la défaite se livrent depuis toujours une guerre de mouvement. Plus je suis riche, plus je m'éloigne. Attrape-moi si tu veux[35] ». Le malaise de la société haïtienne, dans ce dernier roman, se révèle également à travers la présence

---

33. Ibid., p. 122.
34. Lyonel Trouillot, *Kannjawou*, Arles, Actes Sud, 2016, p. 40.
35. Ibid., p. 18.

étrangère, qu'elle soit militaire ou civile, et que les Haïtiens perçoivent non pas comme une aide mais comme une violence qui les prive de leur souveraineté[36]. Lyonel Trouillot confie au personnage de Man Jeanne, sorte de mentor des jeunes du quartier, le rôle d'expliquer aux enfants les liens entre le passé et le présent, entre la première occupation (1915-1934) et celle qui advient aujourd'hui sous leurs yeux. Man Jeanne connaît cette souffrance de ne pouvoir être soi-même : « Petits, c'est une terre sans *à la tête*. Regardez ces gens qui marchent dans la rue. Personne ne veille sur eux. Et c'est comme ça depuis toujours. Alors, tous les rapaces leur tombent dessus. Vous allez souffrir[37] ». Dans ce sombre décor qui gèle tout espoir, « la bande des cinq » ne se laisse pas abattre et, malgré les souffrances et les manques, essaie d'imaginer des échappatoires, d'apporter une contribution tangible en fondant, avec des moyens de fortune, un centre pour accueillir les enfants les plus démunis et leur permettre de s'initier à la lecture. Ce lieu devient le point de chute et de rencontres de personnalités très différentes les unes des autres, comme le sont d'ailleurs les cinq amis. C'est le lieu où le narrateur se lie d'amitié avec le « petit professeur », Jean de son vrai nom, et avec lequel il partage une grande passion pour la littérature et surtout le genre romanesque, une des issues possibles à la noirceur quotidienne : « la vérité est que, fils de rien ou fils de notaire, on a besoin de beaucoup de phrases et de personnages pour constituer dans sa tête une sorte de territoire rempli de cache et de refuge. [...] Qu'importe si nos raisons sont différentes, le petit professeur et moi nous avons beaucoup marché dans le monde des livres, rencontrant là beaucoup de gens dont les destins nous hantent comme ceux des vivants[38] ». Cet engouement pour la littérature incitera le narrateur, soutenu par Man Jeanne, à écrire le journal que nous lisons : « Man Jeanne m'encourage. Écris la rage, le temps qui passe, les petites choses, le pays, la vie des morts et des

---

36. « Les forces militaires des États-Unis sont installées dans le pays depuis dix ans. Il est difficile d'établir des politiques publiques du fait de la forte présence des ONG qui substituent une logique de compassion à une logique structurante. [...] Cela dure depuis 2004, bien avant le tremblement de terre de 2010, lorsque de forts mouvements populaires, très divers et ne défendant pas forcément les mêmes intérêts, ont forcé Aristide à s'enfuir. Ce départ a été suivi d'une intervention militaire des États-Unis, puis celle des Nations-Unies pour, soi-disant, rétablir la paix dans un pays qui n'était pas en guerre ! C'est devenu une sorte d'habitude et ces forces se sont installées ». Louis Weber, « Haïti, une occupation molle. Grand entretien avec Lyonel Trouillot », *Savoir/agir*, n. 29, 2014/3, p. 79.
37. Lyonel Trouillot, *Kannjawou*, cit, p. 20.
38. Ibid., p. 28.

vivants qui habitent la rue de l'Enterrement. Écris, petit. J'écris. Je note. Mais ce n'est pas avec des mots qu'on chassera les soldats et fera venir l'eau courante[39] ». Cette vision pessimiste du rôle joué par la littérature, son incapacité à subvertir l'ordre des choses semble se confirmer dans l'incendie de la bibliothèque de Jean dans lequel ce dernier périra. Pourtant, le fait que Trouillot lui-même persiste et s'attache sans répit à s'interroger sur les maux qui affligent Haïti nous porte à croire que les mots qu'il couche sur papier ne sont pas vains et qu'ils concourent à poser un regard différent sur ce bout d'île.

Dans le sombre tableau de la société que dresse l'auteur au fils de ses textes, il laisse filtrer des signes que le lecteur doit être à même de déchiffrer. Ils se manifestent dans quelques relations privilégiées : la très belle histoire d'amour fraternel entre Colin et Mariéla où cette dernière prend soin de son jeune frère; la liaison homosexuelle entre Filidor et Gino, deux adolescents du Centre; la complicité entre Thérèse et Jérôme son beau-frère au moment où il offre à Thérèse, lors de son départ, une enveloppe contenant de l'argent accompagnée d'un sourire ; ou encore l'amitié entre le narrateur de *Kannjawou* et le petit professeur.

Depuis les romanciers nationaux la représentation littéraire de la société a trouvé d'autres stratégies de mise en scène dans le style, le rythme, dans la polyphonie tant narrative que discursive qui, comme le souligne bien Yolaine Parisot, « témoigne de l'évolution récente de la littérature haïtienne vers une substitution du « je » au « nous » et de l'écriture de soi à l'écriture de l'histoire[40] ». C'est d'ailleurs bien ce que Lyonel Trouillot fait dire au jeune employé de la poste dans son roman *Rue des pas perdus* : « De dictateur en dictateur, de prophète en prophète. Qui avait jamais eu le temps de devenir un individu ! [...] Dans ce merdier quelle serait jamais la part du je[41] ? ». Lyonel

---

39. Ibid., pp. 30-31.
40. Yolaine Parisot, « La polyphonie dans le roman haïtien contemporain : regards croisés, dédoublés, occultés », *Revue de l'Université de Moncton*, vol 13, n. 1, 2006, p. 216.
41. Lyonel Trouillot, *Rues des pas perdus*, Arles, Actes Sud, 1998, p. 80.

Trouillot s'applique à combler cette part manquante, toutefois nous pourrions nous demander si le choix de s'occuper encore et toujours des déboires de la société haïtienne ne représente pas un choix forcé pour l'écrivain constamment interpellé par l'urgence de dire un nouveau drame, une nouvelle catastrophe.

Alba PESSINI, Ph.D.

Bibliographie

ALEXIS, Jacques Stephen, *Compère Général Soleil*, Paris, Gallimard, 1955.

---, *L'Espace d'un cillement*, Paris, Gallimard, 1959.

ANTOINE, Régis, *Rayonnants écrivains de la Caraïbe*, Paris, Maisonneuve & Larose, 1998.

D'Encre et d'exil 4 : quatrièmes rencontres internationales des écritures de l'exil, rencontres organisées par la Bpi du 3 au 5 décembre 2004, "Une heure avec Gary Victor", Paris, Bpi, 2005, pp. .

HOFFMANN, Léon-François, *Le Roman haïtien. Idéologie et structure*, Sherbrooke, Naaman, 1982.

---, *Littérature d'Haïti*, Vanves, EDICEF/AUPELF, 1995.

GABILY, Maïa, « Lyonel Trouillot : amères Caraïbes », http://www.zone-litteraire.com/zone/interviews/lyonel-trouillot-ameres-caraibes (dernier accès 24 février 2016).

MÉTELLUS, Jean, *Une nation pathétique*, Paris, Maisonneuve & Larose, 2003.

PARISOT, Yolaine, « La polyphonie dans le roman haïtien contemporain : regards croisés, dédoublés, occultés », *Revue de l'Université de Moncton*, vol 13, n. 1, 2006, pp. 203-224.

PESSINI, Elena, « L'œuvre romanesque de Lyonel Trouillot : quelle écriture pour quel engagement ? », (Alessandro Costantini, éd.), *Interfrancophonies*, Nouvelles formes de l'engagement dans les littératures francophones, n° 7, 2016, pp. 101-115, <www.interfrancophonies.org>.

ROUMAIN, Jacques, *Gouverneurs de la rosée* [1944], Pantin, Le Temps des cerises, 2002.

TEGOMO, Guy, « Entretien avec Lyonel Trouillot », 23 juin 2009, http://www.africultures.com/php/index.php?nav=article&no=8720 (dernier accès 24 février 2016).

TROUILLOT, Lyonel, *Les Fous de Saint Antoine : traversée rythmique*, Port-au-Prince, Henri Deschamps, 1989.

---, *Rues des pas perdus* [1996], Arles, Actes Sud, 1998.

---, « Haïti 90 : l'esthétique du délabrement », *Notre Librairie*, Littérature haïtienne. De 1960 à nos jours, n. 133, janvier-avril 1998, pp. 22-25.

---, *Thérèse en mille morceaux, Arles, Actes Sud*, 2000.

---, *Les Enfants des héros*, Arles, Actes Sud, 2002.

---, *Yanvalou pour Charlie*, Arles, Actes Sud, 2009.

---, *Kannjawou*, Arles, Actes Sud, 2016.

Pour citer cet article :

Alba PESSINI « Littérature et société dans l'œuvre de Lyonel Trouillot », *Revue Legs et Littérature*, 2017 | no. 9, pp. 17-33.

Le traitement du *kreyòl* dans les trois premiers romans de Gary Victor

Membre fondateur de l'Académie du créole haïtien, Frenand Léger est titulaire d'une licence en Sciences de l'Éducation de l'UniQ, d'une maitrise en linguistique appliquée de l'Université d'Indiana et d'un doctorat en études françaises de l'Université de Toronto. Il enseigne actuellement le français à Carleton University à titre de lecteur permanent. Ses recherches portent sur les genres littéraires brefs et sur les questions de langue, d'identité et d'oralité créoles dans les récits de fiction dans l'aire caribéenne francophone. Il finalise actuellement un ouvrage sur l'évolution historique, esthétique et théorique de la fiction brève haïtienne.

Résumé

L'article examine les trois premiers romans de Gary Victor en focalisant particulièrement sur les passages écrits en langue kreyòl afin de déterminer leur mode d'intégration et leur statut dans ces textes littéraires d'expression française. Pour bien apprécier la qualité, la pertinence et le degré de créolisation linguistique à l'œuvre dans les romans de G. Victor, ces derniers ont été confrontés à d'autres productions littéraires de même nature provenant d'un corpus de textes francophones haïtiens et antillais.

Mots clés

Roman, fiction brève, oralité, identité, créolisation, postcolonialisme.

LE TRAITEMENT DU *KREYÒL*[1] DANS LES TROIS PREMIERS ROMANS DE GARY VICTOR

Né à Port-au-Prince le 9 juillet 1958, G. Victor fait partie de la génération d'écrivains haïtiens contemporains nés sous la dictature des Duvalier et ayant vécu sur place à l'âge adulte les dérives post-duvaliéristes. Cette tranche d'histoire socio-politique de la vie haïtienne est reproduite dans son œuvre avec la même lucidité et le même souci d'objectivité que dans les œuvres réalistes traditionnelles du vingtième siècle. La volonté d'écrire la réalité socio-politique et culturelle haïtienne, l'acuité de l'observation traduite par la valeur documentaire de la fiction de G. Victor, semblent être un héritage familial, puisque son père, René Victor, était journaliste et sociologue. Ses expériences personnelles multiples et variées comme agronome en milieu rural, fonctionnaire dans l'administration publique et comme journaliste, lui ont sans doute également fourni les bases nécessaires pour être aujourd'hui l'un des écrivains haïtiens les plus prolifiques et les plus lus de son pays. Il est, comme le souligne N'Zengou Tayo, l'« un des rares écrivains [haïtiens], publié localement, à vendre rapidement ses livres et à être réédité[2] ». Ses trois

---

1. Pour faire référence au créole haïtien comme idiome, nous choisissons d'utiliser le substantif *kreyòl* orthographié dans cette langue afin de faire la nécessaire distinction entre le *kreyòl* d'Haïti et les multiples autres langues et cultures mixtes dites « créoles » qui existent dans le monde. Quand il est utilisé ici dans son orthographe française, le mot "créole" prend un sens très large, qui renvoie en général à l'ensemble de ces cultures dites « créoles ».
2. Tayo, Marie-José, N'Zengou « Le Vodou dans les romans et nouvelles de Gary Victor : entre fantastique et réalisme merveilleux », *Francofonia* No 7, 1998, p. 260.

premiers romans, *Clair de manbo* (1990), *Un octobre d'Elyaniz* (1992) et *La piste des sortilèges* (1997), ont tous été écrits et publiés à l'origine en Haïti. Si ces trois romans nous intéressent particulièrement dans le cadre du présent article, ce n'est pas uniquement parce qu'ils sont des produits littéraires locaux, mais c'est aussi et surtout parce que les occurrences de la langue kreyòl constituent une part importante de leur masse verbale. Sachant que G. Victor a également publié près d'une quinzaine de recueils de fictions brèves dans lesquelles il intègre *ad libitum* le *kreyòl*, il nous semble utile de chercher à déterminer le rôle de la langue haïtienne dans l'économie générale de l'œuvre romanesque de cet auteur haïtien de langue française.

L'usage de la langue *kreyòl*, la brièveté textuelle, la démultiplication narrative et la polyphonie énonciative permettent à G. Victor de pratiquer non seulement le genre du récit court à l'intérieur du genre romanesque long, mais surtout d'exploiter littérairement les ressources de l'oralité haïtienne. Le *lodyans*[3], ce genre de récit conçu dans l'oralité *kreyòl*, prend tellement de place dans ses trois premiers romans qu'Hoffmann[4] considère ces œuvres comme des « *lodyans* » plûtot que comme des « romans ». Pour insérer les traits de l'oralité *kreyòl* dans ses œuvres d'expression française, il emploie en effet des procédés diégétiques ainsi que langagiers. Sur le plan diégétique, le romancier-*lodyansè* utilise à la fois des extraits de chansons, de récits traditionnels, de mythes et de légendes *vodou*, des descriptions de scènes de pratiques magico-religieuses, ainsi que des références à ces éléments de l'oralité. Sur le plan langagier, l'oralité se manifeste à travers la créolisation linguistique du français qui s'opère par des emprunts lexicaux et syntaxiques à la langue nationale haïtienne. C'est précisément cette créolisation lin-

---

3. « *Lodyans* » est un terme *kreyòl* qui désigne un genre de récit propre à la littérature orale haïtienne que les Haïtiens appellent traditionnellement « audience » en français. Dans cet article, nous optons pour « *lodyans* » car le mot français « audience » a un sens différent de la réalité *kreyòl* à laquelle on veut faire référence ici. Si, contrairement à la tradition, nous attribuons le genre masculin au mot *kreyòl* « *lodyans* », c'est pour rester en conformité avec la tendance générale qui veut que les emprunts prennent le genre masculin en français, d'autant plus que la neutralité de genre s'exprime également au masculin. Pour désigner la personne qui raconte le *lodyans*, nous utiliserons le terme *kreyòl* « *lodyansè* » dérivé du substantif *kreyòl* « lodyans, car nous l'estimons plus approprié que le substantif francisant « *lodyanseur* » utilisé par Georges Anglade.

4. Léon-François, Hoffmann, *Littérature d'Haïti*, Paris, EDICEF, 1995, p. 217.

guistique qui nous intéresse dans le cadre restreint du présent article. Il s'agit en fait d'évaluer du mieux que l'on peut les qualités esthétiques et les enjeux d'une telle pratique littéraire. L'auteur des trois romans en question, est-il un simple scribe « francophone » réaliste se souciant d'assurer la vraisemblabilité de son œuvre ou un marqueur de parole populaire haïtien en quête de la mémoire collective, en quête de soi ? Comment comprendre sa démarche esthétique ? Faut-il voir dans sa créolisation du français le signe d'une revendication identitaire, d'une certaine « haïtianité littéraire » ? S'agit-il d'une poétique de créolisation allant dans le même sens que celle de certains brillants prédécesseurs, tels que Justin Lhérisson ou Jacques Roumain par exemple ?

L'étiquette « haïtianité littéraire » présuppose l'existence d'une littérature produite dans l'espace difficilement délimitable de la nation haïtienne à l'époque actuelle. Hérité du dix-neuvième siècle européen, ce lien étroit entre littérature et nation est en train de se distendre dans le monde d'aujourd'hui où les frontières sont progressivement abolies par les technologies de l'information et de la communication qui s'avèrent de plus en plus efficaces, sans parler des mouvements migratoires. Favorisant un brassage considérable des cultures, le phénomène de la mondialisation rend en effet poreuses les frontières nationales. Plusieurs écrivains, qui souhaitent justement prendre leurs distances par rapport à des étiquettes telles qu'« écrivain haïtien », « écrivain antillais », « écrivain négro-africain » ou encore « écrivain francophone », visent l'universel en se positionnant plutôt comme des écrivains cosmopolites. Compte tenu des problématiques interculturelles et sachant par ailleurs que la langue ne suffit pas à elle seule pour conférer une identité culturelle incontestable à l'œuvre littéraire, il devient de plus en plus difficile, comme l'explique Jean Derive[5] de parler d'identité culturelle en littérature. En ce monde hypermoderne[6] d'appartenances multiples, d'identités démultipliées où le lien de territorialité entre l'individu et sa terre natale ne fait presque plus de sens et où l'on prône la « dénationalisation de la littérature », en remettant constamment en question la validité scientifique des

---

5. Jean Derive, « La question de l'identité culturelle en littérature », *HAL Archives ouvertes*, <halshs-00344040>, 2007.
6. Gilles Lipovestsky, Sébastien Charles, *Des temps hypermodernes*, Paris, Grasset, 2004.

frontières nationales en littérature dans des débats autour de concepts et notions comme « poétique globale de la relation », « Tout-monde », « littérature-monde », « déterritorialisation », « mondialisation culturelle », « littératures du grand Sud », il peut paraître démodé et même arriéré de vouloir discuter ici de la question de la littérature nationale haïtienne ou pire encore d'« haïtianité littéraire ».

Si la notion de « littérature nationale » paraît dépassée de nos jours, les liens entre littérature, langue et nation, exprimés dans la revendication de la spécificité d'une institution littéraire autonome, restent néanmoins d'actualité en Haïti où deux langues officielles cohabitent. Pour ne pas dire deux cultures auxquelles on a tendance à rattacher deux littératures nationales, l'une d'expression française et l'autre d'expression *kreyòl*. Au problème linguistique haïtien, il convient d'ajouter le problème de l'édition. À cause de la situation socio-économique d'Haïti, qui ne favorise pas le développement d'éditions locales, les imprimeurs se sont traditionnellement arrangés, tant bien que mal, pour jouer le rôle d'éditeur. Les quelques rares maisons d'édition locales haïtiennes n'ont pas les moyens de remplir leurs fonctions éditoriales selon les normes. Dans un tel contexte, l'écrivain haïtien soucieux de visibilité internationale est contraint de se faire éditer à l'étranger, en France particulièrement. La littérature haïtienne reste par conséquent largement dépendante de l'édition française qui, en raison de sa puissance qu'elle tire de ses moyens économiques, détermine dans certains cas le contenu de la production littéraire haïtienne ainsi que celui des travaux critiques, qui, de toute façon, se situent encore aujourd'hui en grande partie dans les sillons du discours de la critique littéraire française. Pendant qu'on préconise le dépassement du concept exigu de l'« haïtianité littéraire » au profit d'une identité poétique plus globale, ne devrait-on pas se questionner sur la condition essentielle de cette ouverture à l'autre. Comment s'ouvrir à l'autre et sur le monde si l'on ne se connaît pas, si l'on n'a pas appris à s'accepter, à assumer pleinement son identité ? Pourquoi s'ingénier sur le plan littéraire à transformer, à adapter la langue de l'autre pour se l'approprier alors qu'il est tout à fait possible aujourd'hui d'utiliser sa propre langue maternelle tout en contribuant à son développement et à l'enrichissement de son code écrit ?

La créolisation telle que pratiquée dans les œuvres haïtiennes du début du dix-neuvième siècle jusqu'à l'époque actuelle suit pratiquement le même schéma que celle observée dans les œuvres des écrivains de langue française provenant des petites Antilles comme la Martinique et la Guadeloupe. Dans un article qui étudie la créolisation dans la production romanesque de ces deux îles franco-créolophones, DeSousa[7] a relevé des constantes permettant de distinguer trois phases d'écriture correspondant à trois méthodes d'inscription du créole dans les textes de langue française. Elle distingue « un temps où le créole apparaît en citations uniquement, une phase d'intégration partielle du créole au français, enfin une créolisation du français » tout en précisant que « ces trois méthodes peuvent être employées seules ou combinées[8] ». Elle prend aussi la peine de fournir plusieurs exemples de textes antillais correspondant à chacune de ces trois phases d'écriture de la créolité en français. Selon elle, *Texaco* de Patrick Chamoiseau correspondrait parfaitement à cette troisième étape de « créolisation du français », car dans ce « roman en français créolisé, le vocabulaire antillais apparaît dans tous les registres de conversation, tous les types de description. Lexique et grammaire créoles transforment le français[9] ». Mais ce que DeSousa ne dit pas et qui donnerait certainement plus de poids à son analyse, c'est que, sur le plan précis de la créolisation linguistique, il n'y a pas grand-chose de nouveau ou de véritablement révolutionnaire dans ce « marronnage littéraire » à l'œuvre dans *Texaco*. L'inscription de la parole *kreyòl* dans l'écriture d'expression française est une tradition littéraire qui remonte à l'époque de la création de la nation haïtienne au début du dix-neuvième siècle et qui s'est développée par la suite. Les pionniers de la littérature haïtienne, tels que les frères Nau de l'École de 1836 et Justin Lhérisson par la suite, ont fait une utilisation littéraire originale de la parole *kreyòl* dans des œuvres adressées avant tout à leurs compatriotes haïtiens puisqu'elles étaient à l'origine publiées dans des périodiques locaux. On peut par conséquent soutenir que P. Chamoiseau et G. Victor ainsi que tous les autres écrivains contemporains haïtiens et antillais qui pratiquent la créolisation du français sont, qu'ils le veuillent ou non, des héritiers de cette longue tradition littéraire haïtienne vieille de près de deux siècles.

---

7. Pascale DeSouza, « Inscription du créole dans les textes francophones : De la citation à la créolisation », *Penser la Créolité*, Maryse Condé et Madeleine Cottenet-Hage, (dir.), Paris, Karthala, 1995, pp. 173-190.
8. Ibid, p. 174.
9. Ibid. p. 183.

La différence majeure que nous faisons entre les pionniers de la littérature haïtienne et les auteurs contemporains d'ascendance *kreyòl* qui écrivent exclusivement en français ou qui continuent à vouloir créoliser le français au lieu d'écrire directement en *kreyòl*, c'est que, contrairement à Nau et à Lhérisson, ces derniers ont, de nos jours, la possibilité de produire également à l'écrit dans leur langue maternelle, car depuis l'adoption par décret-loi en janvier 1980 de l'orthographe officielle du *kreyòl*, la situation de la langue haïtienne n'est plus ce qu'elle était il y a deux siècles. Malgré tous les facteurs négatifs contribuant à sa dévalorisation, le *kreyòl* d'Haïti est passé du statut de langue vernaculaire à celui de langue nationale en 1983, pour enfin arriver en 1987 à celui de langue officielle au même titre que le français. Il existe actuellement toutes sortes de documents écrits en *kreyòl* et sur le *kreyòl* dans d'autres langues. On compte des dizaines de thèses de doctorats, d'ouvrages et d'articles scientifiques portant sur quasiment tous les aspects linguistiques et sociolinguistiques de la langue. On a produit dans cette langue plus d'une vingtaine de dictionnaires ainsi que des grammaires, des manuels scolaires, des récits littéraires, de la poésie, du théâtre, du cinéma, etc. Grâce à son niveau de standardisation actuel, le *kreyòl* est apte à couvrir presque tous les usages administratifs, éducatifs et littéraires. Une académie du *kreyòl* haïtien a même été instituée par l'État haïtien comme cela est prévu par la Constitution de 1987. En plus de la valorisation et de la promotion de la langue, cette institution académique a pour mission entre autres de « fixer la langue créole et de permettre son développement scientifique et harmonieux[10] ». Parmi les actions fondamentales à entreprendre par l'Académie dans le cadre de sa mission de standardisation du code écrit du *kreyòl*, mentionnons l'inventaire des ressources lexicales en vue de la production d'un dictionnaire monolingue exhaustif et la normalisation des structures syntaxiques de cette langue.

S'il revient à l'État haïtien la responsabilité de faire en sorte que le *kreyòl* devienne un outil efficace de transmission des savoirs scientifiques, culturels et d'expression littéraire, il reste que les écrivains haïtiens ont aussi un rôle important à jouer dans ce long travail conceptuel nécessaire à la construction

---

10. Chap. V, art. 213 de la Constitution haïtienne de 1987.

du code écrit de leur langue nationale. Dans ses réflexions sur les difficultés d'écrire en *kreyòl*, le poète Georges Castera[11] pose une série de questions tout à fait pertinentes :

- *Comment ne pas écrire du déjà là à partir des formes orales existantes ?*
- *Comment écrire dans une langue menacée ?*
- *Comment écrire dans une langue où l'écrivain n'a pas de mémoire littéraire ?*

Pendant qu'il pose les problèmes de l'écriture en langue kreyòl, Castera ne manque pas d'insister malgré tout sur sa prolifique production littéraire dans cette langue ainsi que sur sa posture avant tout militante. Considérant la traduction en kreyòl du livre Le Petit Prince réalisée par G. Victor, on peut dire que son travail ainsi que celui d'un nombre non négligeable d'autres écrivains haïtiens s'inscrivent dans cette même démarche d'utilisation décomplexée des deux langues officielles du pays. La tâche est peut-être difficile, voire sacerdotale, mais il est tout à fait possible pour les écrivains haïtiens contemporains, bilingues et polyglottes, de traduire des chefs-d'œuvre d'autres langues vers le kreyòl et surtout d'en produire directement dans cette langue afin de l'illustrer, de l'enrichir et de l'embellir de la même façon qu'ils le font pour le français. Il est clair que ce n'est pas en produisant des livres en kreyòl que l'écrivain haïtien se fera publier à l'étranger afin de recevoir des prix littéraires étrangers ou de se faire élire membre d'une quelconque prestigieuse académie étrangère. En dépit de tout, la production littéraire en langue kreyòl n'a cessé de croître depuis les années 1950. Un nombre croissant d'auteurs haïtiens produisent en kreyòl, soit pour assumer leur responsabilité d'écrivain en contribuant à une cause sociale, soit pour relever le défi d'écrire dans une langue dont le code écrit en pleine construction n'offre pas encore un grand éventail de supports et de références littéraires, soit pour le simple plaisir d'écrire dans les deux langues qui ont façonné leur imaginaire et marqué leur enfance en Haïti.

Dans le contexte actuel où il y a une plus grande sensibilisation au sein de la

---

11. Georges Castera, « De la difficulté d'écrire en créole » *Notre Librairie* No 143, janvier-mars 2001, pp. 6-13.

population sur l'importance de la valorisation de la langue haïtienne et sur son rôle extrêmement important dans le développement d'un meilleur système éducatif, la dichotomie *kreyòl*-français, comme l'un des problèmes essentiels de la création littéraire en Haïti, se pose dorénavant avec une acuité encore plus grande. La forte présence dans les romans de G. Victor du *kreyòl*, véhicule par excellence de l'oralité haïtienne, s'avère être un autre procédé classique d'enracinement de son œuvre dans la culture populaire. Sans prétendre procéder à une analyse exhaustive des procédés de créolisation linguistique dans son œuvre, nous nous proposons d'examiner un échantillon de segments *kreyòl* insérés dans ses trois premiers romans afin de déterminer leur mode d'intégration et leur statut dans le texte français. Pour bien apprécier la qualité, la pertinence et le degré de créolisation linguistique de ses romans, il convient de garder à l'esprit les techniques d'insertion du *kreyòl* telles que pratiquées par Nau dans les années 1830, par Lhérisson au début du XXe siècle et aussi par les indigénistes comme Jacques Roumain et Philippe Thoby-Marcelin au milieu du même siècle. D'Ignace Nau aux indigénistes en passant par Justin Lhérisson, nous avons observé une nette évolution dans la créolisation linguistique du français littéraire. Dans le cas de Nau, il s'agit d'une créolisation linguistique minimale se limitant au collage, à la superposition du lexique *kreyòl* et à la citation de quelques proverbes, mais avec Lhérisson nous avons déjà affaire à une créolisation plus originale et surtout beaucoup plus complexe. Si la créolisation opérée par Lhérisson, qui relève d'une série de procédés stylistiques et d'un travail de création langagière à partir des deux langues, s'est renouvelée dans l'œuvre de certains écrivains indigénistes, qu'en est-il de celle observée dans les romans de G. Victor ? En quoi et comment ce dernier contribue-t-il à assurer le renouvellement de cette tradition littéraire haïtienne ? Y apporte-t-il quelque chose de nouveau ou d'original ?

Pour se faire une idée de sa démarche de créolisation linguistique, on jettera d'abord un coup d'œil sur le prologue de son roman *Clair de manbo*. Dans cette courte partie introductive qui s'étend sur seulement deux pages, on a relevé trente-cinq occurrences de mots *kreyòl* dont certains sont en italiques alors que d'autres de même nature ne le sont pas. Dans ce roman, l'auteur préfère utiliser l'italique à la place des guillemets pour distinguer les mots *kreyòl* du français sans pour autant être systématique dans son choix.

L'utilisation massive du vocabulaire *kreyòl* dans ces deux premières pages n'a absolument rien d'original, car il s'agit de la technique élémentaire qui consiste à employer des mots *kreyòl* pour nommer des réalités haïtiennes pour lesquelles il serait difficile, voire impossible dans certains cas, de trouver un équivalent dans la langue française. On y trouve par exemple des mots du lexique *vodou* tels que « *dogwe, vèvè, manbo, loas...*» et d'autres mots comme « *kwi, kalbas, kleren, mapou, lago-kache, chanpwèl, raje, zobop* ». Plusieurs cas d'irrégularités sautent aux yeux dans l'insertion de ces mots dans le texte. Observons la toute première phrase du prologue : « Le *dogwe* porta à ses lèvres le *kwi*, but lentement comme s'il voulait maîtriser le feu que le *kleren* déversait dans sa poitrine[12] ». Sur les deux pages du prologue, le mot « *dogwe* » est utilisé treize fois par l'auteur dans le sens de « vieil initié aux choses mystiques » et notons que toutes les occurrences font référence au même personnage, ce vieil initié qui s'accaparait des effluves émotionnels de Madan Sorel à l'aide d'un arc-en-ciel magique. Des treize occurrences de ce mot dans la même séquence textuelle, quatre sont écrits « *dogwe* » en italique sans accent sur le « *e* » final alors que les neuf autres se présentent ainsi « dogwé » sans italique et avec un accent aigu qui n'existe même pas dans l'orthographe officielle de la langue. On se retrouve alors avec un mot qui n'existe ni en français ni en *kreyòl*. On pourrait par ailleurs se demander pourquoi, à l'instar de l'une des deux occurrences du mot « manbo », « mapou[13] » et « loas[14] » ne sont pas écrits en italique. On trouve encore dans cette même séquence trois occurrences du mot « vèvè » dont deux s'écrivent bizarrement « vêvê » avec l'accent circonflexe, un autre signe diacritique qui n'existe pas dans le système graphique du *kreyòl*.

En plus des multiples anomalies et des erreurs relevées, l'insertion du *kreyòl* dans le prologue de *Clair de manbo* ne semble répondre à aucune logique apparente. D'après la grille de DeSousa, l'inscription de ces mots ne relève pas de la méthode de créolisation mais plutôt de la simple technique de citation, puisque la plupart des mots sont isolés par l'italique et par des notes explicatives qui se trouvent dans un glossaire à la fin du roman. Examinons

---

12. Gary, Victor, *Clair de Manbo*, Port-au-Prince, Deschamps, 1990, p. 13.
13. Le "mapou" est un grand arbre sacré des zones tropicales, originaire d'Amérique du Sud et des Antilles appelé "fromager" en français..
14. Les "loas", forme plurielle du mot "loa", sont des esprits ou des divinités du Vodou.

maintenant un autre passage *kreyòl* plus long choisi au hasard dans le premier chapitre du même roman :

> *Souvent le vieux Lanjélus* [...] *le passait* nan betiz *en lui disant:* "Gen pwason ki ka kroke nan gòj ou wi Sonson... Sa-a men-m nan bouch li pap ka pase... Pwason renmen dlo men li pa konnen sa dlo ka fè l". [...] *Un soir Lanjélus, après avoir ralé une profonde bouffée de sa pipe en terre cuite, eut l'une de ses colères* [...].
> - *Tu es un* moun fou, *Sonson, S'écria-t-il... Chaque soir tu mets Soamène dans tous ses états à cause de cette femme blanche qui se baigne* tou touni *comme si elle faisait exprès de mettre en chaleur tous les hommes de la région*[15].

La longueur des segments textuels *kreyòl* insérés et leur nature grammaticale sont les deux seules différences qui existent entre ce passage et ceux du prologue. Alors que dans le prologue toutes les insertions sont de simples unités lexicales limitées à un seul substantif indivisible, dans le présent passage, les insertions sont des syntagmes plus longs et de nature grammaticale plus variée. Par exemple, le segment « *passait nan betiz* », qui a plus le sens de « taquiner » que de « passer en dérision » tel qu'indiqué dans le glossaire à la fin du roman, est une expression verbale. L'unité lexicale « *Pwason renmen dlo men li pa konnen sa dlo ka fè l* » quant à elle prend la forme d'un dicton haïtien servant à mettre quelqu'un en garde contre un danger quelconque. En fait, ces deux différences ne changent rien au fait que tous ces segments *kreyòl* restent isolés du français par leur typographie et par leur traduction fournie par l'auteur ou par l'éditeur à la fin du roman. En ce sens, ils ne constituent pas une créolisation fertile en termes d'invention et relèvent tous par conséquent de la simple « méthode de citation » telle que proposée dans la grille de DeSousa. Un autre aspect encore plus problématique qui permet de mettre toutes les occurrences du *kreyòl* dans *Clair de manbo* dans le même panier, ce sont les fautes d'orthographe relevées dans leur transcription. Prenons par exemple le segment « *Sa-a men-m nan bouch li pap ka pase* » dans lequel il y a deux erreurs : une d'orthographe et une deu-

---
15. Gary, Victor, *Clair de Manbo*, Port-au-Prince, Deschamps, 1990, pp. 17-18.

xième dans la transcription de la chaîne parlée. On observe un curieux tiret dans l'adverbe « *men-m* » utilisé dans le sens de son équivalent français « même » alors qu'il ne s'agit pas d'un mot composé en *kreyòl*. L'auteur écrit « *pap* » comme une seule unité alors qu'il fallait écrire « *p ap* », puisqu'il s'agit deux éléments discursifs distincts. La particule « *p* » est la forme réduite du marqueur de la négation « *pa* » et quant à « *ap* », c'est un marqueur verbal aspectuel.

Si dans *Clair de manbo*, G. Victor se limite à la technique élémentaire du collage ou de la citation pour intégrer le *kreyòl* dans le texte français, il semble que dans *Un Octobre d'Elyaniz*, il passe au stade supérieur, c'est-à-dire à la phase « d'intégration partielle ». Contrairement au premier roman, aucune des occurrences *kreyòl* dans *Un Octobre d'Elyaniz* ne se trouve séparée du français par l'emploi d'un quelconque signe typographique à l'exception des paroles de chanson et de quelques particularités du français haïtien qui apparaissent entre guillemets. Dans le prologue d'*Un Octobre d'Elyaniz*, il y a dix-sept occurrences *kreyòl* telles que « laye, pèpè, koridò, kwi, bòkò, panno, pyès kay... » qui se différencient de celles se trouvant dans *Clair de manbo* par l'absence d'italique, de guillemets et de notes explicatives. Il en est de même dans tout le reste du roman. Tous les mots, expressions, locutions et proverbes *kreyòl* adoptent la même configuration typographique que le texte français et ne sont traduits nulle part dans le texte, ce qui indique en effet que l'usage du *kreyòl* est envisagé différemment. Il faut néanmoins noter que cette absence de traduction, d'italiques et de guillemets ne permet pas encore de parler de créolisation dans le sens plein du terme. Observons par exemple la phrase suivante dans le premier chapitre :

> *Les soldats massacraient tout ce qu'ils rencontraient : chiens, chats, zonbis, oiseaux de nuit, kaka kleren attardés dans les ruelles obscures, kretyen vivan n'ayant pour seul logis que le partout et le nulle part, chanpwèl et zobop sans laisser-passer, macoute en disgrâce...*[16]

Dans ce passage, il est vrai que d'un point de vue typographique la différence

---

16. Gary, Victor, *Un Octobre d'Élyaniz*, Port-au-Prince, Imprimeur II, 1992, p. 13.

entre les mots *kreyòl* et le français ne saute pas aux yeux, mais on ne peut pas encore parler de créolisation puisque ces occurrences sont malgré tout repérables dans le texte français de par leur physionomie. Le lecteur franco-créolophone aussi bien que le lecteur francophone non créolophone ne manquera pas d'identifier « kaka kleren, kretyen vivan, chanpwèl et zobop » comme des intrus visibles dans la structure française et, dans le pire des cas, comme une utilisation parodique du *kreyòl*.

Si la quasi-totalité des emplois du *kreyòl* dans *Un Octobre d'Elyaniz* relève en effet de la méthode « d'intégration partielle », nous avons quand même réussi à trouver un petit nombre très limité d'inscriptions *kreyòl* susceptibles de passer pour une véritable créolisation dans le sens que DeSousa l'entend. Examinons les deux extraits suivants :

> *Ce fut ainsi que Sonson Pipirit échappa pour la deuxième fois à la fureur du sergent qui jura sur la tête de sa mère qu'il arriverait bien un jour à exposer au soleil les tripes du lavalassien*[17]. *[...] Comme elle avait plus de quatre-vingt récoltes de café, toute la cité crut qu'elle avait enfin franchi les frontières de la déraison*[18].

Dans ces deux passages, Victor joue sur les rapports de similitude et de dissimilitude qui existent entre le français et le *kreyòl* pour créer des structures dans lesquelles les deux langues se confondent de manière à devenir plus ou moins opaques pour le lecteur francophone non créolophone. Si le lecteur français sait ce qu'est un « lavalassien », le premier passage ne lui sera pas tellement opaque parce que l'auteur exploite la proximité entre l'expression française « mettre les tripes au soleil » et l'expression *kreyòl* « *fè trip yon moun pran solèy* » pour créer une nouvelle expression « exposer au soleil les tripes de quelqu'un » qui n'appartient en réalité à aucune des deux langues. Il est vrai que cette dernière expression traduit une certaine créativité de la part de l'auteur, mais on admettra que la créolisation n'est pas encore tout à fait réussie. Sur le plan esthétique, une créolisation linguistique réussie prend en

---

17. Ibid, p. 120.
18. Ibid, p. 13.

général la forme d'une création langagière obtenue à la fois à partir d'une pratique collective et d'un usage original personnel des deux langues. Pour illustrer nos propos, arrêtons-nous maintenant à l'expression « récoltes de café » dans le second passage. Tout dans la configuration de ce passage est français, mais le sens de l'expression « récoltes de café » dans le contexte du roman de G. Victor échappera certainement à un lecteur français occidental pour qui le temps chronologique s'exprime à l'aide de mots abstraits comme heure, mois, an, siècle, millénaire. Pour le paysan haïtien créolophone unilingue, le temps est au contraire concret et circulaire comme les cycles de la nature. Pour se situer dans le temps, il aura recours à des faits ou à des événements concrets comme une catastrophe naturelle, un régime politique ou une guerre. C'est ce qui explique que, pour indiquer son âge de quatre-vingt ans, il dira qu'il a « quatre-vingt récoltes de café » au lieu de se servir des expressions abstraites du temps inexistantes également dans son vocabulaire *kreyòl*. Il pourrait tout aussi dire qu'il est né sous le régime de tel président ou pendant telle guerre à défaut de l'année précise de sa naissance. L'expression « récoltes de café » dans cette phrase française est donc un bon exemple de créolisation réussie non seulement parce qu'il s'agit d'une trouvaille stylistique assez originale, mais surtout parce qu'elle rend authentiquement compte de l'oralité *kreyòl*, de l'imaginaire haïtien, d'où l'opacité de cette expression pour le lecteur français étranger à la culture haïtienne. Malheureusement, le taux extrêmement faible de ces types d'insertion du *kreyòl* dans ce roman ne permet pas encore de parler d'une vraie démarche systématique de créolisation.

Voyons maintenant si, dans *La Piste des sortilèges*, G. Victor a réussi à améliorer ses techniques ou à mettre en place une véritable méthode de créolisation linguistique du français. Disons d'emblée qu'en terme de quantité dans l'utilisation du *kreyòl*, ce troisième roman est comparable à celle des deux précédents. On y trouve une masse très importante d'occurrences *kreyòl* qui se présentent sous quatre formes différentes. Il y a une grande quantité de substantifs tels que « lanbi, kretyen vivan, abitan, roroli, *tròkèt, bwa-fouye, ason, vlengbendeng, grenn senk, vèvè, nanm, kachimbo, kleren, Mabouya, koyo* » dont la plupart sont en italique. L'auteur utilise également des phrases complètes comme « *Kijan w ye Zwazo-wout? Pran swen kò w wi*[19] », des dictons et des proverbes comme « *Kout manchèt nan dlo pa pote mak*[20] » et des expressions figées comme de *ki prevyen* dans le passage suivant « Gason Eloïs ordonna à ses *makout* de retrouver Persée Persifal et de l'amener à la caserne pour savoir de *ki prevyen*[21] ». Presque toutes les occurrences *kreyòl* sont non seulement en italique, mais également suivies d'un astérisque qui renvoie à leur définition française à la fin du roman. Notons que l'italique, l'astérisque et la définition française utilisés dans ce roman pour dissocier les deux langues servent à triplement inféoder la langue *kreyòl*, puisque toutes ces mesures sont prises pour accommoder le lecteur français étranger à la culture haïtienne sans se soucier du lecteur haïtien qui lui peut se lasser de la présence de toutes ces notes explicatives qui lui sont complètement inutiles.

Dans *La Piste des sortilèges*, roman dans lequel on espérait trouver une évolution des techniques d'utilisation littéraire du *kreyòl*, on observe en fait une régression flagrante. Sachant néanmoins que les lecteurs francophones ayant les moyens de s'offrir des romans sont plus nombreux à l'étranger qu'en Haïti, il ne faut pas minimiser le rôle que l'éditeur peut jouer dans le choix d'une utilisation du *kreyòl* qui ne vise qu'à favoriser ceux qui peuvent acheter les livres. Quand on sait que *Clair de manbo* et *La Piste des sortilèges* ont été publiés à l'origine par le même éditeur, à savoir la maison Henri Deschamps, et *Un Octobre d'Elyaniz* par un éditeur différent, il y a lieu de se demander si l'éditeur des deux romans en question n'a pas sa part de responsabilité dans ce mode de traitement littéraire du *kreyòl*. Rappelons ici qu'*Un Octobre d'Elyaniz* est, parmi les trois romans, le seul dans lequel il existe quelques rares insertions du *kreyòl* qui se fondent au français au point d'aboutir à une véritable créolisation, à un réel métissage linguistique. Mais il suffit de comparer cette créolisation restreinte à celles très étendues, multiples et variées observées dans les *lodyans* de Lhérisson, dans *Gouverneurs de la rosée* de Roumain et dans le recueil de poésie *À fonds perdu* de Philippe Thoby-Marcelin, pour conclure que G. Victor n'arrive pas à marcher dans le sillage de ces auteurs, voire les dépasser dans le traitement qu'il fait du *kreyòl*.

---

19. Gary, Victor, *La Piste des sortilèges*, Port-au-Prince, Henri Deschamps, 1997, p. 43.
20. Ibid, p. 273.
21. bid, p. 75.

Disons avant de conclure que la créolisation, qu'elle soit restreinte ou étendue, médiocre ou réussie, ne peut être qu'au service des intérêts de la France, de sa culture et de sa langue utilisée encore de nos jours en Haïti comme un moyen de domination plutôt que comme un outil de communication généralisé à la portée de tous.

Après l'examen des trois premiers romans de G. Victor, nous sommes en mesure de conclure que ce n'est pas tant dans l'esthétique ou dans la beauté stylistique et langagière que réside la valeur des œuvres en question, mais plutôt dans le fait que cet auteur possède une extraordinaire imagination romanesque sans être pour autant déconnecté du réel. G. Victor est, en effet, un conteur dont la verve hors pair s'allie admirablement à de puissantes facultés d'observation et d'analyse du réel. Si elles plongent d'emblée le lecteur dans un imaginaire exubérant, les œuvres du romancier-*lodyansè* ne témoignent pas moins d'une bonne connaissance de la réalité socio-culturelle haïtienne. Ce qui nous paraît toutefois problématique lorsque nous cherchons à bien cerner sa démarche scripturale, c'est le traitement de la langue *kreyòl* et du *lodyans*. Contrairement à Lhérisson qui offre une créolisation féconde du français et qui conçoit le *lodyans* comme un genre de récit haïtien à part entière, G. Victor contribue malgré lui à la dévalorisation de ces deux aspects importants de la culture haïtienne. La simple superposition des deux langues semble témoigner de l'absence d'une véritable méthode de traitement du *kreyòl* dans ses romans écrits en langue française. Le fait par exemple de traduire en français les chansons traditionnelles *kreyòl* insérées dans ses romans ne peut que perpétuer l'attitude néfaste qui consiste à folkloriser cette langue en la traitant comme un simple aspect de la culture locale inapte à dépasser les frontières. En ce qui a trait au *lodyans*, voici ce qu'il affirme lors d'une conférence à Port-au-Prince : « Pour moi personnellement, la *lodyans* n'est pas un genre littéraire. Pour moi, c'est un simple dispositif narratif qui permet d'ouvrir une autre fenêtre à l'intérieur du récit pour le faire progresser[22] ». Il est évident que les propos de G. Victor sur le *lodyans* sont tout à fait discutables, car ce n'est pas parce qu'il a fait le choix personnel

---

22. Propos tenus par Gary Victor lors d'une conférence organisée à l'Institut Français d'Haïti le 6 juin 2014 sur le thème « La lodyans comme genre littéraire » consulté le 27 mars, 2016. https://www.youtube.com/watch?v=rKmEMPIxE6k..

d'utiliser le *lodyans* comme un « simple dispositif » dans la structure narrative de ses romans, que cette forme de récit n'est pas un genre littéraire. La nouvelle et le conte sont traditionnellement utilisés comme métarécits ou récits au second degré dans un grand nombre de romans sans que leur statut générique ne soit pour autant mis en cause. À l'instar de ces deux genres brefs qui existent de manière autonome, les *lodyans* de Sixto, de Lhérisson, de Chevallier et de Grimard ne sont subordonnés sous forme de métarécits à aucun autre genre littéraire. L'attitude de G. Victor vis-à-vis du *lodyans*, qu'il subordonne à la nouvelle et au roman, suit la même logique de folklorisation de cet élément culturel. À cet égard, la démarche de décentrement chez notre romancier-*lodyansè* nous paraît donc ambiguë au même titre que chez la plupart des écrivains haïtiens et antillais d'expression française d'hier et d'aujourd'hui.

Frenand LÉGER, Ph. D.

Bibliographie

ANGLADE, Georges, « Les lodyanseurs du soir, il y a 100 ans, le passage à l'écrit », Marie-Agnès Souriau et Kathleen Balutansky, *Écrire en pays assiégé*, Amsterdam, New York, Rodopi, 2004, pp. 61-87.

BERROU, Raphaël, POMPILUS, Pradel, *Histoire de la littérature haïtienne illustrée par les textes*, Tome I, Port-au-Prince, Caraïbes, 1975.

CASTERA, Georges, « De la difficulté d'écrire en créole » *Revue Notre Librairie*, No 143, Saint-Étienne, 2001, pp. 6-13.

CASTERA, Georges, « Lire *À fonds perdu* », *Boutures*, Nos 1.2, Port-au-Prince, Mémoire, 2000, pp. 31-34.

CHAMOISEAU, Patrick, *Texaco*, Paris, Gallimard, 1992.

DELEUZE, Gilles, GUATTARI, Félix, *Kafka. Pour une littérature mineure*, Paris, Minuit, 1975.

---, *L'Anti-Œdipe –Capitalisme et schizophrénie*, Paris, Minuit, 1972.

DERIVE, Jean, « La question de l'identité culturelle en littérature », *HAL Archives ouvertes*, <halshs-00344040>, 2007. Consulté le 10 mars 2017.

DESOUSA, Pascale, « Inscription du créole dans les textes francophones : De la citation à la créolisation », Maryse Condé et Madeleine Cottenet-Hage (dir.), *Penser la Créolité*, Paris, Kathala, 1995, pp. 173-190.

DOMINIQUE, Max, « Du conte et de l'audience », *Boutures*, No 2.1, Port-au-Prince, Mémoire, 2002, pp. 37-40.

--- « Thoby-Marcelin : Un indigénisme de la distance », *Chemins critiques*, No 2. Port-au-Prince, édition, 1991, pp. 175-198.

HOFFMANN, Léon-François, *Littérature d'Haïti*, Paris, EDICEF, 1995.

---, *Haïti : couleurs, croyances, créole*, Montréal, CIDIHCA, 1989.

---, *Le Roman haïtien : idéologie et structures*, Sherbrooke, Naaman, 1982.

GLISSANT, Édouard, *Discours antillais*, Paris, Seuil, 1981.

---, *Poétique de la relation*, Paris, Gallimard, 1990.

---, *Introduction à une poétique du divers*, Paris, Gallimard, 1996.

LHERISSON, Justin, *La famille des Pitite-Caille*, [1905], Paris, Éditions Caribéennes, 1978.

---, *Zoune chez sa ninnaine*, [1906], Paris, Éditions Caribéennes, 1978.

LIPOVESTSKY, Gilles, CHARLES, Sébastien, *Des temps hypermodernes*, Paris, Grasset, 2004.

N'ZENGOU, Tayo, Marie-José, « Le Vodou dans les romans et nouvelles de Gary Victor : entre fantastique et réalisme merveilleux », *Francofonia* No 7, 1998, pp. 255-273.

PIERRE, Claude, « La Famille des Pitite-Caille de Justin Lhérison », *Revue Notre Librairie*, No 132, Paris, A.D.P.F., 1997, pp. 110-111.

ROUMAIN, Jacques, *Œuvres complètes*, édition critique coordonnée par Léon-François Hoffmann, Nanterre, ALLCA/Paris : Ediciones Unesco, 2003.

THOBY-MARCELIN, PHILIPPE, *À Fonds perdu et d'autres recueils*, Port-au-Prince, Presses Nationales d'Haïti, 2005.

VICTOR, Gary, *Clair de Manbo*, Port-au-Prince, H. Deschamps, 1990.

---, *Un Octobre d'Élyaniz*, Port-au-Prince, Imprimeur II, 1992.

---, *La Piste des sortilèges*, Port-au-Prince, H. Deschamps, 1997.

Pour citer cet article :

Frenand LÉGER, « Le traitement du kreyòl dans les trois premiers romans de Gary Victor », *Revue Legs et Littérature*, 2017 | no. 9, pp. 35-55.

De Foyal à Ayiti : Georges Eleuthère Mauvois, une insularité littéraire ouverte sur la Caraïbe

Serghe Kéclard est né au Lamentin, à la Martinique. Après l'obtention de trois diplômes d'études approfondies (DEA) respectivement en Littérature comparée à l'Université de Bordeaux III, en Ethnologie à Bordeaux II et en Créolistique à l'Université de Rouen, il retourna dans son pays où il enseigna les Lettres modernes. Il est au Lycée Nord-Atlantique à Sainte-Marie jusqu'en juillet 2016. Il a publié, entre autres, deux romans : L'homme qui avait perdu ses mots *(2009),* Cartel comédie *(2012) et un recueil de nouvelles,* Quartier Césaire ou Chroniques de Morne Soulier *(2009).*

Résumé

D'aucuns pensent que la littérature martiniquaise se résume à la Négritude d'Aimé Césaire ou à la Créolité de Chamoiseau et Confiant, alors qu'elle se déploie bien au-delà des auteurs reconnus de la critique française. Georges Eleuthère Mauvois est de ceux-là. Auteur populaire, s'il en est, à la bibliographie protéiforme, en créole et en français, qui s'affirme foyalais, alors qu'il porte en lui la Caraïbe, il incarne une de ses figures littéraires les plus convaincantes. À telle enseigne qu'il obtint pour une de ses pièces dramatiques, Ovando ou le magicien de Saint-Domingue, *le prix de la Casa de las Américas et connut à Cuba un succès certain pour une autre œuvre théâtrale* Jazz. *C'est dire que l'inscription dans la Caraïbe de cet auteur martiniquais ne souffre aucune contestation. C'est cette évidence que nous tâcherons de questionner.*

Mots clés

Caraïbe, insularité, Georges Eleuthère Mauvois, créolité, Martinique

DE FOYAL À AYITI : GEORGES ELEUTHÈRE MAUVOIS, UNE INSULARITÉ LITTÉRAIRE OUVERTE SUR LA CARAÏBE

Lorsqu'on évoque la littérature martiniquaise, on pense immédiatement à Aimé Césaire, à Édouard Glissant ou aux auteurs du mouvement de la Créolité, Patrick Chamoiseau et Raphaël Confiant. Pourtant, on ne saurait résumer la richesse de cette littérature à ces écrivains, fussent-ils talentueux, au risque de l'amputer d'un versant éminemment important, sa dimension populaire.

Alors, si on accepte d'élargir sa vision du champ littéraire martiniquais, si on accepte son incontestable pluralité, s'impose, incontinent, la figure emblématique de l'écrivain populaire : Georges Eleuthère Mauvois. Les connotations minoratives voire péjoratives attachées souvent à cette dénomination s'évanouissent immédiatement devant la puissance indiscutable de son discours et la protéiformité de son œuvre.

À telle enseigne que l'on peut se demander en quoi Mauvois, romancier, conteur, chroniqueur, biographe, dramaturge, enraciné dans la réalité sociale de la Martinique par ses œuvres, en français et en créole, se revendiquant foyalais (habitant de la ville capitale Fort-de-France), est aussi et avant tout, un auteur caribéen ?

Notre propos prétend démontrer que G. E. Mauvois est un auteur populaire à la bibliographie protéiforme, qui s'affirme foyalais, alors qu'il porte en lui la Caraïbe, en incarnant une de ses figures littéraires les plus convaincantes.

I) Un auteur populaire à la bibliographie protéiforme

Georges Eleuthère Mauvois est né le 28 janvier 1922 à Foyal comme il aime à dénommer Fort-de-France (ville capitale de la Martinique). Dans son autobiographie romancée, *Monologue d'un foyalais*, il écrit la chose suivante : « Si un jour la question se pose de rebaptiser Fort-de-France, rappelez-vous que je vote Foyal[1] ». Il fut un élève brillant au Lycée Schœlcher où il étudia le grec, le latin, les lettres et la philosophie, eut une carrière d'activiste politique (membre dirigeant du Parti Communiste Martiniquais) avant d'embrasser l'écriture littéraire. Syndicaliste, il subit les foudres des autorités de l'époque puisqu'il fut révoqué de la fonction publique, des P.T.T. plus précisément, où il était cadre supérieur. Il va profiter de cette période d'inemploi pour se mettre à l'écriture.

Il est l'auteur d'œuvres dramatiques (en créole et en français), de traductions en créole de pièces du répertoire classique français et grec, de contes, d'histoires, de biographies, et de chroniques.

Un conteur original

Si comme tant de martiniquaises et martiniquais, il avoue avoir été marqué, dans son enfance, par l'oraliture créole (contes, tim-tim, sarabandes...), Mauvois revisitera dans une intertextualité féconde les contes créoles. Des proverbes créoles serviront de déclencheurs comme le précise Raymond Relouzat, préfacier de « Contes des quatre croisées[2] » : « constatant qu'un proverbe n'est, après tout, qu'un concentré de conte, et un conte un proverbe développé, Georges Mauvois a imaginé de donner sa version du sens d'une cinquantaine de proverbes créoles... ». À la lecture de ces réécritures en français, on est impressionné par la grande économie de procédés rhétoriques

---

1. Georges Eleuthère Mauvois, *Monologue d'un foyalais*, Cayenne, Ibis rouge, 1999, p.15.
2. Georges Eleuthère Mauvois, «Contes des quatre croisées», in *Contes et histoires*, Schoelcher, Auto-édition G.E.M., 2004.

qui, par un effet d'hypotypose, permet de capter le réalisme de la situation racontée. Le sens de l'ellipse, l'humour omniprésent, la chute appropriée et la dimension étiologique sont autant de composants qui se retrouvent à des degrés divers dans chaque conte. Or, si tous ces éléments stylistiques font du travail d'invention de l'auteur martiniquais une recréation, cette dernière est redevable au conte traditionnel avec lequel elle entretient une relation de rupture et de continuité. À titre d'exemples, pour ne citer que ces vernaculaires hypotextes gnomiques : « Chien di : pozé doubout pa pozé[3] » (se reposer debout n'est pas se reposer) ; « Véyé mel ki an pié bwa[4] » (Prends garde au merle qui t'épie du haut de l'arbre) ; « Sa ki atè sé ta chien[5] » (Tout ce qui traîne est au chien) ; « Poul pa ka vanté bouyon-yo[6] » (La poule a tort de vanter son bouillon) ; « Chien blan toujou ni dévenn an lalin klè[7] » (À la pleine lune, malheur au chien blanc) ; « Ravet pa ka ni rézon douvan poul[8] » (Ravet n'a jamais raison devant Poule) ; enfin, « Lavi pa an bol toloman[9] » (La vie n'est pas un bol de toloman)

Un dramaturge d'une grande cohérence idéologique et esthétique

La même préoccupation esthétique guide l'auteur dans ses comédies en créole : donner à voir la Martinique dans sa vérité profonde à travers le rire.

Influencé fortement, de son propre aveu, par Molière dont il partage la devise latine empruntée au poète Jean-Baptiste Senteul « Castigat ridendo mores » (elle châtie les mœurs en riant), Mauvois s'approprie la vision du dramaturge français précisée dans la préface de *Tartuffe* (1669) : « Les plus beaux traits d'une sérieuse morale sont moins puissants, le plus souvent, que ceux de la satire ; et rien ne reprend mieux la plupart des hommes que la peinture de leurs défauts[10] ». L'auteur martiniquais l'acclimate à la réalité martiniquaise et au génie du créole. Mieux qu'acclimater, il réactive le rire satirique originel :

---

3. Ibid., p. 13.
4. Ibid., pp. 14-15.
5. Ibid., pp. 16-17.
6. Ibid., p. 18.
7 Ibid., p. 53.
8. Ibid., p. 53.
9. Ibid., p. 96
10. Poquelin, Jean-Baptiste dit Molière, *Tartuffe*, Paris, Bordas, 1669.

« ...mon ambition est la comédie de mœurs. Entre le rire satirique de ceux de nos arrière-grands-parents qui se moquaient du maître et le rire bouffon de ceux qui l'amusaient, je préfère le premier[11] ».

Que ce soit *Agénor Cacoul*, pièce en trois actes qui date de 1966, laquelle évoque la corruption politique en milieu colonial, *Man Chomil*, pièce en deux actes datant de 1992, qui met en scène l'archétype du tire-au-flanc ou *Arrivé d'Paris*, en quatre actes publiée en 1997, dont le thème central est l'arrivisme, pour ne citer que ces trois comédies parmi ses dix œuvres théâtrales originales, la structure formelle est traditionnelle et le respect des règles classiques est observé peu ou prou. En revanche, l'utilisation du créole et du français n'évacue pas leurs rapports diglossiques mais transforme la rhétorique théâtrale de Mauvois en lieu où se manifeste avec le plus de réalisme l'idiosyncrasie martiniquaise.

Mais, par-delà les enjeux linguistiques, la présence des onomatopées créoles dans un souci évident de réalisme, ainsi que l'importance attribuée au langage corporel, participent de la spécificité de la théâtralité mauvoisienne. Dans *Man Chomil*, par exemple, les « Éé », « tjiip » ou autres « hon », « an,han », « Way fout ! », « Waaaaay ! » font florès puisque comme le souligne Raphaël Confiant dans la préface de Blogodo !, *lexique des onomatopées en créole de Martinique*[12] « Avec la musique, la littérature orale créole, l'oraliture, si l'on préfère, tout comme la littérature créole, font un grand usage des onomatopées[13] ».

Dans *Agénor Cacoul* ou dans *Arrivée d'Paris* voire dans *Man Chomil*, les personnages s'expriment aussi avec leur corps. Preuve, s'il en est, que les protagonistes des comédies de Mauvois sont eux-mêmes des comédiens et des comédiennes ; ils sont sans cesse en représentation dans une perpétuelle mise en abyme : le théâtre dans le théâtre. Univers doublement spéculaire qui tend un miroir à la fois aux acteurs et au public.

---

11. George-Eleuthère Mauvois, *5 questions pour Île en Île*, entretien vidéo, Schoelcher, 2011.
12. Raphaël Confiant, *Blogodo !, lexique des onomatopées en créole de Martinique*, Fort-de-France Caraïbéditions, 2013.
13. Ibid., p. 7.

Un chroniqueur obsédé par l'histoire de sa terre insulaire

Cette spécularité, on la retrouve dans la finalité des chroniques qu'il consacre soit à des individus qui ont marqué le passé de la Martinique, soit à des contrées emblématiques et monuments symboliques lesquels entremêlent leurs présences dans celles des hommes.

L'avocat Georges Gratiant auquel il consacra une biographie, *Georges Gratiant, un avocat dans le siècle*[14], était à la fois, un homme discret, un ténor du barreau de Fort-de-France, qui mit son immense talent au service des plus humbles, un chef d'édilité engagé dans les luttes populaires, (on pense à la tuerie du 24 mars 1961 au Lamentin, commune dont il était le maire) et le complet opposé du personnage dramatique d'Agénor Cacoul. Il a su, contre l'Administration française, contre la répression en acte vis-à-vis des ouvriers agricoles en grève, opposer le droit, au risque de la radiation. Et c'est à ces titres qu'il apparaît, aux yeux de Mauvois, digne de se trouver parmi les figures spéculaires d'une société martiniquaise en manque de repères : « Notre société, sortie de l'esclavage, se forme en peuple, armée de valeurs républicaines qu'ont su symboliser de grandes figures du pays. Celle de Gratiant compte parmi les plus pures ».

Le Château Aubéry enlace son histoire à celle d'un syndicaliste et journaliste « guerrier-silex » comme le nommerait Aimé Césaire, André Aliker. Et c'est sous le titre de *Château Aubéry*[15] que Mauvois publie en l'an 2008 l'histoire qui relate « comment le destin du plus puissant des békés[16] martiniquais de la première moitié du 20ème siècle se croise avec celui d'un intrépide journaliste ...[17] » Celui dont l'assassinat fut commandité en 1934 par le béké Eugène Aubéry. Le château que ce dernier fit construire au sommet d'un morne, symbolise, selon le chroniqueur, « une de ses extravagantes exhibitions de

---

14. Georges Eleuthère Mauvois, *Georges Gratiant, un avocat dans le siècle*, Fort-de-France, K. Editions, 2009.
15. Georges Eleuthère Mauvois, *Château Aubéry*, Fort-de-France, K. Editions, 2008.
16. « Blancs martiniquais, descendants des colons maîtres du pays à l'époque dite de la colonie et qui, aujourd'hui encore, constituent un groupe social à part » dixit l'auteur.
17. George-Eleuthère Mauvois, *Château Aubéry*, Fort-de-France, K. Editions, 2008, p. 11.

richesse[18] ». Dans la préface de *Château Aubéry*, l'écrivain martiniquais Alfred Alexandre, convaincu que l'œuvre de Mauvois ne peut s'appréhender en dehors de la Caraïbe et plus largement des Amériques, écrit : « Georges Eleuthère Mauvois, c'est le roman des Amériques. Le roman des origines. Avec comme corollaire, l'obsession de la terre. Nommer, arpenter, posséder, jusqu'à la folie et la mort : le voilà le ressort dramatique que chroniqueurs, mémorialistes, poètes et romanciers labourent d'un bout à l'autre du continent, depuis le seizième siècle[19] ».

II) Même si Georges Eleuthère Mauvois se revendique foyalais, c'est aussi et avant tout, un auteur caribéen

L'américanité et la caribéanité, telles que l'entend Alfred Alexandre, se révèlent encore dans d'autres chroniques que consacre Mauvois à des personnalités (*Henri Lémery, de Saint-Pierre à Vichy*[20]) et à des lieux de la Martinique (*Figures schoelchéroises*[21], monographie romancée de la commune de Schœlcher, 2009).

Mais c'est dans son autobiographie singulière, à cheval entre témoignage et examen de conscience d'un citoyen éclairé, *Monologue d'un foyalais*, publié en 1999, que Georges Eleuthère Mauvois articule son inscription dans une Caraïbe de la terre.

L'auteur, comme beaucoup de caribéens afro descendants, rappelle avec émotion sa filiation avec l'Afrique : « Je dois beaucoup à Alex Haley, l'auteur de *Racines*[22] » Avec une pointe d'amertume, il évoque les stigmates qu'a laissées l'Habitation[23] : « Seuls les békés et les mulâtres nés aisés avaient alors le culte de leurs ascendants. Seuls, ils avaient une fierté

---

18. Ibid., p. 15.
19. Ibid., p. 9.
20. Georges Eleuthère Mauvois, *Henry Lémery, de Saint-Pierre à Vichy*, Fort-de-France, K. Editions, 2010.
21. Georges Eleuthère Mauvois, *Figures schoelchéroises*, Fort-de-France, K. Editions, 2009.
22. Georges-Eleuthère Mauvois, *Monologue d'un Foyalais*, Cayenne, Ibis Rouge, 1999, p. 23.
23. Autre nom donné à la Martinique à la Plantation où les Noirs déportés d'Afrique étaient esclavagisés.

ancestrale. Les petits-fils d'esclaves, eux, fuyaient encore l'ombre de l'esclavage et les silhouettes affligeantes de leurs prédécesseurs disparus[24] ». Et invite avec humour, le lecteur et la lectrice, à nommer et arpenter en sa compagnie sa terre en tant que foyalais de naissance. On passe, alors de « Foyal » à « l'Habitation Fond-Belle-Fontaine », de « la Grand'Anse à Foyal »… Autant de lieux qui ont nourri son imaginaire d'écrivain martiniquais. L'enracinement dans sa ville natale, l'attachement presque viscéral à son pays auraient pu enfermer Mauvois dans le topos de la nostalgie et le détourner de la Caraïbe. Cet auteur, au contraire, illustrant ainsi la conviction de Césaire selon laquelle l'approfondissement du particulier permet d'atteindre l'universel, s'ouvre au diversel caribéen.

Anacaona (Fleur d'Or en Taïno), reine amérindienne, adulée pour sa grande beauté, son intelligence et ses talents de poétesse, conduisit la résistance contre les colons espagnols. À la mort de son frère, elle continue de mener seule la lutte contre les envahisseurs. En 1502, le gouverneur espagnol Fray Nicolas de Ovando, pour la réduire au silence, use de ruse. Capturée, enchaînée et exposée à toutes sortes de sévices, elle est traînée à Santo Domingo où elle est jugée, condamnée et pendue en 1503, pour conspiration. Puisqu'un mythe c'est : « une histoire fictive contenant une vérité et répondant à des questions essentielles[25] » et « une représentation idéalisée d'un état passé de l'humanité, d'un homme, d'une femme ou d'une idée ou une construction de l'esprit sans relation avec la réalité[26] », cette reine condense en elle tous les éléments constitutifs du mythe.

On s'en doute bien, un tel individu ne pouvait susciter chez Georges Eleuthère Mauvois qu'admiration et n'être pour le dramaturge qu'une source inépuisable d'inspiration. Il va donc, après d'autres, tel Jean Métellus avec *Anacaona*[27], mettre en scène, mais à sa manière, dans *Ovando ou le magicien de St Domingue*[28], pièce en un acte, en français, celle qu'il considère comme

---

24. Op. cit., p. 24.
25. Le Robert, *Dictionnaire historique de la langue française*, Paris, Robert, 1998, p.2333.
26. Ibid., p.2333.
27. Jean Métellus, *Anacaona*, Paris, Hatier, 1986.
28. Georges Eleuthère Mauvois, « Ovando ou le magicien de Saint-Domingue », *Œuvres théâtrales complètes*, Fort-de-France, K. Editions, 2011.

l'archétype de la résistance anticolonialiste. Celle qu'il fait dire, à la scène XIV, lors d'un ultime face-à-face avec Ovando qui prétend que les indiens sont paresseux et les indiennes lubriques et obscènes : « L'image que tu viens de me tendre, c'est votre image renversée. C'est l'agitation des forcénés, la violence des gestes, la fièvre de l'accaparement, la lubricité de la bête. Depuis votre arrivée chez nous, vous avez fait du sexe une rage. Vous vous jetez sur nous comme des chiens. Vous tuez nos compagnons pour nous violer. Et toi-même, Fray Ovando, depuis le moment où tu me parles, tu n'as aux lèvres que les mots d'un Espagnol en rut[29] ».

Bien que la tragique destinée d'Anacaona soit connue, il va imaginer la possibilité de la sauver. Ce travail d'intertextualité sera l'occasion pour l'auteur de se mettre lui-même en scène, en voyageant dans le temps par le biais du personnage du magicien Volvéro et de tenter de réécrire l'Histoire : « À mon goût, l'histoire serait plus piquante encore si la prisonnière n'était pas tuée. C'est sûr. [...] Quand une chose doit arriver, il est toujours récréatif d'imaginer le contraire[30] », dixit Volvéro à la scène VII.

Occasion pour Mauvois de s'interroger sur le pouvoir de l'écriture dramatique et ses limites, comme l'a fait Jean Giraudoux dans *La guerre de Troie n'aura pas lieu*, par la voix de Volvéro qui, confronté à Ovando à l'acte XV, prend conscience que rien ne pourra empêcher la mise à mort de la Princesse : « On ne change pas l'Histoire. Il était écrit que vous feriez pendre Anacaona. Qu'elle serait l'héroïne et vous le salaud. Avant la fin du jour, tout sera dit. Rien n'aura changé à votre destinée, Fray Nicolas de Ovando[31] ». Mais aussi sur la nécessité qu'ont ses contemporains, de voir dans le destin de Anacaona stylisé dans *Ovando*, comme le suggère Jean Bernabé[32] : « un condensé de [leur] histoire[33] ». Et si on n'y prend garde, un condensé de l'avenir des martiniquais. L'envol final de Volvéro –« Des ailes lui ont poussé et il s'est envolé[34] »– dénoue le tragique de l'œuvre pour y introduire de la légèreté,

---
29. Ibid., p. 472.
30. Ibid., p. 447.
31. Ibid., p. 475.
32. Jean Bernabé, Ovando ou le magicien de Saint-Domingue de Georges Mauvois, in France-Antilles du 12 juin 2003.
33. Ibid.,...
34. Georges-Eleuthère Mauvois, « Ovando ou le magicien de Saint Domingue », *Œuvres théâtraes complètes*, Fort-de-France, K. Editions, 2011, p. 476.

celle du conte, renouant ainsi avec la culture populaire.

En sollicitant ainsi le passé d'Ayiti, Mauvois montre que l'histoire que les martiniquaises, les martiniquais partagent avec le reste de la Caraïbe, représente un miroir dans lequel elles et ils se retrouvent quelquefois, et la grille de lecture de leur présent, ces caribéennes, ces caribéens qui s'ignorent encore trop.

Conclusion

Conteur, dramaturge, chroniqueur, biographe martiniquais, enraciné dans son pays, Georges Eleuthère Mauvois est donc habité par cet espace singulier, ce lieu, où toutes les femmes, tous les hommes de la terre, toutes les cultures mêlées du monde, sommées par l'Histoire, ont su créer, malgré les violences et le déni d'Être, la Belle Amour Caribéenne.

Parce qu'il connaît la fragilité d'un tel défi, mais aussi son impérieuse nécessité, l'écrivain et poète populaire, bien qu'il s'en défende, qu'est Mauvois, invite de son île veilleuse, la lectrice et le lecteur à faire, avec lui, Caraïbe.

Serghe KÉCLARD, M.A.

Bibliographie

BERNABÉ, Jean, *Ovando de Georges Mauvois*, Fort-de-France, France-Antilles, Juin 2003.

CONFIANT, Raphaël, *Blogodo ! les onomatopées en créole de Martinique*, Fort-de-France, Caraïbéditions, 2013.

GIRAUDOUX, Jean, *La guerre de Troie n'aura pas lieu*, [1935], Paris, Larousse, 2009.

Le Robert, *Dictionnaire historique de la langue française*, Paris, 1998.

MAUVOIS, Georges Eleuthère, *Monologue d'un foyalais*, Cayenne, Ibis rouge, 1999.

---, *Contes des quatre croisées*, [2004], Schoelcher, G. Mauvois, 2013.

---, *Agénor Cacoul*, [1966], Fort-de-France, K. Editions, 2011.

---, *Man Chomil* [1992], Fort-de-France, K. Editions, 2011.

---, *Arrivée d'Paris* [1997], Fort-de-France, K. Editions, 2011.

---, *Ovando ou le magicien de Saint Domingue* [2003], Fort-de-France, K. Editions, 2011.

---, *Georges Gratiant, un avocat dans le siècle*, Fort-de-France, K. Editions, 2009.

---, *Château Aubéry*, Fort-de-France, K. Editions, 2008.

---, *Henry Lémery, de Saint-Pierre à Vichy*, Fort-de-France, K. Editions, 2010.

---, *Figures schoelchéroises*, Fort-de-France, K. Editions, 2009.

---

19. Ibid., p. 408.

MÉTELLUS, Jean, *Anacaona*, Paris, Hatier, 1986.

POQUELIN, Jean-Baptiste dit MOLIÉRE, *Tartuffe*, Paris, Bordas, 1669.

Pour citer cet article :

Serghe KÉCLARD, « De Foyal à Ayiti : Geroges Éleuthère Mauvois, une insularité littéraire ouverte sur la Caraïbe », *Revue Legs et Littérature,* 2017 | no. 9, pp. 57-69.

Le créole haïtien et ses origines : française ou africaine ?

Docteur en linguistique de l'université René Descartes Paris V-Sorbonne, Hugues Saint-Fort a enseigné la linguistique et / ou le français à New York (Queens College, City College of New York, Kingsborough Community College). Il est spécialiste de créolistique et ses recherches portent sur la genèse du créole haïtien, les questions d'alternance codique entre l'anglais et le créole haïtien dans l'émigration haïtienne de New York, les problèmes de diglossie dans l'espace sociolinguistique haïtien, l'évolution de la littérature haïtienne dans la diaspora haïtienne. Son livre le plus récent est Haïti : questions de langues, langues en question (2011) Éditions de l'Université d'État d'Haïti et CIDIHCA.

Résumé

Cet article revisite un débat qui traverse la créolistique depuis plusieurs décennies. Qu'est-ce que le créole haïtien ? Comment a-t-il pris naissance ? Quelle est la langue qui a contribué le plus à sa création ? Il réexamine la genèse de cette langue à partir des caractéristiques démographiques des populations qui ont peuplé la colonie française de Saint-Domingue entre le milieu du dix-septième siècle et les débuts de la Révolution haïtienne en 1791. Il conclut qu'en se basant sur les données exposées dans cette recherche, on ne peut raisonnablement affirmer que le français ou telle langue africaine, le fon en l'occurrence, ait pu jouer un rôle fondateur primordial dans la création du créole haïtien qui reste toutefois une langue autonome avec son propre système lexical, syntaxique et phonologique.

Mots clés

Créolistique, créole haïtien, fon, français régional, langues kwa.

LE CRÉOLE HAÏTIEN ET SES ORIGINES : FRANÇAISE OU AFRICAINE

Introduction

Quand il est utilisé en linguistique, le terme *créole* désigne un groupe de langues qui ont pris naissance pour la plupart, dans des territoires insulaires du Nouveau Monde et de l'Océan Indien vers le milieu du dix-septième siècle, à la faveur de deux événements historiques : l'esclavage d'Africains déportés d'Afrique et les colonisations européennes. Ces langues ne sont pas classées génétiquement[1], et ne sont pas forcément mutuellement compréhensibles. S'il existe un point commun entre elles, c'est qu'elles ont toutes émergé des plantations coloniales. Le terme *créole* utilisé pour désigner une langue de communication quotidienne dans les anciennes colonies françaises du Nouveau Monde, n'existait pas avant le seizième siècle. Selon la linguiste française Marie-Christine Hazaël-Massieux[2] « Ce n'est que très progressivement, à partir de 1770-1780, que le terme de *créole* comme substantif pour désigner la langue semble attesté dans des publications périodiques de

---

[1]. En linguistique, on parle de classification génétique pour désigner des langues reliées entre elles par le truchement d'ancêtres communs. Par exemple, le français, l'italien, l'espagnol, le portugais et le roumain sont classés parmi les langues romanes parce qu'ils se sont développés à partir du latin, la langue parlée dans l'empire romain. Leurs relations génétiques sont représentées au moyen d'un arbre généalogique. Il est important de préciser que tout rapport avec la généalogie proprement dite ou la génétique est profondément métaphorique.

[2]. Marie-Christine Hazaël-Massieux, *Textes anciens en créole français de la Caraïbe. Histoire et analyse*, Paris, Publibook, 2008, p. 39.

Saint-Domingue, parfois en alternance avec l'expression de « langue créole » ou avec le terme de « nègre ». Auparavant, il a servi d'abord à désigner tout Européen (Français, Anglais, Espagnol, Portugais, Hollandais) né dans les colonies, par opposition à ceux nés dans la métropole, puis, plus tard, comme adjectif, il marque le caractère indigène du mot (cuisine créole, café créole…). À Saint-Domingue, au plus fort de l'arrivée des Africains, le terme *créole* a servi aussi à désigner les esclaves nés dans la colonie pour les distinguer des esclaves africains fraichement importés d'Afrique et appelés *bossales*[3]. Le linguiste français Robert Chaudenson[4] signale que le terme figure dans le *Dictionnaire* du lexicographe français Antoine Furetière en 1690 : « Criole : c'est le nom que les Espagnols donnent à leurs enfants qui sont nez aux Indes » (il s'agit ici des « Indes occidentales », c'est-à-dire de la zone américaine)…

Pour expliquer la genèse des langues créoles, les linguistes ont proposé plusieurs théories (cf. par ex. Arends, Muysken, and Smith 1995 ; Aboh 2015 ; Valdman 2015)… Le linguiste haïtien Michel DeGraff[5] identifie trois grandes approches qui éclairent la genèse des langues créoles : l'approche substratiste, l'approche superstratiste et l'approche universaliste. Les principaux tenants de l'approche substratiste (la première linguiste haïtienne Suzanne Sylvain (1936) aux débuts de la créolistique, dans une première version de la théorie; Claire Lefebvre (1998) et John Lumsden à l'époque contemporaine) soutiennent que les langues créoles ont émergé à partir d'un processus défini comme la relexification selon lequel les locuteurs des langues de l'Afrique de l'Ouest ont transféré les structures sémantiques et syntaxiques de leurs langues premières à travers le lexique de la langue européenne. Les principaux tenants de l'approche superstratiste, à savoir Chaudenson (1979, 1992), Hall (1966), Valdman (1978) privilégient l'influence des langues européennes dans la genèse des langues créoles, surtout les langues créoles à base française. La troisième approche, l'approche universaliste, est représentée principalement par le linguiste britannique Derek Bickerton et sa

---

3. Le mot *bossale* vient de l'espagnol bozal signifiant « museau » mais il réfère aussi à des formes approximatives d'espagnol parlé en Amérique du Sud et en Amérique Centrale (Valdman 2015).
4. Robert Chaudenson, *Les créoles*, Paris, Presses Universitaires de France, 1995, p. 3.
5. Michel DeGraff (dir.), *Language Creation and Language Change*, Boston, Massachusetts, MIT Press, 1999, p. 6.

célèbre hypothèse du *bioprogramme* (1984).

Dans la présente contribution, nous nous proposons d'examiner les origines du créole haïtien. La première partie analyse la composition des populations qui ont habité la colonie française de Saint-Domingue (l'actuelle Haïti). La deuxième étudie les langues parlées par ces populations et le rôle que ces langues ont joué dans la formation du créole haïtien. La troisième met en lumière la façon dont le français et certaines langues africaines ont contribué à la constitution et au fonctionnement du lexique, de la syntaxe et de la phonologie du créole haïtien.

1- Les types de populations qui ont peuplé la colonie française de Saint-Domingue

Rappelons tout d'abord que le créole haïtien est un créole à base française. Certains linguistes créolistes parlent de créoles français, mais pour éviter toute confusion, nous adopterons l'appellation « créole à base française ». Selon la linguiste Marie-Christine Hazaël-Massieux[6] « il s'agit de langues dont la formation aux dix-septième et dix-huitième siècles s'enracine dans le français mais aussi dans d'autres langues, les langues des esclaves. Nées dans les contacts linguistiques, pendant les colonisations européennes, ces langues résultent donc d'interprétations et de réanalyses effectuées dans le cadre de communications essentiellement orales, en dehors de toute pression normative. » Parler de créoles à base française, c'est souligner la présence d'éléments lexicaux et syntaxiques français au sein de ces langues, ce qui les différencie d'autres langues créoles connues en tant que créoles à base anglaise (le créole jamaïcain ou trinidadien, par exemple) ou espagnole ou hollandaise. Les créoles à base française de la Caraïbe et des Amériques (créole haïtien, créole martiniquais, créole guadeloupéen, créole guyanais, créole saint-lucien, créole dominiquais, créole louisianais) sont issus de contacts avec des colons français[7] tandis que les créoles à base anglaise de la

---

6. Marie-Christine Hazaël-Massieux, *Les Créoles à base française*, Paris, Ophrys, 2011.
7. Pour une vue d'ensemble des créoles à base française, voir le livre de la linguiste française Marie-Christine Hazaël-Massieux, *Les créoles à base française*, Ophrys, 2011 et l'ouvrage *Du français aux créoles. Phonétique, lexicologie et dialectologie antillaises* paru en 2015 sous la direction d'André Thibault, dans la collection classiques Garnier.

Caraïbe et des Amériques sont issus de contacts avec des colons anglais. Une langue créole comme le papiamento qui est à base lexicale ibérique (portugaise et espagnole) parlée à Aruba, Bonaire et Curaçao contient aussi 30% de lexique néerlandais et pose un problème à certains linguistes qui se demandent pourquoi, dans une colonie hollandaise, un créole à base lexicale ibérique et non hollandaise a pu se créer[8].

Avant l'arrivée de Christophe Colomb en Amérique en 1492, l'archipel où il a débarqué était habité par des peuples amérindiens, les « Arawaks » ou « Taïnos » et les « Caraïbes ». L'île Hispaniola, ainsi que l'a nommé Colomb en souvenir de l'Espagne était peuplée par des Taïnos qui, forcés par les Espagnols à extraire de l'or des mines et des rivières alors qu'ils n'étaient pas habitués à ce genre de durs travaux, perdirent rapidement la vie. Des milliers d'autres périrent, soit en se suicidant, soit furent tués par les Espagnols, soit furent décimés par des maladies introduites dans l'ile par les Espagnols. L'Histoire rapporte qu'une dizaine d'années après l'arrivée des Espagnols à Hispaniola, la majorité des Taïnos ont été exterminés. Pour continuer le travail d'extraction de l'or dans les mines et les rivières, mais surtout pour la production du café et de la canne à sucre dans les plantations d'Hispaniola, les Espagnols initièrent l'importation d'Africains kidnappés sur la côte ouest de l'Afrique et réduits en esclavage. C'est ainsi que commença la traite esclavagiste.

1.1 Les Africains

Les Africains ont contribué de manière importante à la composition démographique des premiers habitants d'Hispaniola après l'extermination des Taïnos par les aventuriers espagnols. Le linguiste américain John Victor Singler[9] rapporte que selon l'historien Philip Curtin[10] vers 1680, 4.000

---

8. Voir Philippe Maurer « La préposition FOR DI du Papiamento et le verbe FO des créoles du golfe de Guinée », *La Linguistique*, vol. 41, Paris, PUF, 2005, pp. 57-66.
9. John Victor Singler, « African Influence upon Afro-American Language Varieties: A Consideration of Sociohistorical Factors », Salikoko S. Mufwene *(dir.)*, *Africanisms in Afro-American Language Varieties*, Athens, Georgia, The University of Georgia Press, 1993, pp. 235-253.
10. Philip D. Curtin, *The Atlantic slave trade*, Madison, University of Wisconsin Press, 1969.

esclaves avaient été importés. Il ajoute que Patterson[11] évalue la population de Saint-Domingue en 1681 à 4.336 blancs et 2.312 esclaves. Pour cette même date de 1681, Philip Baker[12] rapporte une population de 2.102 esclaves et signale que vers 1715, Haïti comptait une population de 30.653 esclaves, dont 7.826 enfants. Rapidement, selon Singler[13]

> Saint-Domingue became France's principal sugar colony and quickly came to dominate the French Caribbean. To sustain its preeminence and to meet the growing demand in Europe for sugar, Saint-Domingue continually sought more slaves. Curtin[14] divides "the growth of slave population on Saint-Domingue...into three distinct phases __rapid growth from about 1680 to 1739, slower growth (parallel to the rates prevalent on Jamaica) from 1739 to 1778, then rapid growth during the 1780's"

> (Saint-Domingue devint la principale colonie sucrière de la France et arriva rapidement à dominer la Caraïbe française. Pour conserver sa prééminence et satisfaire la demande croissante de sucre en Europe, Saint-Domingue recherchait continuellement plus d'esclaves. Curtin (1969, p.77) divise « la croissance de la population servile de Saint-Domingue ...en trois phases distinctes_une croissance rapide de 1680 à 1739, une croissance plus lente (parallèle aux taux courants à la Jamaïque) de 1739 à 1778, puis une croissance très rapide durant les années 1780's) [ma traduction].

Que savons-nous des origines géographiques des esclaves africains qui ont été emmenés de force à Saint-Domingue ? De quels pays ou de quelle région du

---

11. Orlando Patterson, Slavery and Social death. Cambridge, Massachusetts: Harvard University Press, 1982.
12. Philip Baker, « Assessing the African Contribution to French-Based Creoles », Salikoko S. Mufwene, *Africanisms in Afro-American Language Varieties*, Athens, Georgia University Press, 1993, pp. 123-155.
13. John Victor Singler, Ibid., p. 240.
14. Philip Curtin, Ibid., p. 77.

continent africain provenaient-ils ? Le linguiste créoliste d'origine béninoise Enoch Oladé Aboh[15] rappelle que c'est l'une des plus difficiles questions auxquelles la créolistique doit répondre car les rapports dont nous disposons ne mentionnent pas toujours de façon explicite les origines de ces esclaves. La réponse à cette question pourrait pourtant apporter un éclairage significatif dans la compréhension de la formation du créole haïtien. D'après Jacques Arends[16], les esclaves provenant de la Baie de Bénin « formed the single largest ethnolinguistic group that came to Haïti in this period (between 1700-1750). » (formèrent le plus large groupe ethnolinguistique déporté en Haïti au cours de la période comprise entre 1700 et 1750). [ma traduction]. Cependant, il faudra tenir compte de cette observation de Singler[17] selon laquelle « the demand for slaves in Saint-Domingue was so great that the planters there took whatever slaves they could get, regardless of where they were from or what the planters' preferences might have been. » (la demande d'esclaves à Saint-Domingue était si grande que les planteurs de l'ile acceptèrent n'importe quel esclave, sans se soucier de leur origine ou des préférences qui étaient en vigueur à l'époque.

1.2 Les Européens

Ce sont les Espagnols qui initièrent la traite des Noirs à Hispaniola dans la première moitié du seizième siècle, mais ce furent les Français qui développèrent ce commerce au plus haut point jusqu'à en faire la base de la richesse exceptionnelle que connut la partie occidentale de l'ile Hispaniola connue sous le nom de Saint-Domingue (l'actuelle Haïti). Comment cela a-t-il pu se produire ? Pour des raisons qui ne sont pas bien comprises, il apparait que les Espagnols délaissèrent rapidement la partie occidentale d'Hispaniola et s'établirent plutôt dans la partie orientale (l'actuelle République dominicaine). Le Nord d'Ouest d'Hispaniola, principalement l'île de la Tortue, devint l'objet de convoitises de la part de certains aventuriers

---

15. Enoch Oladé Aboh, *The Emergence of Hybrid Grammars. Language Contact and Change*, Cambridge, Cambridge University Press, 2015.
16. Jacques Arends, « A Demographic Perspective on Creole Formation », Sylvia Kouwenberg and John Victor Singler (dir.), *The Handbook of Pidgins and Creole Studies*, London, Wiley Blackwell, 2008, pp. 309-331.
17. John Victor Singler, Ibid., p. 245.

européens, spécialement des pirates français en provenance de Normandie. Ces aventuriers étaient répartis en deux groupes : un groupe composé de pirates aguerris qui écumaient les mers à partir de leur base de l'ile de la Tortue, et qui étaient connus sous le nom de *flibustiers*; et un autre groupe qui s'était établi dans l'ile même, chassant les cochons sauvages et autres animaux qui avaient été apportés dans l'ile par les Espagnols. Les membres de ce groupe étaient connus sous le nom de *boucaniers*. Selon Zéphir[18] citant l'historien haïtien Dantès Bellegarde, « Little by little, they settled, conquered the forest, cleared the land, and devoted themselves to agriculture. » (Peu à peu, ils s'établirent définitivement dans l'ile, conquirent la forêt, défrichèrent la terre, et se consacrèrent à l'agriculture. ») [ma traduction].

S'il peut y avoir matière à discussion en ce qui concerne la provenance géographique des esclaves africains déportés à Saint-Domingue, il n'existe pas de doute concernant les régions d'origine des colons français de Saint-Domingue. Pratiquement, tous les chercheurs qui ont étudié la question[19] soutiennent que les colons français qui se sont établis à Domingue aux dix-septième et dix-huitième siècles étaient originaires de l'Ouest et du centre de la France (Normandie, Ile de France (Paris), Bretagne, Poitou. Lefebvre[20] signale que seulement deux pour cent des colons français qui se sont établis à Saint-Domingue et dans la Caraïbe française étaient originaires de la Picardie. Elle minimise donc l'influence du dialecte de cette région sur les créoles à base française.

2. Les langues parlées par les populations de Saint-Domingue et leur rôle dans la création du créole haïtien

2.1 Les populations serviles et leurs langues

Pour avoir une idée des langues que parlaient les esclaves, il faut savoir d'où ils venaient. Or, sur ce point, les données ne sont pas toujours très claires. De quelle région d'Afrique provenaient les esclaves de Saint-Domingue ? Peut-

---

18. Flore Zéphir, *The Haitian Americans*, Westport, Connecticut, Greenwood Press, 2004. 245.
19. Faine 1937 ; Chaudenson 2003 ; Valdman 1978.
20. Claire Lefebvre, *Creole Genesis and The Acquisition of Grammar. The Case of Haitian Creole*, Cambridge, Cambridge University Press, 1998.

on déterminer avec certitude les périodes d'arrivée des esclaves ? Le linguiste américain John Victor Singler[21] est l'un de ceux qui ont mené les recherches les plus approfondies sur la démographie servile de Saint-Domingue. S'appuyant sur les recherches de l'historien Philip Curtin[22] il distingue trois périodes dans l'arrivée de la population servile de Saint-Domingue entre 1651 et 1791.

La première période s'étend de 1665 date de l'arrivée de Bertrand d'Ogeron comme gouverneur de Saint-Domingue à 1710. Singler explique que durant cette période la majeure partie des esclaves que reçut Saint-Domingue étaient fournis par les Anglais et les Hollandais. Un grand nombre d'entre eux étaient originaires du Gold Coast, du Slave Coast et du Windward Coast. Près des deux-tiers de ces esclaves venaient du Slave Coast (l'actuel Togo et Bénin). Le reste venait d'Angola et du Gold Coast (l'actuel Ghana). Toujours selon Singler (1993), durant cette première période jusqu'en 1710, « the largest number of Africans imported to Saint-Domingue were probably Kwa, especially Ewe-Fon. There would also have been a significant number of speakers of Mand languages and smaller numbers of speakers of West Atlantic, Kru, Eastern Kwa, and Benue-Congo languages (including Bantu languages). » (la majeure partie des Africains importés à Saint-Domingue étaient probablement des locuteurs Kwa, spécialement Éwé-Fon. Il y avait aussi un nombre important de locuteurs des langues Mand et de petits groupes de locuteurs de langues de l'Atlantique Ouest, Kru, Kwa oriental, et Benue-Congo, dont les langues Bantou.)[23] [ma traduction].

La deuxième période s'étend de 1710 à 1739. La demande d'esclaves durant cette période était énorme et Saint-Domingue reçut l'imposante majorité de tous les Africains déportés par les Français dans les Caraïbes. La plupart de ces Africains venaient de la Baie du Bénin. Le reste était originaire d'Angola et de la Sénégambie. Ceux qui venaient d'Angola étaient des locuteurs des langues Bantou. Au début de l'histoire de Saint-Domingue, un grand nombre d'Africains étaient des locuteurs du Kwa occidental, particulièrement Éwé-

---

21. John Victor Singler, Ibid.,---
22. Philip D. Curtin, *The Atlantic slave trade*, Madison, University of Wisconsin University Press, 1969.
23. John Victor Singler, Ibid., p. 243.

Fon, tandis que les locuteurs Mande constituaient le second grand groupe. Plus tard, la tendance s'accentua et la domination linguistique du groupe Éwé-Fon continua de plus belle. Bien que leur présence ne fût pas aussi forte, les locuteurs Mande et Bantou n'avaient cependant pas disparu de la scène linguistique.

La troisième période s'étend de 1740 à 1791. Selon Singler, cette période finale d'exportation d'esclaves vers Saint-Domingue fut marquée par la présence d'une population en provenance d'Angola qui supplanta les Africains en provenance de la Baie du Bénin. Singler cite l'historien David Richardson[24] qui estime que « in the final decade alone more than 116,000 slaves were exported from Angola by the French. » (dans la seule décennie finale, plus de 116,000 esclaves furent exportés d'Angola par les Français) [ma traduction]. Un autre historien, Rawley « remarks that so great was the Angolan influx to the Caribbean that by the 1790's nearly half of Saint-Domingue's African-born slave population had originated there » (…remarque que le flot angolais vers les Caraïbes était si grand que vers les années 1790 près de la moitié des esclaves de Saint-Domingue nés en Afrique était originaire de là-bas.) [ma traduction].

D'après Singler[25] et Lefebvre[26] la création du créole haïtien remonte aux années comprises entre 1680 et 1740 au début de la croissance remarquable de l'économie sucrière de Saint-Domingue. Selon Singler[27], « …the first fifty years of Haiti's sugar boom coincided with Gbe predominance in the African population of the French Caribbean. » (les cinquante premières années de l'explosion sucrière d'Haïti coïncidèrent avec la prédominance Gbe dans la population africaine de la Caraïbe française) [ma traduction]. Arends et alii[28] précisent que parmi les langues de l'Afrique occidentale, la branche Kwa de

---

24. David Richardson, « Slave exports from West and West Central Africa 1700-1800. New estimates of volume and distribution », *Journal of African History*, No. 30, 1989, pp. 22-103.
25. John Victor Singler, « Theories of Creole Genesis, Sociohistorical Considerations, and the evaluation of evidence : The case of Haitian Creole and the Relexification Hypothesis », *Journal of Pidgin and Creole Languages*, Volume 11, No. 2, 1996, pp. 185-230.
26. Claire Lefebvre, Ibid., p. 58.
27. Singler, Ibid., p. 215.
28. Arends Jacques, Muysken Pieter, Smith Norval (dir.) *Pidgins and Creoles. An Introduction*, Amsterdam/Philadelphia, Johns Benjamins Publishing Company, 1995.

la famille Niger-Congo se retrouve surtout au Ghana, au Togo et au Bénin. On trouve aussi la langue Twi parlée surtout au Ghana, et la langue Gbe qui inclut l'Éwé et la langue Fon (Fongbe) parlée principalement au Togo et au Bénin. Il est important de retenir que les langues Kwa ne sont pas les seules langues de l'Afrique occidentale qui ont laissé des traces dans les créoles atlantiques. D'autres branches à l'intérieur de la famille Niger-Congo, telles le Bantu et le Mande ont aussi laissé leurs traces[29].

Lefebvre[30] cite Westerman et Bryan (1970) deux linguistes africanistes qui identifient des traits typologiques importants des langues Kwa, parmi lesquels la réduplication de la base verbale utilisée pour la formation d'adjectifs à partir de verbes, la présence en grand nombre de noms et de verbes composés, l'absence de genre grammatical, l'invariabilité de la racine verbale, l'expression de Temps, Mode, Aspect (TMA) par l'usage de particules qui se placent entre le sujet et le verbe,…En conclusion, Lefebvre avance que « although the African languages spoken in Haiti at the time Haitian Creole was formed were numerous, they shared a significant number of typological properties. Thus, it can be claimed that they constitute a relatively homogeneous group[31] (bien que les langues africaines parlées en Haiti durant la période de la formation du créole haïtien fussent nombreuses, elles possédaient en commun un nombre important de propriétés typologiques. Donc, on peut dire qu'elles constituent un groupe relativement homogène.) [ma traduction].

Historiens et linguistes s'accordent pour distinguer deux phases distinctes durant la colonisation de Saint-Domingue : la phase d'habitation et la phase de plantation. Durant la période d'habitation, la plupart des Africains réduits en esclavage étaient dans une situation numérique inférieure aux colons et purent cohabiter avec leurs maitres. Ils communiquèrent en faisant usage de

---

29. Pour une vue d'ensemble des classifications des langues de l'Afrique subsaharienne, la localisation des parlers qui les composent, le nombre de locuteurs quand c'est possible, les. langues étudiées et leurs caractéristiques linguistiques, cf. la revue de linguistique, *Faits de Langues*, # 11-12, consacrée au thème « Les langues d'Afrique subsaharienne », parue chez Orphrys en 1998 sous la direction scientifique de Suzy Platiel et Raphaël Kabore.
30. Claire Lefebvre, Ibid., p. 59.
31. Claire Lefebvre, Ibid. p. 61.

variétés proches du français[32]. Durant la phase de plantation, les esclaves africains dépassèrent numériquement leurs maitres. La situation changea alors drastiquement. La ségrégation raciale s'installa à tous les niveaux, et désormais les esclaves nouvellement arrivés d'Afrique (les *bossales*) durent s'en remettre aux esclaves nés dans la colonie (les créoles) et déjà acculturés pour apprendre la langue des colons socialement dominante.

2.2 Les colons français et leurs langues

À la différence des langues substrat du créole haïtien (Kwa, Bantu, Mande, Éwé, Fon...) parlées par les esclaves africains, il n'y avait qu'une seule langue superstrat parlée par les colons français : le français. Cependant, il faut tout de suite préciser que cette variété présentait certaines différences par rapport à la variété standard en usage actuellement en France. Tout d'abord, les colons français qui provenaient de l'Ouest et du Centre de la France (Normandie, Ile-de-France (Paris), Bretagne, Poitou parlaient les dialectes en usage dans leurs régions d'origine. Ces dialectes n'étaient pas forcément mutuellement compréhensibles et il n'y avait pas encore une variété standard à la portée de tous les locuteurs français. La plupart des colons parlaient des « français régionaux » qui sont généralement « fortement typés et pratiqués par des locuteurs peu instruits »[33].

3. Influence du français dans la formation du créole haïtien

Dans cette troisième et dernière partie, nous tacherons de projeter un bref éclairage sur la façon dont les deux langues, le français d'une part, et certaines langues africaines d'autre part, ont influencé la création du créole haïtien. Nous considérerons seulement trois aspects du créole haïtien : la phonologie, le lexique et la syntaxe.

---

32. Voir Robert Chaudenson, *Des îles, des hommes, des langues*, Paris, L'Harmattan, 1992 et *La créolisation : théorie, applications, implications*, Paris, L'Harmattan, 2003.
33. Jacqueline Picoche, Christiane Marchello-Nizia, *Histoire de la langue française*, Paris, Nathan, 1989.

3.1 Le français

3.1.1 Phonologie

Le système phonologique du français est très proche de celui du créole haïtien. Presque tous les phonèmes du français se retrouvent aussi en créole. Le français utilise trente-six phonèmes (seize voyelles et vingt consonnes). Ce sont :

Voyelles orales

[i] comme dans *ni*   [u] comme dans *fou*
[e] comme dans *été*   [ə comme dans *le*
[ɛ] comme dans *être*   [œ] comme dans *peur*
[a] comme dans *patte*   [ø] comme dans *peu* ou *jeu*
[ɑ comme dans *pâte*   [o] comme dans *beau*
[y] comme dans *nu* ou *tu*   [ɔ] comme dans *porte*

Voyelles nasales

[ɛ̃] comme dans *vin*
[ã] comme dans *pan*
[õ] comme dans *pont*
[ ] comme dans *brun*

Les consonnes françaises sont :
[p] [b] [t] [d] [k] [g] [f] [v] [s] [z] [ʃ] [ʒ] [m] [n] [ɲ] [ŋ] [l] [R]

On compte aussi en français trois sons que l'on appelle semi-voyelles ou semi-consonnes. Ce sont le [j] *yod* comme dans *hier* [jɛR], le ué comme dans *lui* [lɥi] et le [w] oué comme dans *oui* [wi] ou *ouest* [wɛst].

Les voyelles antérieures arrondies du français [y], [ø], [œ] ont tendance à disparaitre dans la prononciation de la majorité des locuteurs monolingues haïtiens pour être remplacées par [i], [e], [ɛ] respectivement. En revanche, ces voyelles antérieures arrondies peuvent être présentes dans l'usage des locuteurs bilingues en situation formelle.

Le système phonologique du créole haïtien (kreyòl) semble s'être construit plutôt rapidement sur le modèle de celui du français. Les deux ont presque le même nombre de phonèmes : 30 en français et 29 en créole. Malgré la forte influence du français, le système phonologique du créole a pris certaines distances par rapport à la langue lexificatrice.

3.1.2. Lexique

Pour beaucoup de linguistes créolistes, la grande majorité des mots du lexique du créole haïtien proviennent du français. Généralement, ces mots relèvent des variétés de français populaire et régional puisque c'était la langue utilisée par les colons de l'époque. Chauveau[34] donne plusieurs exemples tirés de parlers régionaux. L'exemple qui suit vient du vocabulaire médical. Le mot *vèrèt*, (petite vérole) ou (variole) bien connu dans le créole haïtien est également courant dans tous les créoles de l'Océan Indien. Fattier[35] signale qu'il s'agit là d'un terme propre aux parlers de l'Ouest qui le connaissent tous. « Ceci concorde avec l'étymologie du FEW qui rattache le substantif *vérette* à un adjectif de l'ancien et du moyen français *vairet,-ette*, qui s'est conservé dans certains parlers dialectaux aux sens de « noir et blanc » ou « tacheté », notamment en Normandie…[36] »

Le nom de l'oiseau nocturne, « frize » bien connu dans les campagnes haïtiennes comme un « oiseau nocturne considéré comme un oiseau de mauvais augure » (Fattier) provient de la forme *fresaie*. Selon Chauveau[37] cette dénomination n'a rien à voir avec *frise*, mais correspond au nom de ce même oiseau fr. *fresaie* f. qui est répandu à travers tout l'Ouest. Dans la croyance populaire courante dans l'Ouest, les cris nocturnes de l'effraie étaient censés annoncer une mort prochaine.

La phrase simple utilisée en créole haïtien *bra l pòk* « son bras est paralysé » et rapportée par Fattier se retrouve aussi en créole guadeloupéen *pòk* «

---

34. Jean-Paul Chauveau, « Sur Le Lexique Des Français Populaires Maintenu Dans les Créoles Antillais » André Thibault (dir.), *Du français aux créoles. Phonétique, lexicologie et dialectologie antillaises*. Paris, Classiques Garnier, 2015, pp. 43-98.
35. Dominique Fattier, *Contribution à l'étude de la genèse d'un créole : l'Atlas linguistique d'Haïti, cartes et commentaires*, 6 vol., Atelier National de Reproduction des Thèses, 1998.
36. Dominique Fattier, Ibid.,---
37. Jean-Paul Chauveau, Ibid., p. 54.

paralysé de la main ». Chauveau[38] explique que « ce type lexical se rattache à une famille *pok/pokr* f. « grosse main » usitée surtout dans les parlers populaires de l'Ouest, de la Normandie jusqu'en Saintonge… »

Chauveau[39] analyse le verbe créole *rakokiye* « se recroqueviller » et ses variantes *akokiye*, *kokiye* présentes chez Fattier. Il considère que « cette variante en ra-n'est pas attestée en français avant 1835, mais elle est répandue dialectalement dans une couronne qui va de l'ouest (de la Normandie jusqu'à la Saintonge) à l'est (Bourgogne, Champagne, Lorraine) en passant par le Val de Loire. »

Selon Chauveau[40], la locution *rèl do* « échine » relevée chez Fattier « est bien attestée dans les parlers normands : norm. *raile* « échine »DT *raile du dos*, Bray id., havr. *rêle du dos*, Louv. *raile du dos*.

Chauveau[41] relève des cas où « les mots créoles se distinguent par des réinterprétations sémantiques de mots communs qui ont des équivalents dans les parlers populaires. » C'est le cas du verbe créole *depale* « délirer » relevé chez Fattier. Chauveau identifie trois sens distincts du verbe créole : « se contredire », « avouer ses fautes avant de mourir et « délirer ». Pour Chauveau, les deux premiers sens « correspondent aux sens de « se dédire » et de « diffamer » qu'attestent deux préfixes de l'ancien et du moyen français : afr. mfr. *deparler* v.a. « médire de, décrier, blâmer, railler ». …Le dernier sens « délirer », n'exprime plus une opposition mais un fonctionnement défectueux…

Chauveau[42] cite le mot *grèg/grèk* « filtre à café en étoffe » présent chez Fattier et rapporte que « tous les créoles français emploient cette dénomination, à propos d'un filtre à café en étoffe ou pour la cafetière moderne elle-même. » Il note aussi que la dénomination haïtienne connaît une variation de la consonne finale parallèle de celle de *crête*, qui se réalise sous les formes *krèp* et *krèk*.

---

38. Ibid., p. 61.
39. Ibid., p. 61.
40. Op. cit, p. 64.
41. Ibid., p. 66.
42. Ibid., p. 68.

On trouve chez Fattier l'unité lexicale *buk* « commune » que Chauveau[43] identifie comme « la forme traditionnelle …fossilisée en liaison, dans *Bourg-en-Bresse*. On trouve également chez Fattier le verbe *mutrer* « enseigner » qui est en usage en Haïti. Cependant, Chauveau signale que cette forme attestée jusqu'au XVème siècle est restée dans les dialectes çà et là à travers la France plus rarement au sens de « enseigner ».

D'après Chauveau[44], certains mots ont été réanalysés et ont subi une réfection ou bien ont donné lieu à une innovation. Il cite le mot *andenmon* « irritable » ; in great shape; reckless ; wild » (HCED) dont les sens paraissent correspondre à ceux du français *endiablé*. Il rapproche ce mot du québécois *en démon* « fâché, irrité », « en colère, irrité, furieux, en mauvaise humeur ». Il fait le rapport avec mfr. frm. *Endémené* adj. « qui bouge toujours, folâtre, écervelé » (quinzième-dix-septième). Celui-ci a disparu du français de la littérature après 1609, selon Frantext, mais il est resté courant dans les parlers dialectaux à travers tout le domaine d'oïl.

Le mot *bêtises* dans le sens de « injures, insultes » rapporté par Chauveau[45] est bien connu aux Antilles et a des correspondants dans les créoles de l'Océan Indien, le français du Québec et un certain nombre de parlers dialectaux de France et dans le français régional de l'Ouest, qui ont bien été répertoriés par Thibault[46] et Zanoaga[47].

---

43. Ibid., p. 72.
44. Ibid., p. 62.
45. Ibid., p. 63.
46. André Thibault, « Français des Antilles et français d'Amérique : les diatopismes de Joseph Zobel, auteur martiniquais », *Revue de linguistique romane*, 72, 2008, pp. 115-156.
47. Teodor-Florin Zanoaga, *Contribution à la description des particularités lexicales du français régional des Antilles. Étude d'un corpus de littérature contemporaine : les romans L'Homme –au- Bâton (1992) et L'Envers du décor (2006) de l'auteur antillais Ernest Pépin*, thèse dactylographiée de l'université Paris-Sorbonne, 2012.

Chauveau[48] soutient que « le créole conserve aussi des types lexicaux archaïques. » Il cite un exemple qui montre le maintien en créole d'un mot de la langue populaire où il était déjà devenu désuet dans la première moitié du dix-huitième siècle. Ce mot est un terme haïtien *tiyon* « headband ; way of tying headscarf... » Pour lui[49], c'est la continuation d'un type lexical attesté en français depuis environ 1500, mais que dès 1680, le Richelet attribue au « petit peuple de Paris ». Le sens est nettement péjoratif au départ...Son usage parait avoir été constamment populaire...

3.1.3. Syntaxe

Chez un grand nombre de linguistes créolistes, la tendance est de considérer les langues créoles comme étant constituées d'une grammaire africaine et d'un lexique européen (français, anglais, espagnol, portugais). Lefebvre[50] explicite cette idée de la façon suivante: « while the forms of the lexical entries of a radical creole[51] are derived from the superstratum language, the syntactic and semantic properties of these lexical entries follow the pattern of the substratum languages. » (alors que les formes des entrées lexicales d'un créole radical dérivent de la langue du superstrat, les propriétés syntaxiques et sémantiques de ces entrées lexicales suivent le modèle des langues du substrat.) [ma traduction]. Dans le cas du créole haïtien, la linguiste haïtienne Suzanne Sylvain (1936) a été la première à soutenir cette thèse. En effet, dans son livre bien connu *Le créole haïtien : Morphologie et syntaxe*, Sylvain[52] défend cette idée : « Nous sommes en présence d'un français coulé dans le moule de la syntaxe africaine, ou, comme on classe généralement les langues d'après leur parenté syntaxique, d'une langue éwé à vocabulaire français. »

Cependant, de plus en plus, les chercheurs mettent en évidence des propriétés

---

48. Ibid., p. 73.
49. Ibid., p. 74.
50. Ibid. p. 3.
51. Dans la terminologie des linguistes créolistes, un créole radical est un créole qui manifeste le plus d'écarts structuraux par rapport à sa langue lexificatrice. Le saramaccan, l'un des créoles parlés au Surinam, et le créole haïtien sont les créoles le plus souvent cités en tant qu'exemples de créoles radicaux.
52. Suzanne Sylvain, *Le créole haïtien : morphologie et syntaxe*, Wetteren/Belgium, Imprimerie De Meester/ Port-au-Prince, 1936.

syntaxiques du créole haïtien qui se sont élaborées sous l'influence de la langue du superstrat, c'est-à-dire le français. Parmi les constructions syntaxiques du français qui peuvent avoir joué un rôle dans l'élaboration de la syntaxe du créole haïtien, le linguiste haïtien Michel DeGraff[53] retient les marqueurs pré-verbaux de Temps-Mode-Aspect (TMA). Il identifie les sources étymologiques de ces marqueurs pré-verbaux du créole par la mise en relation « avec un cognat FR de la période s'étendant entre les seizième et dix-huitième siècles. » DeGraff explique que :

> Ces formes s'employaient préverbalement dans des constructions périphrastiques et l'on peut relever des correspondances sémantiques et distributionnelles substantielles entre les constructions de CH et de FR. Ainsi te « antérieur » provient de FR été/étais/était, formes participe et imparfait du verbe être attestées dans des temps simples et composé du passé; ap « progressif », dérive de FR après dans être après de, construction périphrastique française à valeur de progressif, a(va) « irrealis » de FR va(s) (2SG/3SG de aller dans aller dans aller-V, construction du futur périphrastique.

Il existe bien sûr d'autres traits syntaxiques du créole haïtien qui dévoilent une influence de la langue lexificatrice. C'est le cas par exemple de l'ordre des mots dans la phrase.

4. Influence des langues africaines dans la formation du créole haïtien

Après avoir brièvement examiné comment le français a influencé la formation du créole haïtien, voyons maintenant l'impact que certaines langues africaines ont exercé sur la création du créole haïtien. Comme nous l'avons fait pour le français, nous considérerons seulement trois aspects du créole haïtien : la phonologie, c'est-à-dire le système des sons distinctifs de la langue, le lexique, c'est-à-dire l'ensemble des mots de la langue, et la syntaxe, c'est-à-dire les règles qui permettent de former des groupes de mots et des groupes de

---

53. Michel DeGraff « A propos de la syntaxe des pronoms objets en créole haïtien : Points de vue croisés de la morphologie et de la diachronie », Daniel Véronique, *Syntaxe des langues créoles*, *Langages*, No. 138, juin 2000, pp. 89-113.

phrases.

4.1. Les langues africaines : le fongbe

Malgré la grande diversité ethnolinguistique des esclaves qui sont arrivés à Saint-Domingue, la plupart des linguistes[54] ont pu identifier le fon comme la langue la plus répandue parmi les esclaves et la principale langue substrat du créole haïtien. L'essentiel de cette partie de notre analyse s'appuie sur Brousseau (2011).

4.2. Phonologie

Le système vocalique du créole haïtien comporte sept voyelles orales et cinq voyelles nasales. Ce sont :

	Voyelles orales	
Antérieures	Centrales	Postérieures
[i]		[u]
[e]		[o]
[ɛ]	[a]	[ɔ]

	Voyelles nasales	
[ĩ]		[ũ]
[ẽ]		[õ]
	[ã]	

Brousseau[55] présente ainsi l'inventaire vocalique de fongbe :

Inventaire vocalique de fongbe						
Orales			Nasales			
Antérieures	Central	Postérieures	Antérieures	Centrales	Postérieures
[i]		[u]	[ĩ]		[ũ]

---

54. John Victor Singler, Ibid., 1996; Claire Lefebvre, Ibid., 1998; Michel DeGraff, Ibid., 2007; Norval Smith, Op. cit., 2008; Anne-Marie Brousseau, Op. cit., 2011.

55. Anne-Marie Brousseau, « One substrate, two creoles. The development of segmental inventories in St. Lucian and Haitian », Claire Lefebvre, *Creoles, Their Substrates, and Language Typology*, Amsterdam, John Benjamins Publishing, 2011, pp. 105-125. .

| [e] | [o] | [ẽ] | [õ] |
| [ɛ] | [ɔ] | [ɛ̃] | |

Inventaire consonantique du créole haïtien

[p], [b], [t], [d], [k], [g], [f], [v], [s], [z], [ʃ], [ʒ], [ɣ], [tʃ], [dʒ], [m], [n], [ɲ], [ŋ]
[l], [w], [j], <ɣ>, /w/

Inventaire consonantique de Gbe

[t], [d], [k], [g], [kp], [gb], [f], [v], [s], [z], [x], [ɣ], [xw], [ɣw], [tʃ], [dʒ], b[m],
d[n], [ɲ],
l[r], [w], j [j], [ɣ]

Brousseau relève 22 consonnes dans son inventaire consonantique du créole haïtien mais son inventaire du fongbe inclut 23 phonèmes, plus quatre allophones. Elle signale que l'inventaire consonantique du créole haïtien est plus proche de celui du français que de celui des langues Gbe. Selon Brousseau, les créateurs du créole haïtien ont eu recours aux stratégies typiques d'acquisition d'une langue seconde chez des locuteurs en face de sons qui n'existent pas dans la grammaire de leur première langue (L1). Les segments qui correspondent aux phonèmes /ʁ/ et /h/ du français sont le résultat de la substitution de nouveaux sons par leurs équivalents natifs les plus proches et le transfert d'une règle allophonique.

Comment mesurer l'impact du substrat dans le développement des inventaires segmentaux du créole ? Pour Brousseau, la véritable question à laquelle on doit trouver une réponse est celle-ci : de tous les traits des inventaires du créole qui se séparent de ceux du français, quels sont ceux qui sont le résultat d'un transfert des langues Gbe ? La réponse fournie par Brousseau est: « All the features of L1 (Gbe) that were not later restructured—i.e. all the parameters that have not been reset. » (Tous les traits de L1 (Gbe) qui n'ont pas été restructurés plus tard—c'est-à-dire tous les paramètres qui n'ont pas été remontés) [ma traduction].

La question finale posée par Brousseau[56] est la suivante: « how significant was

---

56. Ibid., p. 123.

the impact of the substrate on the development of the segmental inventories of the creole? The answer is quite clear: It was massive. The influence of the substrate is pervasive in the inventories of the two creoles (Haitian Creole and St. Lucien Creole), even for cases where we could convincingly argue for the role of Universal Grammar. » (Quelle était vraiment la portée de l'impact du substrat sur le développement des inventaires segmentaux du créole? La réponse est tout à fait claire : l'impact a été massif. L'influence du substrat se fait sentir partout dans les inventaires des deux créoles (créole haïtien et créole st. Lucien), même dans les cas où on peut discuter de manière convaincante pour le rôle d'une Grammaire Universelle.)

4.3. Lexique

Si les langues du substrat du créole haïtien appartiennent aux familles des langues d'Afrique de l'Ouest, particulièrement les langues Gbe, la langue du superstrat reste le français. La majorité des mots du lexique du créole haïtien proviennent du français ou sont directement empruntés au français. On dit que le français est la langue lexificatrice du créole haïtien. Cela veut-il dire que les langues africaines n'ont laissé aucun héritage lexical en Haïti ? Évidemment non ! Certains phonèmes relevés dans l'inventaire consonantique du créole semblent témoigner de leur relation avec des langues africaines, particulièrement le fongbe. C'est le cas de ces deux consonnes du créole : [tʃ] et [dʒ]. Pompilus[57] constate que ces deux phonèmes « ont d'ailleurs un faible rendement phonologique et [...] permettent de distinguer jũ tʃak (maladie de l'espèce gallinacée, et jũ dʒak (un cric), l'onomatopée tʃɔk et le nom dʒɔk (mauvais sort). »

4.4. Syntaxe

Il est généralement admis que la principale langue substrat du créole haïtien est le fongbe qui appartient au groupe dialectal Gbe de la branche Kwa de la

---

57. Pradel Pompilus, *Contribution à l'étude compare du créole et du français à partir du créole haïtien*, Port-au-Prince, Éditions Caraïbes, 1973.

famille Niger-Congo et qui est parlé au Bénin, au Togo, au Ghana et au Nigéria[58]. Un aspect de la syntaxe du créole haïtien est son système Temps, Mode et Aspect (TMA) dont les structures se retrouvent chez d'autres créoles basés sur d'autres langues européennes. Mais Lefebvre[59] montre que les traits généraux du système TMA du créole haïtien relèvent non pas du français mais du fongbe.

La structure du système verbal français présente des caractéristiques fondamentalement différentes du créole haïtien. Alors qu'en créole haïtien le verbe est toujours utilisé dans sa forme simple et ne varie jamais, en français, tout verbe qui exprime des catégories de temps doit obligatoirement exhiber une morphologie flexionnelle. Lefebvre[60] affirme que le créole haïtien suit le modèle de ses langues substrat. « For example, in Haitian, as in Fongbe, the verb of a tensed clause always occurs in its simple form; there are no subject/verb agreement markers for person or number, and no affixes encoding tense, mood, or aspect. In both Haitian and Fongbe, temporal relationships, mood and aspect are encoded by means of markers occurring between the subject and the verb. » (Par exemple, en créole haïtien comme en fongbe, le verbe d'une proposition tensée apparait toujours dans sa forme simple; il n'y a pas de marqueurs d'accord sujet/verbe pour la personne ou le nombre, et il n'y a pas d'affixes encodant le temps, le mode ou l'aspect. Que ce soit en créole haïtien ou en fongbe, les relations de temps, de mode et d'aspect sont encodées au moyen de marqueurs qui sont placés entre le sujet et le verbe.) (ma traduction).

L'inventaire des marqueurs TMA en kreyòl et en fongbe

ANTÉRIEUR		IRREALIS				INACCOMPLI	
Passé/Plus-que-parfait		Futur défini		Habituel		Imparfait	
K	F	K	F	K	F	K	F
Te	kò	ap	na	---	nɔ	ap	do...wĕ

---

58. Michel DeGraff, « A propos de la syntaxe des pronoms objets en créole haïtien : Points de vue croisés de la morphologie et de la diachronie » In : Syntaxe des langues créoles par Daniel Véronique, Langages, No. 138, juin 2000, pp. 89-113.
59. Claire Lefebvre, Ibid., 1998, p. 111.
60. Ibid., pp. 111-112.

Futur indéfini
K   F
a-va   ná-wá
Subjonctif: K (pou)   F (ni)

Pour une vue plus complète, plus sophistiquée et beaucoup plus subtile du système TMA du créole haïtien, je renvoie à DeGraff[61]

Constructions de structures verbales sérielles

L'influence des langues de substrat dans la formation des langues créoles se manifeste aussi par des constructions telles que les verbes sériels. Les constructions verbales sérielles sont décrites comme des structures qui contiennent plusieurs (deux ou plus) syntagmes verbaux reliés ensemble sans la présence de marqueurs de coordination ou de subordination et sans marques formelles de pause séparant les syntagmes verbaux.

Conclusion

Plusieurs langues ont contribué à la formation du créole haïtien. Le français, plus exactement la variété du français populaire et dialectal utilisé par les colons français esclavagistes originaires de l'Ouest et du Centre de la France et établis à Saint-Domingue aux dix-septième et dix-huitième siècles d'une part ; d'autre part, un ensemble divers de langues parlées par des esclaves en provenance de l'Ouest de l'Afrique (Togo, Bénin). Ces langues appartiennent à la famille Niger Congo, particulièrement la branche Kwa et le groupe dialectal Gbe, dont le fon, l'éwé… Mais ces locuteurs africains n'étaient pas exclusivement des locuteurs du Fon. La forte empreinte lexicale laissée par les colons français sur le créole haïtien se trouve concurrencée par la prédominance du fon et d'autres langues gbe dans plusieurs structures syntaxiques du kreyòl. En se fondant sur les données exposées dans cette recherche, on ne peut raisonnablement affirmer que le français ou telle langue africaine, le fon

---

61. Michel DeGraff, « Kreyòl Ayisyen, or Haitian Creole ('Creole French') », John Holm & Peter L. Patrick, *Comparative Creole Syntax. Parallel Outlines of 18 Creole Grammars*, United Kingdom: Battlebridge Publications, 2007. 103.

en l'occurrence, ait pu jouer un rôle fondateur primordial dans la création du créole haïtien. Tous deux ont exercé leur part d'influence dans la formation du créole haïtien. Il reste que le créole haïtien constitue une langue autonome qui a forgé son propre système lexical, syntaxique, phonologique à partir d'éléments empruntés au lexique, à la syntaxe et à la phonologie du français et de certaines langues africaines. Loin des mythes de toutes sortes qui ont entouré son émergence, le créole haïtien est une langue comme les autres. Ainsi que l'a affirmé le linguiste Michel DeGraff[62] en parlant des langues créoles en général, le créole haïtien est « le produit de certaines circonstances (socio-historiques) exceptionnelles associées à des ressources linguistiques ordinaires qui appartiennent à la faculté de langage humaine. »

Hugues SAINT-FORT, Ph.D.

---

62. Ibid., 2000, p. 111.

Bibliographie

ABOH, Enoch Oladé, *The Emergence of Hybrid Grammars. Language Contact and Change*, Cambridge, Cambridge University Press, 2015.

ARENDS, Jacques, MUYSKEN, Pieter; SMITH, Norval, (dir.) *Pidgins and Creoles. An Introduction*, Amsterdam/Philadelphia, John Benjamins Publishing Company, 1995.

ARENDS, Jacques, « A Demographic Perspective on Creole Formation », ylvia Kouwenberg and John Victor Singler (dir.), *The Handbook of Pidgins and Creole Studies*, S. London, Wiley Blackwell, 2008, pp. 309-331.

BAKER, Philip, « Assessing the African Contribution to French-Based Creoles », Salikoko S. Mufwene, Athens, *Africanisms in Afro-American Language Varieties*, Georgia, Georgia University Press, 1993. pp. 123-155.

BICKERTON, Derek, *The language bioprogram hypothesis. Behavioral and Brain Sciences*, 7:173-221, 1984.

BROUSSEAU, Anne-Marie « One substrate, two creoles. The development of segmental inventories in St.Lucian and Haitian », Claire Lefebvre *Creoles, Their Substrates, and Language Typology*, Amsterdam, John Benjamins Publishing, 2011, pp. 105-125.

CHAUDENSON, Robert, *Les créoles*, Paris, Presses Universitaires de France, 1995.

---, *Des iles, des hommes, des langues*, Paris,: L'Harmattan, 1992.

---, *La créolisation : théorie, applications, implications*, Paris, L'Harmattan, 2003.

CHAUVEAU, Jean-Paul, « Sur le lexique des français populaires maintenu dans les créoles antillais », André Thibault, *Du français aux créoles. Phonétique, lexicologie et dialectologie antillaises*, Paris, Classiques Garnier,

2015, pp. 43-98.

CURTIN, Philip D., *The Atlantic slave trade*, Madison, University of Wisconsin Press, 1969.

DEGRAFF, Michel (dir.), *Language Creation and Language Change*, Boston, Massachusetts, MIT Press, 1999.

---, « A propos de la syntaxe des pronoms objets en créole haïtien : Points de vue croisés de la morphologie et de la diachronie », Daniel Véronique, Syntaxe des langues créoles, *Langages*, No 138, juin 2000, pp.89-113.

---, « Kreyòl Ayisyen, or Haitian Creole ('Creole French », John Holm and Peter L. Patrick (dir.), *Comparative Creole Syntax Parallel Outlines of 18 Creole Grammars*, United Kingdom, Battlebridge Publications, 2007.

FAINE, Jules, *Philologie créole : étude historique et étymologique sur la langue créole d'Haïti*, Port-au-Prince, Imprimerie de l'État, 1937.

HALL, Robert A., *Pidgin and Creole languages*, Ithaca, New York,. Cornell University Press, 1966.

HAZAEL-MASSIEUX, Marie-Christine, *Textes anciens en créole français de la Caraïbe, Histoire et analyse*, Paris, Publibook, 2008.

---, *Les créoles à base française*, Paris, Orphrys, 2011.

LEFEBVRE, Claire, *Creole Genesis and the Acquisition of Grammar : The Case of Haitian Creole*, New York, Cambridge University Press.

MAURER, Philippe « La préposition For Di du Papiamento et le verbe Fô des créoles du golfe de Guinée. », *La linguistique*, volume 41, Paris, PUF, 2005, pp. 57-66.

PATTERSON, Orlando, *Slavery and social death*, Cambridge, Mass, Harvard University Press, 1982.

PICOCHE, Jacqueline et MARCHELLO-NIZIA, Christiane, *Histoire de la langue française,* Paris, Nathan, 1989.

POMPILUS, Pradel, *Contribution à l'étude comparée du créole et du français à partir du créole haïtien*, Port-au-Prince, Éditions Caraïbes, 1973.

RAWLEY, James A., T*he transatlantic slave trade: A history*, New York, W.W. Norton, 1981.

RICHARDSON, David « Slave exports from West and West Central Africa 1700-1800 : New estimates of volume and distribution » *Journal of African History*, No 30, 1989, pp. 1-22.

SINGLER, John Victor « African Influence upon Afro-American Language Varieties: A Consideration of Sociohistorical Factors », Salikoko S. Mufwene, *Africanisms in Afro-American Language Varieties*, Athens, Georgia, The University of Georgia Press, 1993, pp. 235-253.

_____ « Theories of Creole Genesis, Sociohistorical Considerations, and the evaluation of Evidence: The case of Haitian Creole and the Relexification Hypothesis » *Journal of Pidgin and Creole Languages*, Volume 11, No 2, 1996, pp. 185-230.

SMITH, Norval S.H. « Creole Phonology », Sylvia Kouwenberg and John Victor Singler (dir.), *The Handbook of Pidgin and Creole Studies*, Wiley Blackwell, 2008, pp. 98-129.

SYLVAIN, Suzanne, *Le créole haïtien: morphologie et syntaxe*, Wetteren/ Belgium, Imprimerie De Meester/ Port-au-Prince, 1936.

THIBAULT, André « Français des Antilles, et français d'Amérique : les diatopismes de Joseph Zobel, auteur martiniquais » *Revue de linguistique romane*, No 72, 2008, pp. 115-156.

THIBAULT, André (sous la direction d'), *Du français aux créoles.*

Phonétique, lexicologie et dialectologie antillaises, Paris, Classiques Garnier, 2015.

VALDMAN, Albert, *Le créole : statut et origine*, Paris, Éditions Klincksieck, 1978.

---, « Du français colonial aux parlers créoles », *Du français aux créoles. Phonétique, lexicologie et dialectologie antillaises*, Paris, Classiques Garnier, 2015, pp. 425-460.

WESTERMAN, Diedrich et BRYAN, Margaret A, *The Languages of West Africa*, Folkestone, Dawsons, The Gresham Press (New edition), 1970.

ZÉPHIR, Flore, *The Haitian Americans*, Westport, Connecticut, Greenwood Press, 2004.

Pour citer cet article :

Hugues SAINT-FORT, « Le créole haïtien et ses origines : française ou africaine ? », *Revue Legs et Littérature*, 2017 | no. 9, pp. 71-99.

Sik salitasyon nan Rit Rada a : Patwon fondalnatal ak eleman patikilye nan salitasyon lwa Rada yo

Benjamin Hebblethwaite te resevwa yon doktora nan lenguistik franse nan Inivèsite Indyana kote li te travay nan Enstiti Kreyòl la. Kounye a l ap travay kòm pwofesè nan Inivèsite Laflorid. Li fè kou tankou « Lenguistik kreyòl ayisyen », « Vodou ayisyen », ak « Kilti ak sosyete ayisyen » epi li kowodone pwogram kreyòl ayisyen an. Li se otè prensipal liv, Vodou Songs in Haitian Creole and English / Chante Vodou an kreyòl ayisyen ak angle *(Temple University Press 2012).*

Résumé

Atik sa a analize patwon fondalnatal la ki nan salitasyon lwa yo nan Rit Rada a. Patwon fondalnatal sa a prezan nan "sik salitasyon" yo ki repete plizyè fwa pandan yon seremoni. Nou egzaminen konpozan envaryab ki nan tout sik salitasyon yo nan Rit Rada a. Apre, nou etidye bagay patikilye yo ki fè pati yon sèl sik salitasyon. Bagay patikilye sa yo konekte ak lwa yo alòs nou prezante kèk nan yo an detay. Atik sa egzaminen achitekti rityèl Rit Rada a pou konprann fonksyon li epitou pou konprann li nan kontèks lòt relijyon mondyal.

Mots clés

Vodou, Rit Rada, Rit Nago, antwopoloji, relijyon estatik.

SIK SALITASYON NAN RIT RADA A : PATWON FONDALNATAL AK ELEMAN PATIKILYE NAN SALITASYON LWA RADA YO

Depi plizyè ane mwen gen chans asiste seremoni Vodou an Ayiti ak nan Miyami o Zetazini. Anmenmtan, pandan plis pase ventan, mwen te etidye liv ki prezante chante Vodou, pa egzanp, Laguerre[1] ak Beauvoir[2], e m te tande yon pakèt gwoup ki jwe mizik rasin tankou "Rasin Figye," "Rasin Bwa Kayiman," "Rasin Barak," "Boukmann Eksperyans," ak anpil lòt ankò. Nan tout seremoni, liv, ak albòm sa yo, Rit Rada a gen yon gwo wòl. Yon seremoni Vodou souvan konmanse nan Rit Rada a, menm si li pral janbe nan yon seremoni nan Rit Petwo apre. Rit Rada a se youn nan pi gwo pòt pou antre nan Vodou ayisyen e se pou rezon sa li enpòtan pou elèv Vodou yo etidye l an pwofondè.

Anpremye, atik sa a mete fokis sou (1) patwon fondalnatal la ki nan salitasyon lwa yo nan Rit Rada a. Patwon fondalnatal la se yon "sik salitasyon" ki repete plizyè fwa pandan yon seremoni nan Rit Rada a (ak nan lòt Rit tou). N ap analize tout pati ak "estasyon salitasyon yo" ki fè pati patwon fondalnatal la: pa egzanp, salitasyon kat pwen kadino yo, salitasyon ountògi yo, salitasyon potomitan an, salitasyon pòt badji a, ak dogwe a, pami lòt.

---

1. Michel Laguerre, *Voodoo Heritage*, Beverley Hills and London, Sage Publications, 1980.
2. Max, Beauvoir, *Lapriyè Ginen,* Port-au-Prince, Près Nasyonal d Ayiti, 2008 ; *Le grand recueil sacré, ou, Répertoire des chansons du vodou Haïtien*, Port-au-Prince, Koleksyon Memwa Vivan, 2008.

Dezyèmman, atik sa a egzaminen bagay patikilye yo ki fè pati chak sik salitasyon. Bagay patikilye sa yo konekte ak patikilarite yon lwa ounsi yo ap salye nan sik salitasyon an. Se bagay patikilye sa yo ki rann espesyal salitasyon siklik la (patwon fondalnatal la). Menm si salitasyon lwa Rada yo—pa egzanp, Legba, Marasa, Loko, Ayizan, Danbala Wèdo, Ayida Wèdo, Sobo, elatriye—fè pati yon rityèl ki bati sou yon baz ki konpoze ak eleman komen, salitasyon chak lwa endividyèl la mande kèk bagay (pa egzanp, mouchwa ki gen koulè espesyal), senbòl (vèvè), aktivite (desant lwa), ak chante, elatriye, ki *patikilye*. Lèfini, se desant lwa a (si sa fèt) ki opere kòm kilminasyon yon sik salitasyon patikilye. Lè n etidye eleman estriktirèl yo tankou patwon fondalnatal la avèk eleman patikilye yo, nou kapab pi byen konprann fonksyonnman ak sans seremoni Rit Rada a.

Atik sa a chache voye limyè sou sa ki sistematik ak sa ki inivèsèl nan Rit Rada a. M ap reflechi sou enplikasyon apwòch sa a pou domèn rechèch tankou relijyon mondyal, istwa relijyon, teyoloji, antwopoloji, lenguistik, ak lòt ankò. Vodou ayisyen se yon gran kilti relijye tankou Jidayis, Krisyanis, Islam, Boudis, Chamanis, elatriye. Malgre enpòtans li, domèn etid Vodou a ap devlope depi sèlman san (100) lanne. Pou moun yo kapab pwoche Vodou sou plan akademik la, se pou yo kapab konprann estrikti, sistèm, pwosesis, yerachi, òganizasyon, tradisyon, dans, senbòl, chante ak patikilarite ki fòme Rit Rada a (e, lè fini, tout lòt Rit yo). Lè n konprann kijan eleman patikilye yo ankre nan patwon fondalnatal la, nou kapab konprann kijan sistèm rityèl Rit Rada a transmèt konesans relijye, kiltirèl ak istorik.

Aktivite ak lide ki alabaz Vodou

Anvan nou antre nan egzaminasyon sik salitasyon yo nan seremoni Rit Rada a, li enpòtan pou n entwodui kèk lide jeneral sou tradisyon Vodou a pou n ede lektè yo ki poko konnen l byen. Pandan m ap di sa, m ap byen klè sou limitasyon m yo antanke moun ki pa ayisyen natifnatal (se sid-afriken-ameriken m ye) e ki pa kanzo. Yon elèv Vodou kouwè otè atik sa a ki pa t fè l kanzo, se yon limitasyon.

Pou pale ak tout franchiz, mwen dwe di nan anbyans mwen Ozetazini, sitou ak kretyen ameriken yo, m gentan tande anpil koze ki pa kòrèk konsènan Vodou.

Anpil moun ki pa frekante kominote Vodou yo tande e repete koze ak polemik ki enkrimine Vodou egzajereman. Pou fè fas ak pwoblèm pwopagann kont Vodou, pou enfòme moun ki gen bon volonte ak louvèti, li esansyèl pou n chache konprann kisa Vodou ye *pou moun ki pratike l*, san nou pa okipe moun k ap degrade l.

Youn nan pi bon metòd pou konprann Vodou se etidye aktivite ak bagay ki fè pati tradisyon an. Lè yon moun vizite kominote Vodou yo, li wè sèvitè yo ap *lapriyè* Bondye ak lwa yo. Y ap *bat tanbou* ak *chante* ak anpil konviksyon ak enèji. Oungan ak manbo yo *souke ason* yo pou *rele* lwa yo. Vodouyizan yo *danse* pou pwoche pi pre lwa yo e yo salye lwa yo ak yon seri metòd rityèl ak senbolik. Vodouyizan rele seremoni yo « fèt », konsa *selebre* ak *bay lwanj* se jès esansyèl pou pratike tradisyon sa a. Vodouyizan *montre* tradisyon ki nan men yo, konsa Vodou gen didaktik ak pedagoji pa l. Edikasyon ak konesans sa a konsolide nan inisyasyon *kanzo* a ; anmenmtan, *aprann* nan Vodou se yon mòdvi ki pa janm fini paske revelasyon lwa yo pa janm sispann. Vodouyizan pale de kijan yo *sèvi* lwa ak devouman, kijan yo *bay* lwa yo manje, kijan yo *jete dlo* pou lwa yo epi kijan yo *sakrifye* bèt pou lwa yo. Devosyon ki pi entim nan Vodou se lè moun *gen* lwa nan tèt yo : lè yon lwa *desann* sou yo, lè yon lwa *monte* yo, lè yon lwa pran plas bonnanj mèt tèt la nan kò mèt tèt la. Sèvitè yo *bati* kay lwa ak badji yo nan kote yo loje ak onore lwa yo. Lè n gade nan seremoni Vodou yo, nou ka ajoute kèk lòt karakterizasyon. Pa egzanp, chèf kanbiz yo *ofri* piblik la manje ak bweson. Nan sik salitasyon pou Ayizan Velekete, ounsi yo *trese* yon « ayizan » ki fèt ak fèy palmis e ki senbolize *pwoteksyon* lwa sa a. Moun ki *kreye* drapo Vodou yo konn prepare bèl objè vizyèl, senbolik e atistik pou seremoni Vodou yo. Apre sa, inisye yo konn *trase* vèvè, sètadi yo *trase* senbòl sakre atè pou rele lwa yo. Vèvè yo fonksyonnen tankou yon pòt lwa[3]. Nou te ka kontinye ak lis aktivite ak dispozisyon Vodouyizan yo pran pou yo sèvi lwa ; ti echantiyon *vèb* ak *non* sa yo ilistre kèk aktivite ak bagay ki alabaz Vodou.

Lè n ap tande oswa li chante Vodou yo, nou twouve yon konsepsyon teyolojik kote « Bondye » egal kreyatè linivè a. Espresyon « konsepsyon teyolojik » la

---

3. Nancy Turnier Férère, *Vèvè : L'art ritual du vodou haïtien = ritual art of Haitian vodou = arte ritual del vodú haitiano*, Boca Raton, Nancy Turnier Férère, 2005.

vle di fason moun panse sou sa ki sakre. Anpil chante Vodou prezante Bondye kòm kreyatè linivè a. Yo rele l, sipliye l, epi yo sitye sistèm Vodou anba kontwòl li. Bondye te kreye linivè a, tout zetwal ak planèt yo, lwa yo, moun yo, bèt yo ak plant yo. Bondye bay e pran lavi. Lwa yo, tankou zanj oswa sen yo, travay kòm entèmedyè espirityèl Bondye pou ede moun yo[4]. Lwa yo fè travay Bondye sou latè. Lwa yo entèvni pou sèvitè yo devan Bondye. Yonn nan lide Beauvoir[5] ki ede lektè l yo konprann teyoloji Vodou a, se metafò dyaman an. Nan metafò sa a, Bondye tankou yon wòch dyaman ki taye ak 401 fasèt. Chak lwa reprezante yon fasèt nan dyaman Bondye a. Menm si chak fasèt dyaman an reflete limyè jan pa l, tout fasèt yo (lwa yo) reflete limyè Bondye.

Chak fasèt nan « dyaman Vodou a » reflete kèk karakteristik Bondye. Se konsa chak lwa reflete yon kalite espesyal Bondye. Lwa yo se « imaj detaye Bondye[6] ». Lè n ap etidye lwa yo an jeneral, nou konstate kijan yo eksprime karakteristik ki sakre. Pa egzanp, lwa Èzili yo reflete lanmou womantik ak familyal. Lwa Azaka yo reflete travay, jaden ak komès ki bay lavi. Lwa Ogou yo reflete pouvwa, lajistis, defans ak batay—yon seri valè ki te mennen nan lendepandans Ayiti. Lwa Loko yo reflete lagerizon ak wòl lidèchip oungan yo genyen nan Vodou. Ayizan reflete inisyasyon ak wòl lidèchip manbo yo genyen nan Vodou. Lwa Marasa yo reflete enpòtans timoun yo ak benediksyon nesans jimo ak jimèl. Lwa Danbala Wèdo ak Ayida Wèdo reflete kreyasyon, lanati, fòtin ak sajès. Lwa Agwe Tawo yo reflete lanmè a ak pwoteksyon moun bezwen lè y ap travèse l. Lwa Gede yo reflete lavi ak pasaj tout moun nan lanmò. Lwa Legba yo reflete konesans, eksperyans ak transfòmasyon. Tout karakteristik lwa yo, se karakteristik Bondye, se fasèt Bondye. Bondye te kreye e voye chak lwa pou akonpli travay li. Alòs, pou konprann teyoloji Vodou nan yon pèspèktiv Vodouyizan, nou pa ka separe lwa yo ak Bondye e Bondye pa ka separe ak lwa yo. Yonn blayi nan lòt. Bondye ak lwa se menm bagay, swa sou nivo « makwokosmik» la (Bondye), swa sou nivo « mikwokosmik » la (lwa yo). Daprè mwen, prèske tout relijyon nou konnen jodi a pataje menm estrikti sa a: yon linivè teyolojik ki bati sou

---

4. Jean Fils-Aimé, *Et si les loas n'étaient pas des diables?: une enquête à la lumière des religions comparées*, Montréal, Dabar, 2008, p. 94.
5. Max Beauvoir, *Lapriyè Ginen*, Port-au-Prince, Près Nasyonal d Ayiti, 2008 p. 30.
6. Ibid, p. 43.

Bondye ak entèmèdye l yo.

Rit Rada a anndan Vodou asogwe a

Vodou se yon gran tradisyon ki genyen plizyè « lekòl » ladan l. Nan Vodou genyen oungan, manbo, bòkò ak sèvitè, selon zòn nan oswa tradisyon an. Gen oungan makout, oungan-bòkò, pè savann ak dòktè fèy e chak nan yo gen rapò pa li ak lekòl Vodou yo. Nan zòn Gonayiv ki se baz gwo Lakou Vodou tankou Souvnans (Rit Danwomen), Soukri Danach (Rit Kongo) oswa Lakou nan Badjo (Rit Nago), ak lòt ankò, nou twouve nou nan prezans yon seri Lakou ki kenbe yon sèl Rit Vodou pou tèt pa li. Se konsa kominote Souvans pratike sèlman Rit Danwomen an, menm si ounsi Souvnans yo kapab patisipe nan seremoni lòt Lakou yo. Moun ki reskonsab pou lakou sa yo rele « sèvitè ». Etid ki nan men w la pa baze nan lekòl sèvitè Gonaviy la, men pito nan lekòl Vodou Ginen an n ap rele « asogwe », yon ekspresyon Vodou ki pratike plis nan lavil Potoprens ak Leyogàn. Anpil oungan ak manbo ayisyen yo fè kanzo pa yo nan zòn Leyogàn nan (p.c. Oungan Michelet Alisma). Fòm Vodou n ap rele asogwe a, n ap jwenn li tou nan plizyè peristil lavil Miyami e se la mwen te kontre l pou premye fwa.

Vodou asogwe se sistèm oungan ak manbo asogwe yo. Se yo menm ki gen dwa kenbe *ason* an. Vodou sa se yon tradisyon ki entegre plizyè Rit ladan li. Se konsa anpil fwa oungan ak manbo asogwe yo pral pratike plizyè Rit Vodou pandan kalandriye lanne an. Pa egzanp, li nòmal nan yon kominote Vodou asogwe pou ounsi yo pratike Rit Rada a (Fon, Benen), Rite Petwo a (Kongo), Rit Nago a (Yowouba), Rit Djouba a (Mayi, Danwomen), Rit Gede a (Gedevi, Benen), pami lòt, pandan yon peryòd 12 mwa. Nan sistèm non Rit la, e nan sistèm non lwa a ki nan Rit la, Vodou kenbe sous afriken orijinal li yo. Sous la vle di pèp ak nasyon yo ki te fè kontribisyon orijinal yo. Seremoni ap toujou suiv Rit ki pou lwa kominote a ap fete. Si y ap fete lwa Atibon Legba, seremoni an ap nan Rit Rada ; si y ap fete lwa Gede, seremoni an ap nan Rit Gede a ; si y ap fete Ogou, seremoni an ap nan Rit Nago a.

Oungan ak manbo asogwe yo souvan pale sou « 21 Rit Nanchon Ginen yo » ki nan men yo kòm espesyalis. Sistèm 21 Rit nanchon Ginen montre kijan kreyatè sistèm nan te entegre yon bann tradisyon ak Rit ki soti nan nasyon (nanchon) Afriken (Ginen) yo nan nannan yon sèl « lekòl asogwe ». Kidonk, nan fason Vodou asogwe kenbe yon dividal Rit diferan yo, nan fason li kenbe non Rit yo, ak tout enfòmasyon jeyografik ak istorik ki mache avè l, nan fason l *absòbe* tout Rit sa yo nan yon gwo sistèm kòdyòm, nou ka konprann enpòtans etidye Vodou nonsèlman pou Vodouyizan men pou nenpòt chèchè nan domèn relijyon, listwa, kilti ak sosyete.

Youn nan Rit ki pi enpòtan nan lekòl Vodou asogwe a, se Rit Rada a. Rit Rada a konekte ak peyi Danwomen ki rele Benen jodi a. Nan peyi Benen nou toujou jwenn yon vil ki rele « Alada » (*Aladà* nan lang fon an) nan sid peyi a e se nan vil sa a Rit Rada a soti[7]. Moreau Saint-Méry (1797) aprann nou ke pèp ki te soti Alada te youn nan premye popilasyon afriken ki te ale nan Sen-Domeng kòm esklav. Se moun ki soti Alada ki te sèvitè Vodou nan epòk kolonyal la. Kòm moun ki soti nan zòn Alada a te nan premye esklav afriken ki te rive nan Sen Domeng, li byen posib ke Rit Rada se pi ansyen rit nan listwa Vodou ayisyen. Piti piti moun ki soti nan pèp Gedevi, Nago, Ibo, Kongo ak anpil lòt ankò te vini ak rit pa yo. « Lekòl asogwe a » konstui sou Rit Rada a, men jeni li se jan li te vin absòbe lòt tradisyon pèp ki te debake kòm esklav nan jenerasyon apre yo. Se nan peryòd 1660 pou 1740 ke popilasyon Afrik lwès yo te rive nan Sen-Domeng (Alada, Gedevi, Danwomen, Nago, Ibo, elatriye) epi se nan peryòd 1750-1789 ke popilasyon Afrik santral yo te rive (Kongo, Petwo, Wongòl, elatriye)[8].

Rit Rada a se rit ki pi ansyen nan istwa Ayiti. Rit Rada se mak fabrik Vodou asogwe. Nan Vodou asogwe, yo trete yon seremoni nan Rit Rada a kòm yon fanmi lespri kominote a blije salye menm si yo pral janbe nan yon lòt rit pita pandan menm seremoni an.

Pou konmanse yon seremoni nan Rit Rada a, se ason an ak bat men ase ki akonpaye Lapriyè Ginen pandan 30 rive 60 minit. Lè tanbou konmase frape, Rit Rada a derape. Rit Rada a kapab dire 3 pou 4 trè ditan apre Lapriyè Ginen. Anpil fwa, seremoni an kontinye pandan plizyè èditan ankò e rit la kapab chanje an Rit Petwo vè minui. Youn nan aktivite ki alabaz tout aktivite rityèl

---

[7]. B. Segurola, J. Rassinoux, *Dictionnaire fon-français*, Madrid, Société des Missions Africaines, 2000.

[8]. David Geggus, « The French Slave Trade: An Overview », *The William and Mary Quarterly, Third Series*, Vol. 58, No. 1, 2001, p. 122.

sa yo, tout selebrasyon 8 èdtan sa a, se yon aktivite nou rele *sik salitasyon an*, patwon fondalnatal la. Yon seremoni nan Rit Rada a konpoze ak plizyè sik salitasyon ki fèt pou yon gwoup lwa ki byen regle. Nou rele yo sik paske aktivite venerasyon an se yon mouvman ki ale siklikman (nan sans lanvè zegui yon mont) otou poto mitan an. Sik salitasyon an se yon sèk, se yon seri etap ounsi yo akonpli pandan y ap danse dans sakre yo. Nan Rit Rada a, se dans ak rit yanvalou a ki pi enpòtan. Pou chak lwa ki fè pati Rit Rada a, gen yon sik salitasyon ak eleman *komen* ak eleman *patikilye* ki prezan. Nan pwochen seksyon an, m pral etidye òganizasyon patwon fondalnatal la ki fè pati chak sik salitasyon nan Rit Rada a.

Patwon fondalnatal yo ki nan Rit Rada a

Salitasyon lwa yo toujou genyen yon seri konpozan ki envaryab. Nou pral konmanse ak yon lis moun ak bagay ki toujou rete menm jan nan Rit Rada a. Apre sa nou pral prezante yon seri jès ak rityèl ki toujou fè pati Rit Rada a. Pati envaryab la, se patwon fondalnatal la.

Nan Rit Rada a (a) tout ounsi yo mete **rad blan** sou kò yo. Tout medam yo ak anpil nan msye yo kouvri tèt yo ak yon mouchwa tou ; mouchwa sa kapab blan oubyen koulè lwa prensipal y ap fete nan seremoni an. (b) Toujou ap gen youn oswa plizyè **oungan** ak **manbo asogwe** yo ki mennen chak sik salitasyon. (c) Oungan ak manbo ki mennen sik salitasyon an toujou kenbe yon **ason** ak yon **klòch** nan men dwat la. (d) Nan men gòch yo, yo kenbe yon boutèy dlo oubyen wonm pou yo jete bay lwa nan *estasyon* yo ki nan sik salitasyon an. (e) Yon **mouchwa** nan twèl swa nan yon koulè ki koresponn ak lwa y ap salye a ap prezante devan oungan an oswa manbo a epi sèvitè ki prezante l la, pral mare l nan kou prèt asogwe a. (f) Plizyè **asistan** ki inisye yo (ounsi kanzo yo, pa egzanp) mache dèyè oungan ak manbo asogwe yo epi yo kenbe yon bouji ki limen, yon boutèy dlo Florida, oswa dlo ki genyen fèy ladan ni (selon pati Rit la). (g) Youn nan asistan sa yo kenbe yon **bagay ki senbolize lwa** y ap salye a nan sik salitasyon an k ap pase.

Nan Rit Rada a gen yon seri estasyon kote oungan an oswa manbo a, ak asistan l yo, pral kanpe pou yo fè yon jès espesyal oubyen yon salitasyon espesyal. Jès ak salitasyon sa yo se aktivite ki obligatwa e ki fè pati patwon fondalnatal la nan Rit Rada a. (1) Pou konmanse, yon sèvitè, nòmalman yon oungan oubyen yon manbo ki fèk konplete sik salitasyon li te mennen an, pral tache yon gwo mouchwa ki pou lwa y ap salye a nan kou oungan an oswa manbo a k ap mennen sik salitasyon an ki genyen pou l konmanse. Koulè a se siy lwa a.

Apre yo fin tache mouchwa a, (2) oungan an oubyen manbo a ki fèk mennen sik salitasyon li, pral pase ason an bay manbo a oubyen oungan an k ap mennen nouvo sik salitasyon an. Lè yo pare pou yo konmanse, prèt Vodou k ap dirije a leve ason an anlè plizyè fwa, yon jan pou l endike li lè pou moun yo kanpe nan respè pou yo suiv salitasyon lwa a sou de pye militè yo.

(3) Prèt Vodou yo fè yon won otou potomitan an. Lè yo konplete yon demi-sèk, yo kanpe pou yo salye kat pwen kadino yo (nò, lès, sid, lwès) epi pou yo konplete twa reverans. Sa se *premye estasyon* an nan yon sik salitasyon.

(4) Kounye a, yo kontinye ak won an otou potomitan an pou yo mache rive devan ountògi yo (tanbourinè yo). Apre yo fin vire otou potomitan an, ountògi yo konmanse bat tanbou yo pi vit pou envite salitasyon ounsi yo. Oungan an, manbo a, ak asistan yo salye ountògi yo ak lwa Ountò a, lwa tanbou yo. Avèk ason an nan men dwat yo, oungan an ak manbo a touche tanbou yo epi lestomak pa yo nan yon jès plen gras. Ak men gòch la, oungan an oubyen manbo a jete dlo atè devan tanbou yo. Yo fè twa reverans. Yo pwostènen kò yo devan tanbou yo epi yo touche fwon yo atè a twa fwa. Sa se *dezyèm estasyon* an nan yon sik salitasyon.

Apre yo fin salye ountògi yo, (5) sèvitè yo mache al fè yon lòt won otou poto mitan an. Alèkile, oungan an ak manbo a, ak asistan l yo, kanpe toutotou potomitan an. Oungan an oswa manbo a manyen potomitan an ak ason an epi ason an manyen figi ak lestomak oungan an oswa manbo a. Ak boutèy ki nan men gòch yo, yo mete yo ajenou pou yo jete yon ti dlo oswa wonm nan pye potomitan an. Pandan y ap fè jès sa yo ak ason an, prèt Vodou yo konsantre tèt yo anpil devan potomitan an. Yo lapriyè, yo pale dirèk nan potomitan an, yo pale ak lwa yo paske potomitan an se yon « chemen » pou lwa yo. Yo konplete twa reverans devan potomitan an. Salitasyon potomitan an se *twazyèm estasyon* an nan seremoni Rada a.

Apre salitasyon potomitan an, (6) li lè pou salitasyon devan pòt badji a. Anvan yo rive la pou fè salitasyon an, yo fè yon won otou potomitan an epi yo kanpe devan pòt djèvo a. Ankò yon fwa, prèt Vodou a sèvi ak ason an pou l manyen kad pòt la epi boutèy la pou li jete dlo bay lwa yo. Salitasyon an fèt devan pòt badji kote "pè" a (lotèl la) ye. Pòt badji a, se pòt djèvo a tou, ki vle di salitasyon an onore sistèm inisyatik ki alabaz Vodou. Sistèm inisyatik la ki pral konekte yon kandida ounsi kanzo ak lwa pwotektè pwòp tèt li ak lwa oungan (« papa ») oubyen manbo (« manman ») ki inisye li yo. Yo konplete twa reverans devan pòt djèvo a. Salitasyon devan pòt djèvo a, *se katriyèm estasyon* an nan seremoni Rada a.

Aprè katriyèm estasyon an, sik salitasyon an gen pou l fini. Kounyeya oungan an oubyen manbo a fè jès (7) « dogwe » a ak ason an. Jès dogwe a se lè prèt Vodou a lonje ason an bay sèvitè yo, epi l ap manyen atè a ak ason an. An repons, ounsi yo manyen atè a ak men dwat yo epi yo manyen lestomak yo bò kè yo de fwa. Se « lodogwesan », sètadi kominote Vodou a, ki patisipe nan dogwe a. Se dogwe a ki fèmen chak sik salitasyon pou yon lwa nan Rit Rada a. Dogwe a se siy kominote inisye a. Apre dogwe a gentan konplete, oungan an oubyen manbo a ki te mennen sik salitasyon ki fèk fini an pral (8) pase ason an bay prèt asogwe a ki pral ranplase li nan pwochen sik salitasyon an. Nan tout moman tranzisyon rityèl sa yo, nou ka tande ounsi yo rele "Ayibobo!", yon mo ki fonksyonnen kou yon entèjeksyon lajwa ak yon endikasyon Rit Rada a.

Aprè premye sik salitasyon an konplete, anpil fwa ounsi yo pral chante plizyè lòt chante pou lwa y ap onore a. Pafwa lwa a menm pral vini salye kominote a pandan peryòd ouvè sa yo. Pa egzanp, Papa Legba kapab desann, Papa Loko kapab desann, Èzili kapab desann nan peryòd ouvè ki vini apre sik salitasyon lwa a konplete. Lè yon lwa fin desann nan tèt yon sèvitè, seremoni an, ak rityèl yo, pral ajiste pou kominote a kapab akeyi lwa sa a nan mitan ounsi yo.

Depi nou konmanse pale sou lwa yo, n ap antre tousuit nan diskisyon sou sa ki patikilye nan Rit Rada a. Kòm seksyon sa montre l, chak sik salitasyon pou yon lwa genyen yon seri konpozan envaryab ki fè pati patwon fondalnatal la ; se sou baz solid sa a salitasyon lwa endividyèl yo tabli. Se entèraksyon patwon fondalnatal la *avèk* eleman patikilye yo (sètadi lwa yo ak senbòl yo), ki fòme solidite ak orijinalite Vodou. Nan pati k ap vini an, n ap egzaminen patikilarite sa yo e n ap reflechi sou kijan yo entegre nan patwon fondalnatal la.

Eleman patikilye yo nan Rit Rada a

Pandan patwon fondalnatal la ankre tout seremoni Rit Rada yo nan yon fòm rityèl ki byen rekonesab, sa ki rann chak sik salitasyon inik, se lwa patikilye a ak tout karakteristik li yo. Repetisyon patwon fondalnatal la eksprime yon kalite « obit » oubyen « gravitasyon » tandiske eleman patikilye yo ki parèt nan yon sèl sik salitasyon, eksprime espesifisite mitolojik ak prensip spesyalize. Kèk egzanp eleman patikilye ki fè pati Rit Rada a (ak Nago a) ap ase pou ilistre maryaj eleman fondalnatal avèk eleman patikilye.

Nan yon seremoni nan Rit Rada a, chak prèt asogwe k ap ofisye nan sik salitasyon an, ap resevwa yon mouchwa ki asosye ak lwa y ap salye a nan sik la. Depi se salitasyon Legba a, prèt asogwe a pral mare yon bèl mouchwa jòn abriko (ak mov) nan kou li. Pou Marasa yo, y ap mare yon mouchwa jòn abriko, wouj, ble, vèt ak woz nan kou li. Loko ap jwenn youn ki jòn sitwon ak vèt. Pou Ayizan, mouchwa a ap jòn sitwon. Pou Danbala Wèdo ak Ayida Wèdo, mouchwa a ap vèt. Mouchwa Ogou an Rit Nago a ap wouj ak sa k pou Agwe Tawoyo ap vèt, blan e jòn[9]. Kidonk, chak sik salitasyon pou lwa yo genyen ; yon mouchwa koulè espesifik ki reprezante lwa y ap salye nan sik salitasyon an.

Lè n ap pale sou koulè yo, nou ka di koulè parèt nan je nou, nan vizyon nou, gras a jan yo reflete oubyen emèt limyè. Nan kontèks teyoloji Vodou kote lwa yo reprezante fasèt Bondye, atachman koulè yo ak lwa yo, ranfòse lide kote lwa yo fòme yon eleman de baz linivè a, yon eleman ki emèt limyè Bondye. Kòm koulè yo se youn nan fondasyon eksperyans vizyèl moun yo, koulè yo jwe yon wòl nan anpil tradisyon. Koulè yo reprezante esans lwa yo e yo fonksyonnen tankou « endikatè » rityèl nan seremoni Vodou. Nan chak sik salitasyon an, nou aprann plis sou sans chak lwa genyen; annou reflechi sou kèk patikilarite ak sinifikasyon nou jwenn nan yon echantiyon sik espesifik

---

9. Deíta, *Repertoire pratique des loa du vodou haïtien = practical directory of the Loa of Haitian vodou*, Saint Marc, Reme Art Publishing, 2006.

yo.

Lwa Atibon Legba se yon gwo lwa nan Vodou paske li louvri baryè a ant sèvitè yo ak lwa yo, li tabli kominikasyon ant moun ak lespri yo. Legba se lwa vye zo, se yon lwa wayal, se mèt kafou ak wout li ye[10]. Legba tèlman vye sèvitè l yo bezwen ede l kanpe ak mache ak beki l yo. Li gen yon djakout ak kachimbo l ladan[11]. Wout ak kafou a se lye vwayaj, rankont, dekouvèt ak transfòmasyon. Legba reprezante lòd ak dezòd, konesans, otorite ak sajès[12]. Pandan yon sik salitasyon pou Legba, tout chante sèvitè yo voye yo mete fokis sou li. Lè manbo, oungan ak ounsi yo pral fè sik salitasyon Legba a, toujou genyen yon asistan ki pote beki ak baton Legba dèyè prèt Vodou a. Tout chante ak senbòl (beki) koresponn ak patikilarite lwa Legba a. Patikilarite tankou koulè, chante, beki ak baton, elatriye, se fenomèn ki fè pati sik salitasyon Legba a e yo p ap parèt nan sik salitasyon yo ki pou lòt lwa yo nan Rit Rada a.

Lwa Marasa se lwa timoun jimo ak jimèl. Marasa yo reprezante diyalite kreyativ ki nan de (2) yo. Fòs ki nan de parèt lè yon manman ak yon papa fè lanmou pou kreye lavi yon nouvo timoun. Prensip repwodiksyon mal e femèl la gen fòs senbolik. Manman ak papa yo kreye lavi timoun nan, e, nan kèk ka byen espesyal, yo kreye 2 timoun oubyen plis nan yon sèl gwosès. Kèk manman akouche plis timoun apre gwosès sa a (yo rele timoun sa yo, « Dosa, Dogwe, Zensou ak Zensa »). Marasa reprezante lespwa, libète timoun, kapris timoun, jalouzi timoun, lafanmi ak lavi sosyal. Marasa yo veye sou lesklav yo ak tout timoun yo ki separe ak fanmi yo[13]. Lè Vodouyizan yo pral fè sik salitasyon an pou Marasa yo, toujou genyen yon ounsi ki pote manje Marasa a (sirèt, pistach, wowoli ak bonbon) sou yon gwo laye[14]). Alafen sik salitasyon an, ounsi an bay tout moun ki prezan nan manje lwa sa a.

Lwa Loko a se chèf tout oungan yo e mèt potomitan an[15]. Loko se chèf ounfò

---

10. Déita, *La légende des loa du vodou haïtien*, Port-au-Prince, 1993, p. 34..
11. Op. cit., p. 18.
12. Dominique K Fadaïro, *Parlons fon : langue et culture du Bénin*, Paris, L'Harmattan, 2001. p. 115.
13. Op/ cit., p. 137.
14. Déita, *Répertoire pratique des loa du vodou haïtien = practical directory of the Loa of Haitian vodou*, Saint Marc, Reme Art Publishing, 2006, p. 62.
15. Ibid., p. 32.

yo. Loko se gadyen potomitan an[16]. Se yon gerisè ak yon kiltivatè, konsa li renmen moun ki travay latè e ki viv ak lanati. Li gen enstriksyon ak bon konsèy, li montre oungan ak manbo yo kijan pou yo geri malad yo ak fèy bwa. Loko renmen pyebwa yo epi l travay rèdchèch nan jaden Ginen an. Kòm Loko se lwa fèy, gerisman ak forè yo, nou jwenn repozwa li (kote li repoze) nan bèl pyebwa tankou pye mapou a[17]. Youn nan domèn Loko a se inisyasyon ki rele « kanzo » a. Nòmalman, inisyasyon kanzo a pran 7 pou rive 9 jou, mete sou sa anpil planifikasyon ak preparasyon « ounyò » yo (kandida inisyasyon) bezwen fè anvan yo kouche kay oungan oubyen manbo yo. Lè sèvitè yo fè yon sik salitasyon pou Loko, toujou gen yon asistan ki pote yon tas dlo ak fèy ladan li. M te temwen desant Loko nan yon seremoni kote Loko te pote yon gwo pikwa sou do l lè l t ap salye sèvitè l yo.

Lwa Ayizan Velekete se chèf tout manbo yo e li ofisye nan boule zen an[18]. Ayizan vye anpil ; li renmen pou tout bagay byen pwòp. Ayizan pwoteje ounfò yo. Manbo Ayizan se yon machann e li konn veye sou mache, kote piblik, ak foul moun yo[19]. Ayizan se yon manbo mistik ki pote tradisyon Vodou a sou do li sou fòm « ayizan an » (fèy pye palmis ki trese ansanm). Kòm lwa Loko a, Ayizan reskonsab sistèm inisyasyon an ki rele « kanzo ». Se pou sa, nan seremoni piblik la ki rele « antre kanzo », nan pati salitasyon Ayizan an, ounsi yo konn distribye kòlyè vèvè bay tout lòt ounsi yo. Lè yo resevwa kòlyè vèvè pa yo, ounsi yo mete yo sou de zepòl yo epi kòlyè vèvè a fòme yon kafou sou lestomak ak do yo. Nan sik salitasyon Ayizan an, yo fè yon kalite baton « ayizan » ak fèy palmis ki gen pouvwa geri ak pirifye[20]. Yon ounsi pote ayizan an sou do l pandan ke yon oungan pale ak Ayizan ki nan tèt ounsi a. Oungan an ak ounsi a mache otou potomitan an e ounsi a vin chwal Ayizan kèk segonn anvan l antre nan badji a. Lodyans la pèsevwa lwa Ayizan pandan yon ti moman epi towtow l ale nan djèvo a.

Lwa Danbala ak Ayizan Wèdo reprezante sou fòm de koulèv. Danbala ak Ayida Wèdo se te premye kreyasyon Bondye ; yo se papa ak manman lòt lwa

---

16. Déita, *La légende des loa du vodou haïtien*, p. 97.
17. Ibid., p. 95.
18. Déita, *Répertoire pratique des loa du vodou haïtien = practical directory of the Loa of Haitian vodou*, Saint Marc, Reme Art Publishing, 2006, p. 20.
19. Op. cit., p. 59.
20. Ibid., p. 61.

yo[21]. Koulèv la—tankou mouvman rèl do nan dans yanvalou a—reprezante lavi[22]. Danbala se yon koulèv koulè blan epi Ayida se yon koulèv koulè lakansyèl, ki vle di kò li fèt ak tout koulè yo. Danbala ak Ayida se lwa ki enkane fòs, fòtin, lavi, mouvman, rejenerasyon, renouvèlman, chanjman, adapsyon, ak miltidimansyonalite. Danbala ak Ayida se lwa anba tè, se lwa dlo, se lwa pyebwa, se lwa syèl. Danbala ak Ayida senbolize lanati ak depandans moun sou li. Danbala ak Ayida se lwa fètilite ki reprezante prensip repwodiktif la kote yon papa (Danbala) ak yon manman (Ayida) fè yonn (Wèdo) pou kreye yon timoun. Lè oungan ak manbo yo fè yon sik salitasyon pou Danbala ak Ayida Wèdo, youn nan ounsi yo toujou pote yon ti plat ak twa ze blan ki repoze nan yon ti pil farin blan. Lè Danbala danse nan tèt yon ounsi, yo kouvri kò l ak yon dra blan.

Lwa Agwe a se lwa lanmè, se lwa vag yo, se lwa van ki pouse bato yo sou lanmè epi se koki lanmè. Lè yon bato ap konfwonte danje sou lanmè, se Agwe ki monte kaptenn nan. Mèt Agwe se lwa navigasyon. Agwe se miwa ki parèt sou sifas lanmè. Madanm li, lwa Lasirèn, se lwa anba lanmè. Agwe gen yon bato ki rele « Imamou ». Agwe posede yon palè nan Twa Zile. Palè a nan yon koki lanbi ki sou yon resif koray k ap flote[23]. Nou ka di Agwe se yon lwa ki ede sèvitè l yo vwayaje sou lanmè ant zile yo. Lè ounsi yo ap fè sik salitasyon Agwe a, yon asistan pote yon zaviwon ak yon chèz, ki reprezante batiman lwa a.

Lwa Ogou se yon lwa Nago, men m ap prezante li isit pou m ilistre rapò patikilarite yo ak patwon fondalnatal la ki egziste nan lòt rit yo. Ogou se lwa fòjewon ak lwa fè[24]. Ogou se yon jeneral nan lame e yon gran nonm politik. Pasyon Ogou a se defann lalibète e asire lajistis pou sèvitè l yo[25]. Ogou renmen fanm e li gen plizyè mennaj. Li renmen fimen siga epi l bwè wonm san li pa janm sou. Ogou gen otorite leta ak militè nan men li. Ogou kenbe yon nepe ki fèt ak fè. Ogou se lwa ki fè lagè, se lwa ki pare lagè. Ogou se yon

---

21. Jerry M. Gilles, Yvrose S. Gilles, *Sèvis Ginen : Rasin, Rityèl, Respè lan Vodou*, Davie, FL, Bookmanlit, 2009, p. 86.
22. Op. cit., p. 24.
23. Ibid., p. 63.
24. Jerry M. Gilles, and Yvrose S. Gilles, *Sèvis Ginen : Rasin, Rityèl, Respè lan Vodou*, Davie, FL, Bookmanlit, 2009, p. 130.
25. Op. cit., p. 148.

lwa veyatif, militan, fyè ak otoritè. Nan sik salitasyon Ogou a, pòt drapo yo fè yon pwosesyon ak de drapo ounfò yo dèyè laplas ki pote nepe Ogou a. Yo fè yon sik salitasyon ansanm anba labànyè Ogou a. Lè lwa Ogou desann nan tèt chwal li, li toujou kenbe nepe li, li fimen yon siga, epi li pran tan pou li salye sèvitè li yo.

Nan yon seremoni Vodou, chante yo revele karakteristik ak tradisyon lwa yo. Tout konesans ak enfòmasyon ki nan chante sa yo reflete patikilarite lwa ounsi yo ap salye nan yon sik salitasyon espesifik. Pandan sik salitasyon yo ap virewon, fokis chante yo vire tou. Anmenmtan, yon seri gwo senbòl patikilye pou lwa yo pral antre nan sik salitasyon espesifik: yon beki ak yon baton, yon laye ki gen sirèt ak bonbon, yon tas dlo ki gen fèy ladan li, fèy palmis, ze blan nan farin, yon zaviwon ak yon chèz, yon nepe, elatriye. Nan diskisyon k ap konkli atik la, n ap tounen nan gwo liy prezantasyon an.

Diskisyon

Vodou ayisyen se yon gran kilti relijye ki chita nan plizyè peyi. Se yon ansyen tradisyon ki soti nan Lafrik epi ki vin enplante kò li nan Karayib la pandan epòk esklavaj ak kolonyalis ewopeyen an. Malgre sistèm esklavajis la ki te ilegalize Vodou e ki te matirize defansè l yo pandan twa syèk (Ramsey 2011), fòs, òganizasyon ak kowerans ki nan men Vodouyizan yo te penmèt tradisyon an souviv jouk jounen jodi a. Menm si Vodou te souviv, kòm tout moun konnen, sistèm kolonyalis la te privilejye legliz kretyen yo ki te vin posede anpil pouvwa ak byen an Ayiti (kòm patou nan Oksidan an). Pandan syèk pèsikisyon yo, Vodouyizan yo te souvan nan nechèl sosyo-ekonomik ki pi ba nan sosyete ayisyen an. Youn nan konsekans eritaj defavorize sa a, se prejije, devalorizasyon ak enkriminasyon Vodou ak Vodouyizan yo. Poutan, an reyalite, tradisyon ki nan men sèvitè yo, se yon gran moniman nan listwa limanite.

Yon pati nan Oksidan an ak ayisyen yo erite ak eksprime atitid negativ pou Vodou. Akoz trajedi iyorans lan, chèchè yo blije kontinye etidye Vodou pou voye limyè sou youn nan pi enpòtan sous espirityalite ak kilti natifnatal an

Ayiti. Prezèvasyon ak konpreyansyon Vodou se bagay esansyèl pou bay jenerasyon k ap vini yo yon oryantasyon ki toleran, ouvè e kolaboratif malgre diferans kiltirèl yo. Oryantasyon pozitif sa a ankouraje amoni ak yon anbyans kote moun viv ansanm nan plen divèsite yo.

Atik sa a dekri « estrikti » rityèl Rit Rada a nan Vodou. Estrikti rityèl Vodou ki dekri nan atik sa a, se yon entèraksyon ant yon « patwon fondalnatal » ak yon bann patikilarite ki parèt kwonolojikman nan yon seremoni nan Rit Rada a. Nan seremoni Vodou asogwe, patwon fondalnatal la toujou idantifyab: Vodouyizan yo ap sikile yon potomitan ki konekte latè ak lesyèl, moun ak lespri. Pandan sik salitasyon yo otou potomitan an, ounsi yo konplete yon seri salitasyon espesifik nan estasyon salitasyon yo ; sètadi, nan kat pwen kadino yo, devan ountògi yo, otou potomitan an, bò pòt badji a, epi lèfini nan dogwe a. Pandan ke sik salitasyon yo ak salitasyon estasyon yo rete yon estrikti pèmanan nan rityèl Vodou, se salitasyon lwa espesifik yo ki entwodui patikilarite nan sekans rityèl la. Sou « baz tounan » ki se sik salitasyon an, sèvitè yo mete fokis yo sou lwa sik patikilye a. Fokis sa a pran fòm karakteristik, koulè, chante, dans, senbòl ak posesyon rityèl lwa ki ranfòse revelasyon espesyal lwa y ap salye a. Si Vodou asogwe sitèlman ekilibre ant patwon fondalnatal la ak patikilarite yo, èske lòt relijyon fonksyonnen ak menm dinamik la?

Lè n ap gade estrikti rityèl lòt tradisyon yo, nou kapab di yo genyen yon pati envaryab ak yon pati varyab tou. Yo genyen yon patwon fondalnatal ki marye ak eleman patikilye. Nan Islam, pa egzanp, chak vandredi mizilman yo reyini nan yon moske pou yo lapriyè. Apèl lapriyè, lave rityèl, prèch, resitasyon koran an ak hadit yo, ak priyè kominal se eleman envaryab yo, se patwon fondalnatal la. Pandanke eleman sa yo rete menm jan nan tout sèvis mizilman yo, patikilarite yo parèt nan fòm divèsite resitasyon koran an oswa hadit yo ak divèsite ideyolojik ki prezan nan prèch yo. Nan relijyon boudis la, pa egzanp, chak dimanch Boudis yo reyini nan yon tanp. Lè yo antre, yo pwostènen kò yo devan estati Bouda a pou vide egoyis yo ak emosyon negatif yo. Apre sa, yo chita atè pou yo fè yon ti resitasyon nan liv sakre yo. Lèfini, yo bay yon ti enstriksyon sou kijan pou moun yo medite epi tout moun nan sal la medite an silans pandan 10 pou 15 minit. Dènye aktivite yo fè nan tanp lan, se yon ti lekti ak pale nan liv ki sou koze Boudis yo. Patwon fondalnatal la ki se resite, medite, li ak pale toujou rete menm jan ; sa ki ka chanje se agiman yo, pèspektiv yo, otè yo, teks sakre yo ki nan bibliyotèk boudis la, elatriye. Entèraksyon patwon fondalnatal la avèk patikilaris yo fòme yon dinamik ki alabaz anpil sistèm moun kreye. Se vre tout relijyon genyen dinamik sa a, men anmenmtan li enpòtan pou n rekonnèt manifestasyon dinamik sa a nan Vodou a gen tout orijinalite li.

Yon seremoni nan Rit Rada a se yon aktivite rityèl ki an *mouvman pèpètyèl*. Menm lè Vodou pataje eleman estriktirèl ak nenpòt relijyon, tradisyon Vodou a pa vreman fè pati menm kategori relijyon ak Islam, Boudis oswa Krisyanis. Vodou se yon relijyon ekstatik ki mete anfaz sou kontak ak lespri yo. Tout sistèm Vodou a oryante nan fokis sa. Rit ountògi yo epi dans ki tounen pèpètyèlman otou yon potomitan se metòd rityèl ki byen regle. Se metòd rityèl ki fèt pou ankouraje trans lwa. Se yon metòd rityèl ki ankouraje revelasyon espirityèl epi transfòmasyon kominote a ak endividyèl la. Lè n ap gade Vodou ayisyen, nou devan yon sistèm ki eksprime pèfèksyon natirèl nan fason li òganize : menm jan planèt latè fè yon sik otou solèy nan 365 jou, menm jan planèt latè a tounen kont zegui yon mont nan 24 trè, Vodouyizan yo tou refè e reprezante mouvman planèt latè sa a ki alabaz tout patikilarite lavi ki sou planèt latè nou an.

Benjamin HEBBLETHWAITE, Ph.D.

Bibliyografi

BEAUVOIR, Max, *Lapriyè Ginen*, Port-au-Prince, Près Nasyonal d Ayiti, 2008.

BEAUVOIR, Max, *Le grand recueil sacré ou Répertoire des chansons du vodou Haïtien*, Port-au-Prince, Koleksyon Memwa Vivan, 2008.

DÉITA [Guignard, Mercedes Foucard], *Répertoire pratique des loa du vodou haïtien = practical directory of the Loa of Haitian vodou*, Saint Marc, Reme Art Publishing, 2006.

DÉITA [Guignard, Mercedes Foucard], *La légende des loa du vodou haïtien*, Port-au-Prince, Déita, 1993.

FADAIÏRO, Dominique K., *Parlons fon : langue et culture du Bénin*, Paris, L'Harmattan, 2001.

FÉRÈRE, Nancy Turnier, *Vèvè : L'art ritual du vodou haïtien = ritual art of Haitian vodou = arte ritual del vodú haitiano*, Boca Raton, Nancy Turnier Férère, 2005.

FILS-AIMÉ, Jean, *Et si les loas n'étaient pas des diables? : une enquête à la lumière des religions comparées*, Montréal, Dabar, 2008.

GEGGUS, David, « The French Slave Trade: An Overview », *The William and Mary Quarterly, Third Series*, Vol. 58, No. 1., 2001, pp. 119-138.

GILLES, Jerry M., and Yvrose S. GILLES, *Sèvis Ginen : Rasin, Rityèl, Respè lan Vodou*, Davie, FL, Bookmanlit, 2009.

LAGUERRE, Michel, *Voodoo Heritage*, Beverley Hills and London, Sage Publications, 1980.

RAMSEY, Kate, *The Spirits and the Law : Vodou and Power in Haiti*, Chicago, University of Chicago Press, 2011.

SAINT-MÉRY, Moreau de, *Description topographique, physique, civile, politique et historique de la partie française de l'isle Saint-Domingue: avec des observations générales sur la population, sur le caractère & les moeurs de ses divers habitans, sur son climat, sa culture, ses productions, son administration, &c. &c.* A Philadelphie, Et s'y trouve chez l'auteur ... à Paris, chez Dupont, libraire ... et à Hambourg, chez les principaux libraires, 1797.

SEGUROLA, B., and J. RASSINOUX, *Dictionnaire fon-francais*, Madrid, Société des Missions Africaines, 2000.

Pour citer cet article :

Benjamin HEBBLETHWAITE, « Sik salitasyon nan Rit Rada a : Patwon fondalnatal ak eleman patikilye nan salitasyon lwa Rada yo », Revue *Legs et Littérature*, 2017 | no. 9, pp. 101-120.

D'Haïti ou de la Barbade, l'Antillais emporte toujours son île comme premier bagage. Lecture croisée de La Dot de Sara *et* Moi, Tituba sorcière

Jean James ESTÉPHA *a étudié les Lettres Modernes à l'École Normale Supérieure de l'Université d'Etat d'Haïti. Membre de l'Association Legs et Littérature (ALEL), il est détenteur d'un Master I en sciences du langage (Lettres, langues, cultures et civilisation), mention FLE de l'Université des Antilles et de la Guyane. Enseignant de littérature depuis plus de 10 ans, il s'intéresse particulièrement à la question des rapports entre la littérature haïtienne et son cinéma. Actuellement, il travaille sur la question du handicap en milieu scolaire pour son Master en Sciences de l'éducation dans le cadre d'un programme mis sur pied par l'École Normale Supérieure en partenariat avec l'Université du Québec à Chicoutimi.*

Résumé

L'univers de l'antillais est avant tout constitué de l'étendue de l'île qui l'a vu naître et grandir. Il habite cet espace d'une manière telle que l'espace finit par l'habiter. Cette forme d'habitation étant à la fois complexe et vitale. La femme antillaise, comme on peut le constater dans La Dot de Sara *et* Moi, Tituba sorcière…noire de Salem, *démontre clairement qu'elle ne laisse jamais derrière elle son île, c'est le premier objet qui l'accompagne dans son voyage avec ou sans date d'expiration. Ce rapport avec l'île est nécessaire puisqu'il témoigne de son existence même et de l'usage qu'il peut en faire.*

Mots clés

Île, migration, retour, identité, antillais

D'HAÏTI OU DE LA BARBADE, L'ANTILLAIS EMPORTE TOUJOURS SON ÎLE COMME PREMIER BAGAGE. LECTURE CROISÉE DE *LA DOT DE SARA* ET *MOI, TITUBA SORCIÈRE*

De gré ou de force, partir pour un antillais revêt souvent un goût particulier. Déchirure dans l'âme, refus d'accepter un départ à sens unique, il quitte son coin de terre avec la ferme conviction consciente ou inconsciente qu'il est aussi son île. Fort de cette évidence, naît un reflexe : voyager partout avec son pays. Toutefois, pour peu que l'amour qu'ils portent envers leurs pays soit d'égale dimension, tous les antillais ne sont pas habités par leur île de la même manière. C'est en tout cas ce que semble nous dire Marie-Célie Agnant et Maryse Condé à travers leurs textes respectifs : *La Dot de Sara* et *Moi, Tituba sorcière...Noire de Salem*. Malgré les diverses différences existant entre les deux romans, un élément majeur les rapproche : le rapport du personnage en situation de migration avec la terre natale ou plutôt la manière d'exister comme antillais en dehors de son pays. De ce lieu nouveau, une interrogation s'impose : comment faire usage de sa présence en terre d'accueil en attendant le retour car si on perd une partie de soi en partant, n'est-ce pas un acte de foi dans la vie que porter son île avec soi ?

Les récits

Publié en 1995, *La Dot de Sara* est avant tout l'histoire de la grand-mère de Sara, Marianna, la narratrice. Née à l'Anse-aux-Mombins et ayant perdu sa mère Clarisse à la naissance, toutes ses références maternelles viennent du côté de sa grand-mère, Aïda. Très attachée à son lieu de naissance, Marianna se voit obligée de le laisser et de se rendre à la capitale afin d'offrir une vie meilleure à sa fille Giselle. Une fille dont l'éducation reçue chez les sœurs a creusé un fossé entre les deux femmes. Quelque temps plus tard, Giselle laisse le pays, se marie et eut une fille : Sara. La raison du départ de la narratrice. Partie pour aider sa fille avec le bébé durant les premiers mois de l'accouchement, Marianna est finalement restée pendant près de vingt ans pour l'amour de Sara. Rapport conflictuel avec sa fille, rapport de complicité avec sa petite fille, la vie de Marianna en dehors de son pays est aussi ponctuée par la présence de nombreuses concitoyennes : Chimène, Mme Raymond, Ita, Francine, Carmelle. Consciente qu'elle ne verra pas le mariage de Sara prochainement, Marianna revient au pays natal après s'être remise d'une intervention chirurgicale.

Moi, Tituba sorcière...Noire de Salem est l'histoire de Tituba, fruit d'un viol d'une esclave par un blanc. Sa mère Abena blesse le nouveau maître blanc qui tenta de la violer. Conséquence : elle est pendue, Yao se tue et Tituba trouve refuge auprès de Man Yaya. Avec cette dernière, elle acquiert des savoirs sur le secret des plantes et apprend comment communiquer avec les morts. Elle a vécu seule et plutôt libre dans une case après la mort de Man Yaya jusqu'au jour où elle rencontre John Indien. Par amour pour cet homme, elle laisse sa case et va vivre chez la maîtresse de son compagnon qui l'humilie à longueur de journée. Elle utilise son savoir et rend malade cette mégère. Sentant la mort proche et pour se venger, la maîtresse Susanna Endicott cède le couple à un nouveau maître : le pasteur Samuel Parris. Or, le nouveau maître doit se rendre aux États-Unis. Il part donc avec ses deux esclaves. Quelques temps plus tard, la famille Parris se retrouve dans la petite ville de Salem où elle connaîtra la douleur d'être noire, esclave et guérisseuse. Accusée de sorcellerie et jetée en prison, Tituba avoue, malgré elle, devant le tribunal qu'elle est une sorcière. À sa sortie de prison, elle se retrouve au service d'un juif Benjamin Cohen d'Azvedo et bientôt elle lui sert aussi de maitresse. Or, les gens du voisinage voient mal cette relation, ils lapident Tituba, brûlent la maison du juif avec ses neuf enfants. Ayant survécu à cette épisode, Tituba obtint sa liberté et repart pour la Barbade après dix ans d'absence. Sur son île, elle rencontre Christopher, le chef des marrons avec qui elle a eu une aventure.

De cette brève et brutale relation, elle tombe enceinte. Plus tard, elle rencontre le jeune Iphigene qui ne tarda pas à jouer le rôle de son fils-amant. Mais Iphigene est un esclave rebelle, révolutionnaire. Il prépare avec d'autres jeunes une révolution qui n'aura pas lieu puisqu'il sera arrêté puis tué. Tituba n'échappe pas non plus à la mort.

Quitter son île… et y revenir

Il est certain que la question du départ est au cœur des deux romans bien que les motifs soient différents d'un texte à l'autre. En effet, Marianna et Tituba ont chacune laissé leur île pour un pays de l'Amérique du Nord, mais la raison du départ n'est pas la même dans les deux récits pour les deux femmes. D'un côté, Marianna a laissé sa terre natale afin de répondre à un appel au secours de sa fille Giselle : « Viens vite, j'ai besoin de toi", j'ai pris sans hésiter la décision d'aller la rejoindre. En moins de trois semaines, je mettais de l'ordre dans mes affaires et je partais[1] », d'un autre côté, Tituba laisse son pays parce qu'elle est au service d'un blanc qui doit partir pour l'Amérique: « La mort dans l'âme nous redescendîmes (…) Je m'appelle Samuel Parris (…) Demain dès que le soleil aura ouvert les yeux, nous partirons (…)[2].

Au-delà du départ, il y a toujours l'incertitude du retour, Marianna est partie pour quelques mois mais elle est restée environ vingt ans. Tituba n'a pas pu fixer à l'avance la durée de son séjour, elle a dû attendre dix ans. En ce sens, le retour revêt nécessairement un goût de soleil retrouvé, d'odeur du café et de la pluie qui caresse la poussière de la terre malgré la dégradation du paysage ou le délabrement des lieux.

> Le bonheur me saute au visage, m'envahit la gorge, frappe à grands coups dans ma poitrine. La, à deux pas c'est la ruelle Pistache (…) Je retrouve le cette rue gardienne de mes luttes et de mes labeurs. Elle a vieilli les poutres et les colonnes qui soutiennent la plupart des petites maisons qui bordent le trottoir penchent maintenant[3].

---

1. Marie-Célie Agnant, *La dot de Sara*, Montréal, Remue-ménage/Mémoire d'Encrier, 2010. p. 41.
2. Maryse Condé, *Moi Tituba sorcière…Noire de salem*, Paris, Mercure de France, 1986. p. 62.
3. Op. cit., p. 170.

Pour Tituba, le retour a été double. D'abord, le retour au pays qui a été quelque peu terne et le retour dans la case où elle a vécu avant la rencontre avec John Indien. C'est ce deuxième retour qui a été plus joyeux.

> À part cela, elle ne me faisait pas fête, mon île (...) Qu'elle était laide ma ville ! Petite. Mesquine. Un poste colonial sans envergure, tout empuanti de l'odeur de lucre et de la souffrance[4].

> Je retrouvai ma case telle que je l'avais laissée. À peine un peu plus bancale. À peine un peu plus vermoulue sous son toit pareil à une coiffure mal plantée (...) Les esclaves, mystérieusement avertis de mon retour, me firent fête[5].

À l'intérieur des parenthèses

Le temps de la migration est souvent perçu comme une parenthèse existentielle quand on garde toujours à l'esprit l'espoir d'un retour. Cependant, avant ce retour, il est important de s'affirmer, de continuer à vivre – ou plutôt respirer– en s'appuyant sur son premier ou unique bagage qu'on emporte partout : son identité insulaire. En effet, au début de deux textes, les deux narratrices décrivent leur lieu d'habitation et leur attachement à leur terre d'origine : « La Barbade, mon pays, est une île plate. À peine ça et là quelques mornes[6] ». Et, malgré la condition d'esclave de Tituba et de sa famille, on pouvait goûter à une certaine joie dans son pays : « Je découvris le triste et cependant splendide univers autour de moi. Les cases de boue séchée, sombres contre le ciel démésuré, l'involontaire parure des plantes et des arbres, la mer et son âpre chant de liberté[7] ».

> La vie avait une sorte de douceur. Malgré les interdictions de Darnell, le soir, les hommes enfourchaient la haute monture des

---

4. Maryse Condé, *Moi, Tituba sorcière... noire de Salem*, Paris, Mercure de France, 1986, pp. 218-219.
5. Ibid., p. 239.
6. Ibid., p. 19.
7. Ibid., p. 17.

tams-tams relevaient leurs haillons sur leurs jambes luisantes. Elles dansaient[8] !

> C'est à la ruelle Pistache, en plein cœur de la capitale que je m'étais installée. C'était un endroit où la vie grouillait, pire que tous ces nids de fourmis folles et inquiètes que j'avais jamais vues aux Mombins [...]Je fabriquais moi-même un écriteau : "Couturière diplômée".[...] je pus tant bien que mal [...] affermer non loin de là, à la cité des Bois-Pins, une petite maison avec un salon, luxe suprême, et une pièce que j'aménageai en atelier...[9] »

On peut remarquer que malgré la misère qui caractérise la condition des deux narratrices dans leurs pays d'origine, elles n'ont pas honte d'emporter partout avec elles leur coin de terre. Cette attitude témoigne de leur attachement, leur désir d'exister, de s'affirmer ou simplement de marquer leur présence dans cette parenthèse de vie qui leur a amené en dehors du pays durant plusieurs années. Dans *La dot de Sara*, Marianna devient l'unique moyen pour Sara de connaître le vécu dans le pays de ces ascendants. La présence de sa grand-mère symbolise également la présence de l'île de ses origines dans le pays de sa naissance. Ce n'est pas pour rien que Sara est initiée au breuvage du café dès l'âge de trois ans malgré les réticences de sa mère Giselle qui pourtant en a bu durant vingt ans quand elle était dans son pays d'origine. Plus encore, la grand-mère apporte tout l'héritage de son pays à sa fille y compris sa langue première : « Ce monde appartient aussi à Sara, c'est en quelque sorte ce que je lui laisse en héritage : mes souvenirs, poussières de vie et d'espérance [...] C'est avec ravissement que je l'entends me demander lorsqu'elle revient de l'école : *ki soloba ou kite pou mwen jodi a Ti Manm*[10] ? ». Même Giselle qui n'est pas souvent d'accord avec les méthodes de sa mère est obligée d'admettre, malgré elle, que la présence de sa mère a été pour elle la présence d'un

---

8. Ibid., p. 18.
9. Marie-Célie Agnant, *La dot de Sara*, Montréal, Remue-ménage/Mémoire d'Encrier, 2010. pp. 34-35.
10. Ibid., p. 69

morceau de son île. De plus, on comprend également pourquoi les réunions de toutes ces femmes originaires de l'île sont faites de souvenir du pays natal si bien que Carmelle, l'une d'entre elle possède cette particularité : « Carmelle est une vraie paysanne. Lui demander de parler autre chose que de ses terres, de son commerce, c'est la condamner au silence[11] ».

Dans le deuxième roman, la présence de la Barbade chez Tituba est encore plus évidente dans certaines situations du récit. Le savoir qu'elle a acquis de Man Yaya quand elle était toute jeune a servi de nombreuses personnes : la famille de son maître Samuel Parris, son troisième maître le juif Benjamin Cohen d'Azvedo, les marins du bateau qui l'a ramené à la Barbade. De plus, c'est sa condition d'esclave originaire d'une île qui la condamne malgré les bontés qu'elle a manifesté envers ceux qui appartiennent au camp des dominants. Elle est en somme son île exploitée, méprisée alors qu'elle apporte l'espoir, le soulagement et la vie. D'ailleurs elle est identifiée par son origine : « On mentionnait ça et là "une esclave originaire des Antilles et pratiquant vraisemblablement le hodoo." On ne se souciait ni de mon âge ni de ma personnalité. On m'ignorait[12] ».

La femme antillaise est aussi une île

Il existe un autre élément important dans les deux récits qui prouve que l'île d'origine des deux femmes n'est pas une entité séparée de leur existence laissée par-delà les mers et les océans. Il s'agit de leur rapport avec les hommes où le rôle de la femme s'avère primordial, d'ailleurs, la femme ne constitue-t-elle pas le pilier dans les familles antillaises? C'est en tout cas ce que nous montre chacun des récits à leur manière. Rare sont, par exemple, les hommes de qualité cités dans *La Dot de Sara*. On peut même les classer parmi les denrées rares. On ne peut citer entre autres Charles, le gendre de Chimène dont il est dit qu'il est un bon père et un bon mari ; Raymond, qui, paraît-il, est un si bon mari que personne ne se rappelle plus du prénom de sa femme (Madame Raymond), ils sont restés ensemble jusqu'à la mort du mari. De plus, même la mort ne les a pas séparés :« Tous les soirs, je parle à Raymond, m'a-

---

11. Ibid., p. 113.
12. Maryse Condé, *Moi Tituba sorcière…noire de salem*, Paris, Mercure de France, 1986 p. 173

telle affirmé. Il dit qu'il m'attend et qu'il est patient[13] ».

Dans *Moi, Tituba sorcière ...noire de Salem* on trouve aussi deux hommes qui se sont distingués dans leur façon de traiter l'héroïne de l'histoire : Yao, le compagnon de sa mère Abena et le dernier homme qu'elle a servi avant de revenir dans son île le sieur Benjamin Cohen.

Malheureusement, face à ces bons hommes, se dresse une nuée d'hommes irresponsables, trompeurs et surtout lâches. De ceux-là, on peut citer dans *La Dot de Sara* : Alphonse, le père de Giselle qui est parti sans bruit, sans comptes après avoir semé le bouleversement dans le ventre de Marianna. Ensuite, il y a Fred, le père de Sara décrit comme un brut et un menteur qui effraie même sa propre fille. Puis, il y a Osvald, le mari de Francine peint comme un tyran, un totalitaire à l'égard de sa femme. Osvald, 75 ans, s'est finalement mis avec une jeune fille de 20 ans. Cet homme répugne à un point tel qu'elle ne veut plus revenir au pays; Justin Saunel, le fils d'Elda, complète la liste. Devenu médecin et riche, il renia sa mère, la laisse dans la misère afin de divorcer avec son passé. Enfin, il y a les hommes vus par Sara. En premier lieu, la petite fille de Marianna considère le mariage comme une prison : « Je n'ai même pas encore vingt ans et tu veux déjà m'enfermer pour toute la vie dans une prison avec un homme[14] ». Son refus est lié non seulement à sa jeunesse mais aussi à la difficulté : de trouver la bonne personne; de vivre avec le même visage durant toute sa vie; de concilier une vie familiale avec les voyages et les études. Si se caser avec un homme n'est point sur sa liste, Sara consent, toutefois, à avoir un enfant et comme il ne pourrait être autrement, elle souhaite avoir une fille et évidemment, sans entrainer nécessairement un homme dans son lit pour la conception de cet enfant.

Le texte de Maryse Condé est peut être plus clément envers les hommes mais il dénote également cette force de la femme et sa capacité à exister sans être liée avec eux car c'est l'homme au final qui casse la relation et donne raison à la femme qui pense qu'elle peut mieux exister sans sa présence. L'homme n'apporte t-il pas que le malheur ? Tituba perd sa relative liberté afin de vivre avec son mari John Indien au service de Susanna Endicott puis au service de

---

13. Marie-Célie Agnant, *La Dot de Sara*, Montréal, Remue-ménage/Mémoire d'Encrier, 2010. p. 135.
14. Ibid., p. 136.

Samuel Parris à Boston et à Salem ou elle connaîtra ses plus grands malheurs. Mais, ce même mari l'abandonna, se range du côté de ses accusateurs alors qu'elle se trouvait en prison. Quelques temps plus tard, il sert sa maîtresse Sarah Porter dans tous les sens du terme. De plus, sa relation avec le juif (un autre homme) a entrainé l'incendie de la maison, la mort des neuf enfants de celui-ci et la lapidation de Tituba. En outre, c'est sa relation physique avec Christophe, le chef des marrons, qui lui a valu la haine des autres femmes et une grossesse inattendue. Enfin, cette double relation avec le jeune Iphigène a entraîné sa mort. Pour toutes ces raisons, cet enfant de Tituba qui ne verra jamais le jour serait certainement une fille. Évidemment, après la mort de Tituba ce sera également à une fille qu'elle léguera son héritage : Samantha. Cette Samantha qu'elle a vu grandir et mûrir car la femme n'est pas un simple réceptacle de semence mais la terre qui rend possible la germination et la récolte des rêves.

En définitive, l'Antillais, particulièrement la femme antillaise quand elle se trouve loin de sa terre natale se comporte comme si elle était l'incarnation de son pays. Elle est à elle seule une sorte de métonymie en puissance. Cette forme de transformation permet de comprendre pourquoi une île, en définitive, habite chacun de ses enfants. En ce sens, en temps de colonisation ou de post-colonisation, l'antillais ne saurait voyager en laissant son pays derrière lui. Comme le prouve sa manière de vivre, l'antillais se réinvente, s'actualise et s'efforce d'exister au-delà des incertitudes. Ce faisant, il affirme et prouve que la colonisation ne saurait toucher son âme, son identité entièrement car il continue d'exister à travers son île qu'il emporte partout et qui le rend toujours encore plus utile. Sa présence en territoire étrangère est faite de la mer, de la terre fertile et du soleil qui symbolisent respectivement le sel, le renouveau et l'espoir qu'il distribue durant la parenthèse de la migration volontaire ou forcée.

Jean James ESTÉPHA, M.A.

Bibliographie

AGNANT, Marie-Célie, *La dot de Sara* [1995], Montréal, Remue-Ménage/ Mémoire d'Encrier, 2010.

ANGLADE, Georges, *Ce pays qui m'habite*, Montréal, Lanctot Éditeur, 2002.

CONDÉ, Maryse, *Moi Tituba sorcière...noire de Salem*, Paris, Mercure de France, 1986.

HUGO, Roland, *Matriarcat antillais : la famille matrifocale, sans père ni mari, où les grand-mères sont cheffes*. https://matricien.org/geo-hist-matriarcat/amerique-sud/antilles/ Consulté le 3 mars 2017.

Pour citer cet article :

Jean James ESTÉPHA, « D'Haïti ou de la Barbade, l'Antillais emporte toujours son île comme premier bagage. Lecture croisée de *La Dot de Sara* et *Moi, Tituba sorcière* », *Revue Legs et Littérature*, 2017 | no. 9, pp. 121-131.

La pensée archipélique face à la résurgence de l'extrême droite américaine ou du monde : du négrisme, de l'antillanité, de la créolité à la pensée archipélique

Docteur en études françaises et francophones de City University of New York (CUNY) avec une une spécialisation portant sur les fictions coloniales et postcoloniales, (19e-20e siècles), Claudy Delné enseigne le français et la littérature caribéenne à Sarah Lawrence College. Auteur de de L'enseignement de l'histoire nationale en Haïti: état des lieux et perspectives paru aux Éditions du CIDIHCA en 2001, il s'intéresse particulièrement aux questions de littérature francophone caribéenne, narratologie, représentation, race et altérité.

Résumé

La Caraïbe est loin d'être un tout monolithique. Si elle s'avère être cette réalité historique ou cet espace géo-spatial traversé par un même passé esclavagiste et colonialiste, il n'en demeure pas moins qu'elle est autant morcelée par des différences de tout ordre, entre autres, linguistiques. On n'a jamais cessé de rappeler que c'est à la suite d'un drame humain, d'un des rares génocides que s'est tissée ce qu'il est convenu d'appeler l'âme, la culture ou l'identité caribéenne. Pourtant, ce drame historique que sont la traite transatlantique, l'esclavage et la colonisation parviennent paradoxalement à fédérer les différentes îles constituant cette grande région de la Caraïbe.....

Mots clés

Caraïbe, Tout-Monde, traite transatlantique, archipel, créolité.

LA PENSÉE ARCHIPÉLIQUE FACE À LA RÉSURGENCE DE L'EXTRÊME DROITE AMÉRICAINE OU DU MONDE : DU NÉGRISME, DE L'ANTILLANITÉ, DE LA CRÉOLITÉ À LA PENSÉE ARCHIPÉLIQUE

Pour faire écho aux propos de la *Revue Legs et Littérature* sur la complexité de la tâche à définir la Caraïbe dont on réduit généralement à sa dimension géo-spatiale, il y a lieu plutôt de l'appréhender en tant que conscience insaisissable. Constatons d'abord que cette fédération d'îles qui forment le bassin caribéen présente des différences plurielles sur le plan de la géographie, de la taille physique, de la superficie, de la langue, de la gouvernance et autres. Par-delà ces divergences palpables, il y a plus à gagner à se concentrer sur le patrimoine commun, ce sur quoi les critiques s'entendent pour parler de l'identité commune de la région et des peuples caribéens. Abstrayons un peu en se réappropriant de Glissant pour dire que la Caraïbe, en plus d'être un lieu, c'est aussi un contre-projet aux prétentions universalistes de l'Occident. Dans ce sens, on peut affirmer que la Caraïbe est un humanisme. D'autres sont plus habiles à élucider ou désigner les contours, pourtours et frontières de la diversité culturelle caribéenne en s'attaquant à une pluralité de thématiques, j'aimerais pour ma part saisir ce contre-projet à partir de la fiction littéraire en recourant à l'opacité qui doit s'ériger en droit selon Glissant. La Caraïbe en tant que réalité occultée ne saurait s'appréhender par des suites de clartés, nous devons, nous dit-il, nous réclamer du droit à l'opacité. Cela dit, y a-t-il un lieu plus propice que d'autres qui soient dispensateur d'une littérature à freiner ou à remédier à l'effet galopant de la mondialisation ou l'occidentalisation nocive du monde? Je n'y crois pas. Cependant, le bassin caribéen a cette particularité qui fait qu'elle soit apte, en tant que précurseur ou avant-garde, à faire incliner le projet de la globalisation déshumanisante en fonction du brassage-monde inhérent à sa formation historique. D'où la résultante de notre identité à partir de la tragédie humaine de la Traite transatlantique et de la colonisation ayant conduit au *drame planétaire de la Relation*[1] pour emprunter ce terme à Glissant. Le caractère fragmentaire et lancinant de l'histoire de la Caraïbe exige une poétique de l'imaginaire qui seule permette d'approcher, d'appréhender notre histoire séculaire oblitérée. Ce droit à l'opacité dont Glissant se fait l'apôtre devient une nécessité pour ce qui est du lancinement de l'histoire caribéenne. À cela, il incombe, souligne-t-il, aux écrivains d'explorer ce lancinement, de le révéler de manière continue dans le présent et l'actuel :

> Cette exploration ne revient donc ni à une mise en schémas ni à un pleur nostalgique. C'est à démêler un sens douloureux du temps et à le projeter à tout coup dans notre futur, sans le recours de ces sortes de plages temporelles dont les peuples occidentaux ont bénéficié, sans le secours de cette densité collective que donne d'abord un arrière-pays culturel ancestral. C'est ce que j'appelle une vision prophétique du passé[2].

Il définit mieux cette vision du passé caribéen dans sa seule pièce de théâtre *Monsieur Toussaint* pour montrer le rôle du fantastique dans la représentation de l'inimaginable en tant que clé à la lisibilité des faits de notre passé. Il explique :

> L'ouvrage que voici n'est pourtant pas tout droit d'inspiration politique; il se réfère plutôt à ce que j'appellerai, par paradoxe, une vision prophétique du passé. Pour ceux qui ne connaissent de leur histoire que la part de nuit ou de démission à quoi on a voulu les réduire, l'élucidation du passé proche ou lointain est une nécessité. Renouer avec son histoire obscurcie ou oblitérée,

---

1. Édouard Glissant, *Le discours antillais*, Paris, Gallimard, 1997, p. 14.
2. Ibid., p. 226.

> l'éprouver dans son épaisseur, c'est se vouer mieux encore aux saveurs du présent; lesquelles, dépouillées de cet enracinement dans le temps, ramènent à une vaine délectation. C'est là une ambition poétique[3].

Cette approche du passé rentre dans ce qu'il est convenu d'appeler l'exceptionnalisme caribéen qui prend le contre-pied de l'historiographie européenne, trop préoccupée par la causalité et la chronologie et inapte à saisir la plénitude de notre expérience de peuples trop dense et opaque. C'est une vision du passé qui s'inscrit dans un processus de transformation d'une histoire subie à une histoire à faire. Tout ceci ne relève certainement pas de l'apanage du poète, ça oblige un travail de coopération entre lui et l'historien dans la reformulation de ce passé.

Mais comment cartographier le fait littéraire pour le rendre inclusif et représentatif du grand bassin caribéen au-delà des clivages linguistiques et des sensibilités spécifiques? Ce sera un exercice pédagogique nécessaire à faire dans le cadre d'un autre projet, mais en attendant circonscrivons la démarche dans la Caraïbe francophone pour montrer l'évolution graduelle ou parallèle d'une histoire littéraire qui se veut une forme d'élucidation du monde. Après une longue période de tâtonnements depuis la période coloniale jusqu'après l'émancipation, la survivance d'une littérature d'imitation typiquement européenne avec une saveur locale a imprégné le décor ou le panorama littéraire caribéen, mais ce n'est que vers la première moitié du vingtième siècle que l'on a vraiment commencé à assister à une littérature dite nationale. Cette tendance s'est inscrite dans une mouvance presque uniforme comme réponse à l'occupation américaine des grandes Antilles (Cuba et Porto-Rico en 1898; Haïti et la Républicaine dominicaine lors de la première guerre mondiale). Cette période post-émancipatoire se traduit en une rupture réelle avec l'émergence des formes d'expression littéraire authentiquement nationales qu'on appelait çà et là indigénisme, négrisme ou négritude. Le poème suivant de Léon Laleau fournit la quintessence d'une école de pensée qui est jadis obsolète depuis la fin du siècle dernier :

---

3. Comparant *Les Jacobins noirs* de C.L.R. James et *Toussaint Louverture* d'Aimé Césaire, Glissant explique ce qu'il entend par vision prophétique du passé dans la Préface de la première édition de *Monsieur Toussaint*, p. 96.

> Ce cœur obsédant qui ne correspond
> pas à mon langage et à mes coutumes et sur lequel mordent
> comme un crampon
> Des sentiments d'emprunt et des coutumes
> d'Europe. Sentez-vous cette souffrance
> Et ce désespoir à nul autre égal
> d'apprivoiser avec des mots de France
> Ce cœur qui m'est venu du Sénégal[4]

Le poète Laleau, résistant indigéniste, était à l'époque un des porte-parole de l'idéologie de la *patrie close* pour reprendre la caricature du sociologue Claude Souffrant[5], et son poème annonçait en grande pompe le mouvement de la négritude avec le Manifeste de Légitime Défense[6] à Paris en 1932. Les étudiants noirs de Paris, Césaire, Damas, Senghor, par le biais de ce Manifeste, s'attaquaient à l'imitation servile des canons européens, promouvaient l'innovation et se refusaient l'adoption de toute règle et convention poétiques qui n'avaient point été sanctionnée par l'expérience séculaire blanche. Lilyan Kesteloot résume l'objectif du mouvement en ces termes :

> Légitime défense prêche donc la libération du style. Mais elle ne s'arrête pas là : elle prêche aussi la liberté de l'imagination, du tempérament nègre [..] L'écrivain doit donc assumer sa couleur, sa race, se faire l'écho des haines et des aspirations de son peuple opprimé, en somme assumer sa négritude. Au prix de cette sincérité et de ce courage, l'Antillais cessera d'être un singe et un pantin, et une poésie, une littérature digne de ce nom, vraiment antillaise, vraiment originale pourra naître[7].

En Haïti bien entendu, c'était Jean Price-Mars qui incarnait cette mouvance dans *Ainsi parla l'Oncle* où il réalisait avec brio, souligne René Depestre[8], le premier inventaire cohérent de l'héritage africain. Se réclamer alors de

---

4. Claude Souffrant, *Sociologie prospective d'Haïti*, Montréal, CIDIHCA, 1995, p. 72.
5. Ibid., p. 71.
6. Lilyan Kesteloot, *Anthologie Négro-Africaine*, Parism EDICEF, 1991, p.75
7. Ibid., p. 76.
8. René Depestre, *Bonjour et adieu à la négritude*, Paris, Seghers, 1989, p. 46.

l'héritage ou du passé africain comme mode de pensée et d'appréhension ontologique, de désaliénation et désassimilation était la caractéristique principale d'un moment clé de notre rapport au monde tant soit peu obsolète ou dépassé tels que Depestre et les tenants du mouvement de la Créolité l'attestent dans leurs critiques. Ils militent tous au contraire pour un nouveau récit qui dépasse toute pensée ou doctrine essentialiste visant à enfermer l'homme noir dans le carcan racial, comme revendication fantaisiste et fantasmagorique par l'épidermisation de sa condition concrète d'oppression et d'existence matérielle. Cependant, la généalogie du ou des discours littéraire(s) ne saurait galvauder ou gommer ce temps fort qu'est la racialisation des moyens d'expression telle qu'elle s'est traduite dans l'Indigénisme ou la Négritude. Ainsi, que l'expliquent Gertrude Aub-Busher et Beverly Ormerod Noakes : « usant les outils de la négritude ou de l'indigénisme, les grands écrivains de cette période — Aimé Césaire de la Martinique, Jacques Roumain d'Haïti — s'assurent que l'héritage racial et culturel de l'Afrique, longtemps nié ou négligé par la classe moyenne éduquée, ne saurait désormais être exclu de n'importe quel portrait littéraire de la société moderne caribéenne[9] » (TDR). Cependant en tant que moment déterminant dans la lutte contre les affronts éhontés de l'esclavage et du colonialisme, la Négritude a un passé, s'exclame Depestre. Elle est liée à l'histoire et aux structures sociales façonnées par les scandales euro-américains du commerce transatlantique et des modes de production esclavagiste des plantations. Sur le caractère obsolète du mouvement, il renchérit :

> Il faut remonter aux racines de la négritude, aux divers chemins qui y mènent, à ses répondants de la société coloniale, afin de montrer que, de son vivant, elle aura été, en littérature et en art, l'équivalent moderne du marronnage culturel que les masses d'esclaves et leurs descendants opposèrent à l'entreprise de déculturation et d'assimilation de l'occident colonial[10].

Par ailleurs, l'une des premières réactions à la Négritude venait de René

---

9. Gertrud Aub-Buscher, Noakes Berverly O., *The Francophone Caribbean Today : Literature, Language, Culture*, Kingston, University of the West Indies Press, 2003, p. vii.
10. Op.cit., p. 86.

Ménil[11], un contemporain et disciple de Césaire dans les années 1960. Il y opposait l'Antillanité qui se voulait une contre-école de pensée visant à dépasser le discours identitaire de la Négritude. Loin de se tourner vers l'Afrique comme socle sur lequel repose l'identité caribéenne, Ménil déclare que la culture antillaise n'est ni africaine, ni chinoise, ni indienne et pas plus que française, mais en dernière instance antillaise comme la résultante d'un syncrétisme combinant toutes ces origines qui viennent des quatre coins de la terre, sans pour autant être ni l'une ni l'autre. Accueillie avec enthousiasme par Édouard Glissant et al; cette conception de l'identité est plutôt liée aux seuls espaces géopolitiques caribéens qu'à la race ou aux origines ethniques. Mais se profilant dans le sillage de l'Antillanité, trois autres martiniquais dont Jean Barnabé, Patrick Chamoiseau et Raphaël Confiant, se constituent en une nouvelle école qu'ils dénomment Créolité. Dans le prologue à leur manifeste de l'*Éloge de la Créolité*, ils déclarent : « Ni Européens, ni Africains, ni Asiatiques, nous nous proclamons Créoles[12] ». Pour compléter les avancées de leur prédécesseur Ménil, ils précisent :

> L'Antillanité ne nous est pas accessible sans vision intérieure. Et la vision intérieure n'est rien sans la totale acceptation de notre créolité. Nous nous déclarons Créoles. Nous déclarons que la Créolité est le ciment de notre culture et qu'elle doit régir les fondations de notre antillanité. La Créolité est l'agrégat *interactionnel* ou *transactionnel*, des éléments culturels caraïbes, européens, africains, asiatiques, et levantins, que le joug de l'histoire a réuni sur le même sol. Pendant trois siècles, les îles et les pans de continent que ce phénomène a affectés, ont été de véritables forgeries d'une humanité nouvelle, celles où langues, races, religions, coutumes, manières d'être de toutes les faces du monde, se trouvent brutalement déterritorialisées, transplantées dans un environnement où elles durent réinventer la vie[13].

Tout en critiquant la vision essentialiste et limitée de la Négritude césairienne,

---

11. Ibid., p. 138, 253.
12, *Éloge de la créolité*, p. 13.
13. Ibid., p. 26.

et dépassant l'Antillanité de Ménil, puisqu'elle se limite au seul processus d'américanisation des différentes ethnies constituant l'archipel antillais, les tenants de l'école de la Créolité dédient l'Éloge au père et précurseur Césaire, spécialement à Glissant et à Franketienne d'avoir été les premiers à explorer pour les nouvelles générations et à fournir l'outil premier de la *vision intérieure* de la créolité, cette démarche de se connaître à travers leurs romans *Malemort* et *Dézafi* en 1975[14]. Par contre, les créolistes, admettant l'étroitesse de leur spécificité, préfigurent le Tout-monde de Glissant en proposant, pour vivre le monde, une créolité plus complexe :

> C'est par la créolité que nous cristalliserons l'Antillanité, ferment d'une civilisation antillaise. Nous voulons penser le monde comme une harmonie polyphonique : rationnelle/irrationnelle, achevée/complexe, unie/diffractée... La pensée complexe d'une créolité elle-même complexe peut et doit nous y aider. La créolité exprimée frémit de la vie du Tout-monde, c'est le Tout-monde dans une dimension particulière, et une forme particulière du Tout-monde[15].

Dans cette évolution et rupture paradigmatique de la différence sur la quête identitaire, comment la créolisation en tant que processus du monde telle qu'explicitée dans la notion de Relation et de Tout-monde de Glissant permet-elle de repenser l'identité en général ou de sortir de l'impasse des modèles d'identités fermées ou limitées résumés précédemment ? Ce ne sera pas un simple pari puisque comprendre la philosophie glissantienne exige un effort gigantesque d'abstraction. Glissant est un guerrier de l'imaginaire et un écrivain prolifique qui s'est essayé à tous les genres et semblait s'en foutre de l'accessibilité de son œuvre en faisant de l'opacité son langage de prédilection. On peut entretenir des réserves légitimes sur son projet global, mais on ne saurait passer sous silence ce colosse de l'imaginaire dont l'œuvre mérite d'être étudiée avec en train et minutie. Cela dit, les travaux de Glissant ne sont jamais désintéressés. Ils sont toujours liés à un projet ou agenda littéraire de sa vision de la vie et du monde. On ne sait pas si c'est la théorie

---

14. Ibid., p. 23.
15. Ibid., p. 51.

qui précède l'œuvre ou vice-versa, mais les critiques semblent être unanimes à reconnaître l'unicité de son œuvre par rapport à son projet philosophique postcolonial de décoloniser la littérature et de faire la promotion du divers et de la différence. De son adhésion à l'antillanité avec son essai *Le discours antillais* par l'élucidation des diverses forces à l'œuvre dans les cultures antillaises de plantation jusqu'à sa plus récente théorie de la mondialité, il y a une ligne directrice et fondatrice, une constante qui unifie et oriente l'ensemble du parcours imaginaire de l'écrivain-philosophe. J'avoue ici une confession en lien à ma formulation de départ comme si la pensée archipélique de Glissant se veut l'aboutissement dans le cheminement de son aventure théorique. La notion d'archipel est, même si elle demeure fondamentale dans l'armature ou l'univers théorique de Glissant, relativement dépassée ou améliorée par les concepts de Tout-monde ou mondialité.

Glissant est obsédé par les notions de réseau, de connexion, d'interdépendance, de pluralité, de chaos, de tourbillon, de rhizome, de multiplicité, d'hétérogénéité, d'inattendu, d'imprévisible, de divers, de galaxie, de différence, de trans, de relation en les opposant à l'unité (oneness), l'harmonie, l'universel, l'Occident, à l'hégémonique, au centre, au semblable, au même, à la racine, à l'absolu. La poétique glissantienne vise à reformuler une nouvelle connaissance de la réalité qui réfuterait l'absolu ontologique en s'attaquant aux fantasmes de l'universalisation et de l'occidentalisation de la pensée, de la culture et de toutes leurs ramifications. D'entrée de jeu, d'après Glissant[16], l'archipel c'est la mise en relation des groupes d'îles. Dans sa vision ou pensée archipélique, l'île antillaise ne s'appréhende pas comme une figure de séparation et d'isolement, mais de lieu et de relation. L'insularité prend un tout autre sens avec lui, l'île est loin d'être un enfermement mais une ouverture, chaque île se projette dans l'autre. Mais cette pensée est mieux explicitée par l'auteur lui-même dans *Poétique de la relation* :

> La pensée archipélique convient à l'allure de nos mondes. Elle en emprunte l'ambigu, le fragile, le dérivé. Elle consent à la pratique du détour, qui n'est pas fuite ni renoncement. Elle

---

16. Édouard Glissant, *Le discours antillais*, Paris, Gallimard, 1997, pp. 426-427.

> reconnaît la portée des imaginaires de la Trace, qu'elle ratifie. Est-ce là renoncer à se gouverner ? Non, c'est s'accorder à ce qui du monde s'est diffusé en archipels précisément, ces sortes de diversités dans l'étendue, qui pourtant rallient des rives et marient des horizons. Nous nous apercevons de ce qu'il y avait de continental, d'épais et qui pesait sur nous, dans les somptueuses pensées de système qui jusqu'à ce jour ont régi l'Histoire des humanités, et qui ne sont plus adéquates à nos éclatements, à nos histoires ni à nos non moins somptueuses, errances[17].

On voit ici toute son affirmation et admission de la non-linéarité de la pensée des cultures-monde en opposition à la chronologie occidentale qui se veut rationnelle, rectiligne et linéaire. « La pensée archipélique, nous dit Glissant, est plutôt non systématique, intuitive, explorant l'imprévu de la totalité-monde et accordant l'écriture à l'oralité et l'oralité à l'écriture. Une autre forme de pensée plus intuitive, plus fragile, menacée mais accordée au chaos du monde et à ses imprévus, ses développements, arcboutée peut être aux conquêtes des sciences humaines et sociales mais dérivée dans une vision poétique et de l'imaginaire du monde[18] ».

Dans cette approche, Glissant oppose la pensée archipélique à la pensée continentale à cause de sa propension naturelle à la conquête et son aveuglement à nier le divers. Par un paradoxe fortuit ou en tant qu'aporie inhérente à tout système qui crée des antagonismes comme alternatives indispensables à son propre renouvellement, l'Occident qui n'a jamais tout exterminé a permis sans le vouloir à d'autres possibilités de s'émerger dans le même espace qu'il contrôle et occupe. Les empires d'Occident ont eux-mêmes créé les diversités qu'ils nient. D'où l'archipélisation comme projet d'humanisation du continent. Glissant explique ce processus en ces termes :

> Les continents s'archipélisent, elles se constituent en régions par-dessus les frontières nationales. Il y a des régions qui se

---

17. Édouard Glissant, *Traité du Tout-monde, Poétique IV*, Paris, Gallimard, 1997, p. 31.
18. Édouard Glissant, *Introduction à une poétique du divers*, Paris, Gallimard, 1996, p.43.

> détachent et qui culturellement prennent plus d'importance que les nations enfermées dans leurs frontières (Introduction, p. 136) [...] La pensée des continents est de moins en moins dense, épaisse et pesante et la pensée des archipels de plus en plus écumante et proliférante. Et je crois que c'est un terme qu'il faut rétablir dans sa dignité, le terme de région. L'Europe s'archipélise. Les régions linguistiques, les régions culturelles, par-delà les barrières des nations, sont des îles, mais des îles ouvertes, c'est leur principale condition de survie[19].

La multiplicité est au cœur même de l'unité de la diversité que Glissant définit ainsi : « La diversité est la façon unique et innombrable de figurer le monde et rallier ses peuplants, sa multiplicité est le principe en effet de son unité. De l'infinité des lieux du monde, jadis les humanités ont cherché, d'une infinité de manières, à retrouver la liaison magnétique[20] ». Ce constat des Antilles comme le laboratoire du monde ou le lieu de la pensée archipélique trouve écho chez d'autres penseurs et écrivains caribéens, entre autres, Benito-Rovez dans *Repeating Islands*, l'historien jamaïcain E. Kamau Brathwaite, ou le saint-lucien Dereck Walcott. Cependant, il ne faut pas voir dans les différentes notions utilisées ou réinventées par Glissant une opposition ou antinomie, mais plutôt une complémentarité où la plus récente clarifie, nuance, complète la précédente. Tels sont les cas du Tout-monde et de la mondialité ou Totalité-monde. L'archipel est l'aspect structurant indispensable du Tout-monde par la mise à dos du semblable et du divers, de l'Histoire et des histoires, de la linéarité et de la circularité, de l'hégémonie et de l'hétérogénéité, de l'harmonie et du chaos, etc. Ainsi, le conte antillais, argue Glissant, procède par accès sacrilèges. Il agresse le sacré du signe écrit et balise une histoire déportée par l'édit et la loi. Il est donc anti-édit et anti-loi, c'est-à-dire l'anti-écriture[21]. Dans la vision poétique de Glissant, le Tout-monde c'est la mangrove des pluralités ou la pluralité des mondes à l'intérieur du même espace. Il s'agit là de renoncer aux valeurs d'origine et de s'ouvrir sur un sens inédit de la mise en rapport ou de relation[22]. Ainsi appréhendée, la Relation

---

19. Ibid., p. 44.
20. Édouard Glissant, *Une nouvelle région du monde*, Paris, Gallimard, 2006, pp. 36-37.
21. Édouard Glissant. *Le discours antillais*, Paris, Gallimard, 1997, p. 262.
22. Ibid, p. 43.

n'est moins la juxtaposition de deux ou des points ou entités mais plutôt un contre-récit qui raconte la perspective des subalternes, des mondes pluriels exténués, niés et bâillonnés par les cinq siècles de guerres d'agression et d'extermination des empires occidentaux. Le même et le divers ne sont pas pour ainsi antinomiques mais ils se cohabitent tout en s'ignorant. La Relation s'insurge contre l'Histoire avec un grand H, qui n'est autre une totalité suspecte qui exclut, selon Glissant, les histoires non concomitantes de celle de l'Occident[23]. Ériger les différences en valeur suprême par opposition à la fausseté et aux visés assimilationnistes de l'universalité telle est la démarche processive du Tout-Monde. Et face aux turbulences planétaires actuelles, dues à la réémergence des systèmes totalitaires, qu'adviendra- t-il de l'Occident s'il ne s'ajuste pas aux exigences du divers et de la différence ? « L'archipel, s'exclame Brigitte Dodu, demeure bel et bien le seul antidote, la seule formule salvatrice en vertu de l'antagonisme spatial qui l'oppose au principe de l'empire, fondamentalement organisé autour d'un centre[24] ». L'archipel, poursuit-elle, est même, aujourd'hui, le salut involontaire des grandes nations et puissances politiques dotées d'un potentiel impérialiste. Le Tout-monde c'est notre avenir, aimait répéter Glissant. Il y croyait de toutes ses convictions, et c'était ça tout son pari et combat littéraires. Glissant est l'un des rares romanciers-essayistes à développer une théorie du roman qui lui est propre. Chacun de ses textes se veut une façon d'appliquer ou d'illustrer ses concepts de relation, de créolisation ou de Tout-monde en relatant (du verbe relater = Relation) la vision du monde, la conscience de l'autre. Les études sur l'œuvre de Glissant sont légion et les lecteurs peuvent facilement s'enquérir de la critique pour s'initier à la généalogie de sa poétique depuis ses textes d'initiation à ceux qui attestent la maturité ou le couronnement de son parcours. Chacun de ses essais et romans en particulier fournit une nouvelle lisibilité sur sa pensée matrice, la pensée rhizome dont il ne cesse de nous abreuver à l'intérieur des cinq dernières décennies jusqu'à sa mort en 2011. L'un des textes fictionnels qui illustrent sa poétique du Tout-monde (concept et essai) est bien son roman éponyme *Tout-monde* qui se penche sur l'oralité

---

23. Ibid., p. 243.
24. Voir : « Mondialité ou mondialisation? Le Tout-monde et le Tout-empire », Les Cahiers du GEPE, Mondialité/Mondialisation. Prière de vous référer à la bibliographie pour la référence intégrale et l'accès au texte.

écrite de la tradition caribéenne à travers Longoué, le quimboiseur et figure emblématique des traces et de la mémoire globale, et une multiplicité de personnages, de situations et d'horizons inattendus. La saga de la famille Longué qui remonte à *La Lézarde*, de par le temps cyclique, les spécificités narratives et thématiques de l'histoire et de la culture caribéennes, et l'opacité du texte, rappelle celle des Buendia du petit village de Macondo de *Cent ans de solitude* de Gabriel Garcia Márquez. Il s'agit ici pour faire bref du récit des lieux communs qui sont porteurs d'histoires des humanités. Un nombre impressionnant de personnages pullulent l'univers du roman et accompagnent les pérégrinations de Mathieu Béluse, parleur et poète, ainsi que Raphaël Targin, ancien étudiant et soldat dans la quête de l'errance (monde) afin d'explorer le tout-monde à travers la parole de Mathieu Béluse. *Tout-monde* n'a pas de lieu fixe et d'origine ni lieu d'arrivée. Il n'a que des visés globaux à travers le temps et l'espace comme le veut la figure du rhizome qui se trouve toujours *au milieu, entre-être, intermezzo. L'arbre est filiation, mais le rhizome est alliance, uniquement alliance*[25]. Glissant nous en donne une illustration à travers Mathieu, dans une réplique à Pino :

> Vois-tu, Pino, les méduses nagent partout dans le monde, elles choisissent les endroits où les enfants tournent autour d'elles, les méduses n'ont pas de pays d'origine, elles ne préfèrent ni les mers chaudes ni les eaux grises, ni les fonds en abîme ni les écumes qui tournent dans l'air[26].

Et le narrateur interfère pour préciser la pensée de Mathieu en ajoutant « qu'il n'y avait plus de centre d'où l'on partirait vers d'étranges et fantômales périphéries ». Il y a à l'évidence un souci conscient d'établir ou de nouer des relations dans ces différents lieux communs. Conscient de l'enjeu théorique du *Tout-monde* et des rôles assignés à chaque personnage, Glissant rappelle son lectorat à embrasser et à valoriser le chaos à travers la voix de Mathieu :

> Délétères, hein? Dit Mathieu. D'accord, je vous suivrai sur ce chemin. Fermez les yeux et imaginez la route. La profondeur de

---

25. Gilles Deleuze et Guattari Félix, *Capitalism and Schizophrenia*, Minneapolis, University of Minnesota Press, 1983. p. 25.
26. Édouard Glissant, *Tout-monde*, Paris, Gallimard, 1993, p. 26.

> la terre est dans son étendue, et sa hauteur chemine. Non, non, allez, n'ouvrez pas les yeux, imaginez toujours. La terre est un Chaos, le Chaos n'a ni haut ni bas, et le Chaos est beau[27].

Ainsi, il rend hommage aux philosophes des Mille Plateaux, Deleuze et Guattari pour avoir établi la prescience du Tout-monde (la métaphore du rhizome et la Relation) dont il s'est inspiré pour la mise en récit de son roman *Tout-monde* :

> De cette verticalité à cette étendue, Mathieu pour sa part avait tâché de marquer la relation, (même si à ce moment il ne fréquentait qu'en imagination et par pressentiment la spectaculaire poussée de la pensée du rhizome, et même s'il s'était méfié alors de ce que la pensée du banian recouvrait,) et c'était par la présence du figuier maudit des campagnes martiniquaises. Le figuier-maudit, un banian qui fouillait des espaces interdits dans toutes les histoires maudites, qui déracinait dans les temps écoulés ou à venir, là où les sortilèges nouaient leurs bagages et leurs envoûtements. Banians, rhizomes, figuiers-maudits. La même désordonnance du chaos, sous des espèces identiques et dissemblables[28].

Tout-monde est une vibrante réflexion philosophique sur notre humanité dans lequel Glissant à travers un mélange d'essai et de fiction et d'intertextes nous force à repenser l'identité et notre rapport au monde. C'est une poétique de tous les voyages possibles de l'imaginaire. C'est le roman de la créolisation ou de relation de Glissant. Les personnages du *Tout-monde*, comme il l'indique sur la quatrième de couverture : « sont le sel de la diversité. Ils ont dépassé les limites et les frontières, ils mélangent les langages, ils déménagent les langues, ils transbahutent, ils tombent dans la folie du monde, on les refoule et les exclut de la puissance du Territoire mais, ils sont la terre elle-même, ils vont au-devant de nous, ils voient, loin devant, ce point fixe qu'il faudra dépasser une fois encore[29] ».

---

27. Ibid., p. 54.
28. Ibid., p. 56.
29. Voir Tout-monde, ainsi que le note l'éditeur sur la quatrième de couverture.

Pour ne pas conclure ce bref survol, relisons un extrait des propos du personnage central Mathieu Béluse dans le *Traité du Tout-monde*, Livre II que Glissant insère à dessein dans son roman *Tout-monde* pour en finir avec les questions du lieu d'origine, de l'identité à racines fixes :

> Il est incontournable. Mais si vous désirez de profiter dans ce lieu qui vous a été donné, réfléchissez que désormais tous les lieux du monde se rencontrent, jusqu'aux espaces sidéraux. Ne projetez plus dans l'ailleurs l'incontrôlable de votre lieu. Concevez l'étendue et son mystère si abordable. Ne partez pas de votre rive comme pour un voyage de découverte ou de conquête. Laissez faire au voyage. Ou plutôt, partez de l'ailleurs et remontez ici, où s'ouvrent votre maison et votre source. Circulez par l'imaginaire, autant que par les moyens les plus rapides ou confortables de locomotion. Plantez des espèces inconnues et faites se rejoindre les montagnes. Descendez dans les volcans et les misères, visibles et invisibles. Ne croyez pas à votre unicité, ni que votre fable est la meilleure, ou plus haute votre parole. – Alors, tu en viendras à ceci, qui est de très forte connaissance : que le lieu s'agrandit de son centre irréductible, tout autant que de ses bordures incalculables[30].

Voilà une pensée jouissive et profonde aux amants de l'imaginaire à ressasser comme antidote aux résurgences des idéologies conservatrices d'extrême droite qui entendent bloquer et obstruer la circulation des humains au-delà des frontières nationales. Motivés par la peur de l'autre, le fantasme de la pureté et de tous les avatars de la race et de l'unicité, les États des empires modernes ont plus à gagner à s'inspirer de la complexité du chaos-monde, de la relation, de la totalité du monde qui offre le spectacle de la rencontre des humanités. Car, c'est la posture de l'Occident comme projet depuis le quinzième siècle, dans son avidité pour les profits, le contrôle et l'accumulation des richesses, qui empêche ainsi les rencontres libres des peuples et le dialogue des histoires, et du même coup engendre le terrorisme comme réaction à l'universel, au

---
30. Ibid., p. 29.

centre et à l'Histoire à grand H. Mais plus d'un diront que Glissant fabrique et cultive l'utopie, car les États-déporteurs s'en foutent pas mal de ces randonnées littéraires et imaginaires. J'adhère à deux mains à ce sentiment, mais il s'agit aussi d'une utopie utile et indispensable pour les guerriers de l'imaginaire. Charles le Téméraire nous a laissé en héritage la pensée suivante : « point n'est besoin d'espérer pour entreprendre ni réussir pour persévérer », rêvons avec Glissant, car sa poétique participe sans doute d'une histoire où le pouvoir de l'imagination prendra bientôt sa place. Dans la même veine, il était convaincu qu'Obama incarnait une sorte de vision prophétique de la condition du monde au point qu'il lui souhaitait en tandem avec Chamoiseau « bonne chance en Relation, monsieur » dans une adresse à l'ancien président qu'ils intitulent *L'intraitable beauté du monde*. Les auteurs de l'*Éloge de la Créolité* ont bien fait d'inaugurer leur Manifeste avec cette pensée de V. Segalen : « C'est par la différence et dans le divers que s'exalte l'Existence. Le Divers décroît. C'est là le grand danger[31] ».

Claudy DELNÉ, Ph.D.

---

31. Voir les paratextes de l'*Éloge de la Créolité*, p. 11.

Bibliographie

AUB-BUSCHER, Gertrud, and BEVERLEY O. Noakes, *The Francophone Caribbean Today: Literature, Language, Culture*, Kingston, University of the West Indies Press, 2003.

BERNABÉ, Jean, PATRICK Chamoiseau, RAPHAËL Confiant–, MOHAMED B. Taleb-Khyar, *Éloge de la créolite´: Édition bilingue français-anglais – in Praise of Creoleness*, Paris, Gallimard, 1993.

BRATHWAITE, K. Edward, «The African Presence », *Caribbean Literature. Daedalus, Slavery, Colonialism, & Racism*, vol. 103.2, 1974, pp. 73-109.

COLLECTIF, *Caraibes : Un Monde À Partager – El Caribe: Un Mundo por descubrir – The Caribbean : a World to Share*, Paris, Culture Sud, 2008.

DELEUZE, Gilles, and FÉLIX Guattari, *Capitalism and Schizophrenia*, Minneapolis, University of Minnesota Press, 1983.

DEPESTRE, René, *Bonjour et adieu à la négritude*, Paris, Seghers, 1989.

DODU, Brigitte, «Mondialité ou mondialisation? Le Tout-monde et le Tout-empire». *Les Cahiers du GEPE*, Mondialité/Mondialisation, Strasbourg: Presses universitaires de Strasbourg,
URL : http://www.cahiersdugepe.fr/index.php?id=1826 , Consulté le 26 avril 2017.

GLISSANT, Edouard, *Le Discours Antillais*, Paris, Gallimard, 1997.

---, *Monsieur Toussaint* (1959), Paris, Gallimard, 1998.
---, *Tout-monde*, Paris, Gallimard, 1993.

---, *Traité du Tout-monde. Poétique IV*, Paris, Gallimard, 1997.

---, *Introduction À Une Poétique Du Divers*, Paris, Gallimard, 1996.

---, *Une nouvelle région du monde, Esthétique 1*, Paris, Gallimard, 2006.

KESTELOOT, Lylian, *Anthologie Négro-Africaine*, Paris, EDICEF, 1991.

PRICE-MARS, Jean, *Ainsi parla l'oncle : Essais d'ethnographie*, Port-au-Prince, Imprimeur II, 1998.

SOUFFRANT, Claude, *Sociologie Prospective D'Haïti*, Montréal, CIDIHCA, 1995.

TIRTHANKAR, Chanda, "Édouard Glissant : Le Tout-Monde est la nouvelle condition des littératures," *RFI*. RFI, 03 Février 2011. Consulté le 23 avril 2017.

Pour citer cet article :

Claudy DELNÉ, « La pensée archipélique face à la résurgence de l'extrême droite américaine ou du monde : du négrisme, de l'antillanité, de la créolité à la pensée archipélique », *Revue Legs et Littérature*, 2017 | no. 9, pp. 133-151.

Langues et cultures en Haïti : la place du créole dans la littérature

Ancienne élève de l'École Normale Supérieure de Port-au-Prince, Mirline Pierre détient un Master I en Langages, Cultures et Sociétés en milieu plurilingue de l'Université des Antilles (UA). Elle prépare un Master 2 en Lettres Modernes et Études culturelles à l'Université Jean Monnet Saint-Étienne. Auteur de deux biographies (Je découvre... Dany Laferrière, 2014 et Je découvre... Charlemagne Péralte, 2016), et co-auteure des 50 livres haïtiens cultes qu'il faut lus dans sa vie (2014), elle a publié de nombreux articles dans des journaux et revues. Son travail de recherche porte s'intitule "Famine et pauvreté chez Marie Vieux-Chauvet. De la déshumani-sation à la construction du pouvoir dictatorial".

Résumé

Cet article entend soulever la question portant sur l'emploi/la représentation de la langue créole dans la production littéraire haïtienne. La littérature haïtienne, à son début, était une littérature purement d'expression française, c'est-à-dire une littérature où la prédominance de la langue française était prégnante par rapport à la langue maternelle, le créole, langue parlée par la majorité des haïtiens. Ce fait a duré plus d'un siècle dans l'histoire littéraire d'Haïti avant l'apparition des premiers textes créoles. Quels sont les impacts de la langue créole dans notre littérature ? Quels sont les risques encourus par un écrivain lorsqu'il a choisi d'écrire dans sa langue maternelle ? Qui lisent la production littéraire créolophone haïtien ?

Mots clés

Langue, Littérature, langue créole, Haïti, culture.

LANGUES ET CULTURES EN HAÏTI : LA PLACE DU CRÉOLE DANS LA LITTÉRATURE

Haïti naît en 1804 avec l'indépendance. À partir de cette date commencent aussi les premiers balbutiements d'une culture et d'une littérature qui se veulent haïtienne. C'est une littérature qualifiée de littérature de la résistance car les premiers textes de nos écrivains[1] avaient pour but de défendre la patrie contre toute éventuelle retour des Français. C'est donc une littérature de combat et d'engagement. Il suffit de lire les textes de ces écrivains, qui ont été pour la plupart des poètes[1] pour s'en rendre compte.

À lire la littérature haïtienne, de la période dite pionnière jusqu'à la période contemporaine, on verra que le créole n'y occupe pas une forte présence. Ce qui nous amène à nous interroger sur la place et la représentation de cette langue dans la production. Quels sont les risques encourus par les écrivains qui choisissent d'écrire en créole ? Qui lit les rares textes publiés en créole ? Quelles sont les maisons d'édition qui publient des textes en créole ? Jusqu'à présent, on ne peut pas nier les différents efforts accomplis par des institutions et des chercheurs travaillant la culture, particulièrement sur la langue créole

---

1. Il s'agit des premiers poètes de la première période de la littérature haïtienne. Antoine Dupré, Jules Solime Milscent, François Romain Lhérisson, Hérard Dumesle, Juste Chanlatte, Jean-Jacques Romane. Tous ces poètes, à l'exception de Milscent, ont chanté l'épopée nationale ou les prouesses des héros. À côté, il y a les historiens dont Boisrond Tonnerre et Baron de Vastey.

depuis ces dix à quinze dernières années en vue de la propulser au-devant de la scène et de la rendre égale aux autres langues, notamment le français. Mais, on ne peut nier aussi que le créole a été longtemps l'objet de toutes formes de discrimination et de préjugés auprès des francophones.

1804 : une littérature de combat en langue française

Comme mentionné plus haut, l'année 1804 marque la naissance d'Haïti et du coup sa littérature. Quoique s'agissant d'une littérature qui se cherche, elle a vu tout de même naître des écrivains qui se sont donné pour objectif de chanter la liberté fragile, célébrer l'indépendance. Dans la chute de son poème "Hymne à la liberté", Antoine Dupré, l'un des premiers écrivains de la littérature haïtienne, invite ses compatriotes à la vigilance et à se montrer sans pitié envers les colonisateurs, si un jour, ils arrivent à remettre les pieds sur le sol :

> Si quelques jours sur tes rives
> Reparaissent nos tyrans
> Que leurs hordes fugitives
> Servent d'engrais à nos champs[2]

Pour sa part, Juste Chanlatte, un autre poète de cette même période, a écrit toute une "Ode à l'indépendance" pour saluer la vaillance des combattants et le fruit de la liberté qu'il considère comme une vraie conquête.

> L'Aurore du jour radieux,
> Où notre valeur immortelle
> S'affranchit d'un joug odieux [...]
> Chantons, élevons jusques aux cieux
> Cette conquête solennelle...[3]

Ces textes exprimaient l'attachement de ces auteurs à la patrie, leur amour à

---

2. Antoine Dupré, « Hymne à la liberté », Pradel Pompilus et Raphaël Berou, *Manuel illustré d'Histoire de la littérature haïtienne*, Port-au-Prince, Henri Deschamps, 1961, p. 61.
3. Juste Chanlatte, « Un fifre », Pradel Pompilus et Raphaël Berou, *Manuel illustré d'Histoire de la littérature haïtienne,* Port-au-Prince, Henri Deschamps, 1961, p. 21.

l'égard de tel dirigeant haïtien de l'époque ou leur rejet de l'occupation, ce qui fait parfois l'on parle même d'une littérature à caractère courtisan ou partisan. Qualifiés de pseudo-classiques par les critiques et les historiens de la littérature, ces écrivains ont utilisé la langue française comme moyen d'expression de leurs sentiments et des réalités de l'heure.

C'est dans cette langue, la langue de l'ancienne métropole, donc des colons, qu'ils ont transcris toutes leurs aspirations en tant que peuple libre et indépendant. Ces écrivains, pour la plupart d'entre eux, avaient une formation de base ou universitaire en Europe plus précisément en France, ils n'avaient pas d'autre choix que d'écrire dans la langue du colonisateur, c'était leur langue d'une certaine manière. D'ailleurs, l'état haïtien avait admis que le français était la langue de la grande administration privée ou publique.

En dépit du fait qu'aux temps de la colonie, écrit Maximilien Laroche, « le commissaire Sonthonax délégué de la Convention, et le premier consul Bonaparte n'hésitèrent pas à rédiger en langue créole leurs proclamations au peuple de Saint-Domingue[4] », après l'indépendance, le français est vite devenu la langue adoptée par les intellectuels de l'époque. « Qu'elle soit écrite en haïtien ou en français, la littérature haïtienne prend sa source pendant la période coloniale (1600 à 1800) dans l'imitation d'un même modèle : le texte littéraire français[5] », souligne encore le critique Laroche. Le français, utilisé par les écrivains, n'a eu d'autre visée que d'exprimer les préoccupations haïtiennes. Il fallait se faire comprendre des autres puisqu'ils n'écrivaient pas pour eux seuls. Le créole avait été mystifié et mis en second rang par rapport au français.

Si l'on considère la périodisation proposée par Pradel Pompilus et Raphaël Berou[6] dans leur *Manuel illustré d'Histoire de la littérature Haïtienne*, à défaut de celle de Roger Gaillard qui n'est pas tout à fait différente, notre littérature commence avec les pionniers ou la littérature pseudo classique

---

4. Maximilien Laroche, *Littérature haïtienne : identité, langue, réalité*, Port-au-Prince, Mémoire, 1981, p. 22.
5. Ibid., p. 12.
6. Voir Wébert Charles, Mirline Pierre, Dieulermesson Petit Frère (dir.), *50 livres haïtiens cultes qu'il faut avoir lus dans sa vie*, Port-au-Prince, LEGS ÉDITION, pp. 5-6.

datant de 1804 à 1836. Les écrivains de cette période ont utilisé la littérature comme une expression de combat et de défense contre toute éventuelle attaque de nos ennemis extérieurs ou intérieurs après l'indépendance d'Haïti en 1804. La langue utilisée était le français, le créole était mis en arrière-plan. D'ailleurs, on pourrait même considérer que la littérature au commencement de son histoire était un medium pour communiquer avec l'étranger et non avec le peuple.

La deuxième et la troisième périodes qui portent essentiellement sur le romantisme haïtien (1836 à 1898) s'inscrivaient un peu dans la même démarche. À côté de la volonté de chanter la nature haïtienne, il s'agissait aussi de défendre la patrie et la race noire. Cette littérature qualifiée aussi de romantique avec encore l'utilisation de la langue française pour exprimer toute forme de sentiments personnels et dominée par des thèmes relevant de la poésie romantique (le moi, l'amour, la patrie, la mélancolie) fait souvent penser aux romantiques français. Des écrivains comme Ignace Nau, Coriolan Ardouin, Massillon Coicou, Oswald Durand et Tertullien Guilbaud se sont livrés tant dans la forme que dans le fond à une imitation des grands classiques et romantiques français de l'époque. Il sera ainsi de toutes les autres périodes jusqu'à l'époque indigéniste s'il faut s'en tenir à quelques particularités ou de la période contemporaine que Gaillard[7] désigne sous l'appellation de Nouveau chant humaniste.

Littérature créole ou littérature d'expression créole ?

S'appuyant sur les travaux du linguiste français André Martinet, le professeur et linguiste Hugues Saint-Fort souligne que :

> S'il est vrai qu'une langue est « aussi » un instrument de communication, elle est loin de n'être que cela. En effet, au-delà de ce simple outil de communication où certains persistent à l'enfermer, une langue se présente comme une succession de choses. D'abord, c'est le véhicule de la pensée. [...] Une langue, c'est aussi un moyen d'expression littéraire

---

7. Ibid., p. 6.

> [et] la littérature est « un mode particulier de vivre la langue »,
> [qui fait que cette dernière] est aussi une institution sociale[8].

Ainsi, la langue ne se définit pas uniquement en fonction de sa fonction de transmission de message, donc son aspect communicatif, mais aussi par le fait qu'elle socialise et maintient le lien social. Elle porte tout un ensemble de valeurs. Elle transmet et véhicule la culture. Et la littérature comme espace par excellence de transmission de cette culture ne peut exister en dehors de la langue (qu'elle soit écrite ou orale). Dans l'introduction de son livre intitulé *Littérature haïtienne*, Maximilien Laroche parlant de la Réforme du curriculum de l'école en Haïti, écrit :

> L'enseignement de la langue haïtienne que met en place la réforme de l'éducation aura certainement des répercussions sur l'évolution de la littérature haïtienne. On ne peut en effet entraîner les jeunes Haïtiens à lire et à écrire leur langue maternelle sans qu'il n'en résulte une augmentation des écrits donc de la littérature dans cette langue. Dès lors ne pourra que s'accentuer la dichotomie que signalait Louis Morpeau en 1925 dans son *Anthologie d'un siècle de poésie haïtienne* et qui lui faisait distinguer une muse d'expression française d'une muse d'expression créole. Elle ne pourra que s'accentuer et s'aggraver, donc se compliquer puisque si avec Morpeau dans le premier quart de ce siècle, on pouvait supposer qu'il existe deux littératures haïtiennes, à partir des années 60 surtout on peut se demander si au lieu de deux il ne faut pas parler de quatre littératures haïtiennes[9].

En effet, toute la production littéraire d'Haïti du dix-neuvième et de la fin du vingtième siècle est dominée par la langue française. Le français a été pendant longtemps la langue de production par excellence de la grande majorité des écrivains. Les quelques rares textes qui ont été répertoriés dans notre

---

8. Hugues Saint-Fort, « Ces langues qui nous divisent », *Haïti : questions de langues, langues en question*, Port-au-Prince, Éditions de l'Université d'État d'Haïti, pp. 43-44.
9. Maximilien Laroche, *Littérature haïtienne : identité, langue, réalité*, Port-au-Prince, Mémoire, 2002, p. 11.

littérature ne représentent pas grand-chose devant la masse de production en langue française. De toutes les périodes confondues, de la littérature pionnière à la littérature contemporaine, le créole n'a jamais été la langue privilégiée des écrivains haïtiens. « Le créole, affirme Christophe Philippe Charles, n'était pas considéré comme une langue. On l'évoquait en terme de "patois", de "dialecte" qui –de ce fait –ne pouvait se prêter à la littérature[10] ». Il a fallu donc un véritable combat pour imposer les textes écrits en créole, car « écrire en créole au 19e siècle tenait de l'héroïsme et de la superfantaisie[11] », poursuit le professeur et critique Christophe Philippe Charles. Ce dernier cite dans son article paru dans la revue *Conjonction*, d'autres auteurs ayant publiés des textes en créole entre autres Massillon Coicou ("Les reproches de Ti Yette" ; "Chef section" et un autre texte, "O zaut qu'apé souffri", retrouvé par l'historien Roger Gaillard et publié dans le *Nouveau Monde*), Henri Chauvet (auteur de "Macaque ak chien", pièce parue dans le journal *Zinglin*). S'il faut croire Christophe Charles, en l'espace de cent-cinquante ans, soit de 1804 à 1950, « la littérature haïtienne d'expression créole n'a produit qu'une dizaine d'œuvres, tandis que dans les dernières années (1954-1984), elle en a produit une cinquantaine (romans, essais, théâtres, contes et nouvelles), soit cinq fois plus pour cinq fois moins de temps[12] ».

Il a fallu la deuxième moitié du vingtième siècle avec la publication des textes de Félix Morisseau-Leroy (*Dyakout 1*, 1953 ; *Antigon et Wa kreyon*, 1953) et Franck Fouché (*Bouki nan paradi*, 1964) pour que le créole commence à avoir vraiment une place dans les lettres haïtiennes. En 1975, le premier roman créole de la littérature haïtienne, à savoir *Dezafi* de Frankétienne, voit le jour. D'où Maximilien Laroche a raison de souligner que la littérature haïtienne a été, de 1804 à 1950, une littérature d'expression française[13]. Donc le français a largement dominé la production littéraire jusqu'à la fin du vingtième siècle. Il

---

10. Christophe Philippe Charles, « Les pionniers de la littérature haïtienne d'expression créole », Kreyol/Le créole, *Conjonction*, nos 161-162, Port-au-Prince, Imp. des Antilles, 1984, p. 153.
11. Ibid., p. 154.
12. Ibid., p. 157. Les dates considérées par Christophe Philippe Charles se situent entre 1804 et 1954 pour une première tranche et la deuxième tranche de 1954 à 1984. C'est en fonction de l'année de parution de son travail de recherche. Aujourd'hui, en 2016, le nombre a considérablement évolué
13. Maximilien Laroche, « De l'oraliture à la littérature », *La littérature haïtienne, identité, langue, réalité*, Port-au-Prince, Mémoire, 2002, pp. 35-43.

y a eu bien sûr quelques textes produits dans la langue créole, certes ce n'était pas assez représentatif. On ne saurait passer sous silence le poème "Choucoune" d'Oswald Durand paru en 1896 dans son recueil *Rires et pleurs* qui est peut-être le premier texte créole[14] de la littérature haïtienne, puis le recueil de fables en créole *Cric-Crac* de Georges Sylvain en 1901. On pourrait même citer les deux audiences de Justin Lhérisson, *La famille des Pitite-Caille* et *Zoune chez sa ninnaine* dans lesquels l'auteur fait parler certains personnages en créole. Entre 1965 et 2012, Georges Castera[15] a publié près d'une vingtaine de recueils de poèmes en créole. La majeure partie de ses recueils ont été publiés à l'étranger avant d'être réédités en Haïti.

Pourquoi et pour qui écrire en créole ?

Considérant les divers travaux de Maximilien Laroche sur la littérature haïtienne, on pourrait affirmer que la littérature haïtienne est une littérature d'expression française. Née dans le contexte de l'imitation du texte littéraire français à la suite de l'indépendance d'Haïti en 1804, depuis cette date, « la littérature a été un effort fait pour exprimer à l'aide de la langue française les émotions ressentie en haïtien[16] », c'est-à-dire que la littérature haïtienne est une littérature expression française certes, la plupart des émotions, les sentiments qu'elle exprime reflète les aspirations du peuple.

De nos jours, on parle de plus en plus en Haïti de la nécessité de produire des textes en créole. À côté du regain d'intérêt de certains créateurs de produire des textes littéraires en créole, il y a aussi un désir manifeste de donner à la langue une autre place au sein de la société. C'est peut-être ce qui justifie la création de l'Académie créole haïtien en décembre 2014. Sur le plan éducatif, beaucoup d'efforts sont consentis par les responsables d'éducation pour et l'Académie pour donner une image plus positive du créole. En ce sens, un accord a été signé entre les deux institutions en Juillet 2015 en vue de faire la promotion du créole comme outil d'enseignement.

---

14. Bien sûr, il y a le poème « Lizèt kite Laplenn » de Duvivier de La Mahotière paru en 1750. Mais il date du temps de la colonie.
15. Voir le site d'île en île (http://ile-en-ile.org/castera/) pour avoir une idée de ses œuvres.
16. Maximilien Laroche, *La littérature haïtienne, identité, langue, réalité*, Port-au-Prince, Mémoire, 2002, p. 13.

Sur le plan littéraire, la production des textes en créole constituera un atout majeur dans la valorisation et la promotion de la langue. C'est un choix qui a ses bons côtés, mais en temps même, il est important de prendre en compte certains paramètres. Certains vous diront que choisir d'écrire dans la créole, donc la langue maternelle, implique beaucoup de risques comme la non-reconnaissance par le public francophone et le risque de ne pas bénéficier de prix littéraire et de ne pas être publié à l'étranger, en particulier en France. D'autres diront que l'écrivain risque de ne pas être lu, car les lecteurs créolophones ne sont pas nombreux, et la majorité de la population d'Haïti n'est pas scolarisée. Ici se pose un des problèmes majeurs soulevés par Sartre : le pour qui écrire ? Sur lequel, il faudrait certainement revenir.

Conclusion

Quoiqu'il apparaisse dans la constitution de 1987 que « tous les haïtiens sont unis par une langue commune : le créole », il n'est pas tout à fait vrai dans les faits. Car toujours est-il que « le français, écrit Léon François Hoffman, a toujours servi de barrière à la mobilité sociale ascendante en Haïti[17] ». Preuve que la question n'est jusqu'à présent résolue. Il y a toujours cette bataille rangée entre le créole et le français dans les différentes sphères de la société. Il existe de rares écrivains haïtiens qui ont choisi de produire dans leur langue maternelle. D'ailleurs choisir d'écrire dans sa langue implique beaucoup de risques comme la non-reconnaissance par le public francophone et aussi cela risque aussi de ne jamais bénéficier un prix littéraire et autres choses du même genre.

Mirline PIERRE, M.A.

---

17. Voir à ce sujet Léon-François Hoffmann, *Histoire littéraire de la Francophonie : Littérature d'Haïti*, Paris, EDICEF, 1995, pp. 33-42.

Bibliographie

CHANLATTE, Juste, « Un fifre », Pradel Pompilus et Raphaël Berou, *Manuel illustré d'Histoire de la littérature haïtienne*, Port-au-Prince, Henri Deschamps, 1961, p. 21.

DUPRÉ, Antoine, « Hymne à la liberté », Pradel Pompilus et Raphaël Berou, *Manuel illustré d'Histoire de la littérature haïtienne*, Port-au-Prince, Henri Deschamps, 1961, p. 61.

CHARLES, Christophe Philippe, « Les pionniers de la littérature haïtienne d'expression créole », Kreyol/ Le créoles, *Conjonction*, nos 161-162, Port-au-Prince, Imp. des Antilles, 1984, pp. 153-158.

CHARLES Webert, PIERRE Mirline, PETIT-FRERE Dieulermesson (dir), *50 livres haïtiens cultes qu'il faut avoir lus dans sa vie*, Port-au-Prince, LEGS EDITION, 2014.

Constitution de la république d'Haïti, Port-au-Prince, 1987.

DURAND, Oswald, *Poèmes choisis*, Port-au-Prince, LEGS EDITION, 2016.

---, *Rires et pleurs* [1896], Port-au-Prince, Presses nationales d'Haïti, 2005.

FOUCHÉ, Franck, *Bouki nan paradi*, Port-au-Prince, 1964.

Franketienne, *Dezafi*, Port-au-Prince, Fardin, 1975.

GAILLARD, Roger, « L'indigénisme haïtien et ses avatars », L'indigénisme, *Conjonction*, #197, Port-au-Prince, Imp. des Antilles, 1993, pp. 9-26.

HOFFMANN, Léon-François, *Histoire littéraire de la Francophonie : Littérature d'Haïti*, Paris, EDICEF, 1995.

LAROCHE, Maximilien, *La littérature haïtienne : identité, langue, réalité* [1981], Port-au-Prince, Mémoire, 2002.

---, *L'avènement de la littérature haïtienne* [1981], Port-au-Prince, Mémoire, 2001.

LHÉRISSON, Justin, *La famille des Pitite-Caille* [1905], Port-au-Prince, Presses nationales d'Haïti, 2005.

---, *Zoune chez sa ninnaine* [1906], Port-au-Prince, Presses nationales d'Haïti, 2005

MORISSEAU-LEROY, Félix, *Dyakout 1*, Port-au-Prince, Henri Deschamps, 1953.

---, *Antigòn*, Port-au-Prince, Port-au-Prince, Henri Deschamps, 1953.

---, *Wa kreyon*, Port-au-Prince, Libète, 1977.

POMPILUS, Pradel ; BEROU, Raphaël, *Manuel illustré d'histoire de la littérature haïtienne,* Poart-au-Prince, Henri Deschamps, 1961.

SAINT-FORT, Hugues, *Haïti : questions de langues, langues en question*, Port-au-Prince, Éditions de l'Université d'État d'Haïti, 2011.

SARTRE, Jean Paul, *Qu'est-ce que la littérature ?* Paris, Gallimard, 1948.

SYLVAIN, Georges, *Cric-Crac*, [1901], Port-au-Prince, Presses nationales d'Haïti, 2005.

Pour citer cet article :

Mirline PIERRE, « Langues et cultures en Haïti : la place du créole dans la littérature », *Revue Legs et Littérature*, 2017 | no. 9, pp. 153-164.

L'archipel caribéen : entre désancrages géographiques et désencrages littéraires

Audrey Debibakas est docteure en littérature et civilisation française de l'Université Sorbonne-nouvelle, Paris 3. Elle travaille sur les thématiques de géographie littéraire et sur l'invisible et l'indicible de la mémoire dans l'espace caribéen. Elle est actuellement professeure contractuelle à l'université de Guyane, où elle enseigne la littérature française et francophone.

Résumé

Dans le contexte caribéen, le lieu relève d'une conception particulière. Pour les écrivains, trouver une terre d'implantation paraît impossible même si cette démarche est essentielle dans la constitution du mythe du lieu originel, berceau de l'identité pour un peuple en mal d'ancrage. Cette aporie place le poète dans une dialectique espace/identité, dedans/dehors, qui ouvre infiniment son concept de lieu. L'archipel caribéen est à percevoir comme une façon de retrouver et rassembler les morceaux d'histoires, de mémoires. La Traite est proprement un « parler indicible » et ne donne lieu à aucun récit. C'est donc sur ce fond d'absence de mythe et d'épopées que s'inscrit l'œuvre d'Édouard Glissant La Case du commandeur. *Elle tente de retranscrire la dimension lacunaire fragmentée, mettant en avant une pensée du vide, de l'absence et de l'indicible. Le « non-monde » initial laisse la place à l'émergence de l'indicible et l'invisible des mémoires et des histoires oubliées par l'acte d'écriture. Non contente d'en décrire la vacance, le roman transforme la béance géographique, historique et mémorielle en atout littéraire et poétique. Ce qui était une carence pourrait s'avérer aujourd'hui un atout pour la pensée et, paradoxalement pour la création littéraire*

Mots clés

Caraïbe, identité, insularité, mémoire, histoire

L'ARCHIPEL CARIBÉEN : ENTRE DÉSENCRAGES GÉOGRAPHIQUES ET DÉSENCRAGES LITTÉRAIRES

Introduction

La littérature caribéenne est souvent travaillée par l'Histoire dans la mesure où celle-ci se donne à voir comme un projet qui interpelle l'écrivain. L'arrachement brutal que constitue la traite, l'impossibilité de rassembler les miettes éparpillées des récits de révoltes et de résistances combinés à l'émiettement géographique ont abouti à l'émergence d'une unité diffractée sous forme de traces, de pulsions et d'élans mais qui se traduit aussi et essentiellement par la présence douloureuse du manque. Le passé antillais renvoie dans un premier temps à un raturage de la mémoire collective qui nécessite fouilles, restructuration et dévoilement. La notion d'archipel revêt un caractère particulier dans le contexte caribéen. Il y a une différence entre le déplacement – exil ou dispersion – d'un peuple qui se continue ailleurs et le *transbord* (la Traite) d'une population qui ailleurs se change en autre chose, qui transmute. La décolonisation passe par une reconquête géographique et un désenclavement. Désormais la convergence de l'histoire des îles de l'archipel propose la transversalité : c'est justement l'idée d'émiettement et de poussière d'îles qui illustre le mieux le projet de la Relation, telle qu'elle est définie par Édouard Glissant, cercles-spirales d'ouverture et de dépassement. Car, pour les écrivains, la résolution de la névrose ne se trouve pas dans une fermeture compacte qui oppose à l'Autre la rigidité et l'enracinement, mais plutôt dans une présence du fragment. Aujourd'hui, l'Histoire caribéenne doit être lue, dès le premier navire négrier, comme une mise en relation archipélique où la mer devient un actant essentiel de cette dynamique : « Dans un tel contexte, l'insularité prend un autre sens. On prononce ordinairement l'insularité comme un mode de l'isolement, comme une névrose de l'espace. Dans la Caraïbe pourtant, chaque île est une ouverture la dialectique Dehors-Dedans rejoint l'assaut Toute-Mer[1] ».

I. Archipel et espace dans le bassin caribéen : se réapproprier le lieu ?

Dans le contexte caribéen, l'île, et plus largement la terre, relèvent d'un rapport particulier faisant de l'espace dans lequel évoluent les personnages plus qu'un simple décor topographique : l'espace est consubstantiel aux protagonistes des romans contrairement à la façon dont l'imaginaire spatial se construit dans la plupart des récits européens. Dans certains mythes occidentaux, le territoire est lié à un peuple ou à un roi et se transmet en possession légitime aux descendants. Cette construction mythique du territoire est impossible dans l'histoire des Antilles pour les esclaves et les descendants qui ont vécu une brutale rupture de filiation avec leur terre matricielle. Le lieu n'est donc dans ce contexte jamais acquis et habité. On est face à une perpétuelle « recherche du lieu ».

Il s'agit donc au sein de l'écriture de mettre en œuvre une véritable démarche d'appropriation de la terre pour un peuple issu du bateau négrier et qui n'emprunte pas les voies ordinaires. Se tissent entre l'homme et sa terre des relations privilégiées et inédites. Selon Édouard Glissant, le peuple caribéen, descendant des esclaves, n'hérite pas de la terre où il a été déporté ni de celle dont il a été arraché. Sa présence sur le territoire semble d'une certaine manière illégitime. Son corps ne parvient pas à être intimement lié à la terre où il se trouve comme c'est le cas dans de nombreux mythes européens, parce que sa matrice est le ventre du bateau négrier, lieu non localisable. Les occupants de l'île ne se sentent donc pas natifs mais bien déportés. Par conséquent, il leur faut tant bien que mal inventer ou réinventer le modèle du

---

1. Édouard Glissant, *Le Discours antillais*, Paris, Seuil, 1981, p. 249.

lieu. Le lieu ne se présente pas comme une simple conquête ou un don territorial. Il se pense comme dérivé toujours ancré dans un ailleurs mythique et inconnu. L'appropriation de la nouvelle terre est forcément problématique.

La Case du commandeur a été choisi en fonction de sa construction archipélique aussi bien externe qu'interne. Dans la première partie, « La tête en feu », *La Case du commandeur* effectue une remontée générationnelle à rebours de la lignée des Celat. La deuxième section du roman, « Mitan du temps », la partie centrale, opère une descente inattendue, douloureuse et chaotique dans le gouffre de l'histoire. Elle évoque le temps de l'esclavage où sont relatés de façon désordonnée et spontanée des souvenirs individuels de cette époque, entre 1715 et 1900 ayant pour thème général la révolte et la souffrance. Enfin, le troisième et dernier chapitre, « Le premier des animaux », retrace, dans le cadre des années 1970-1980, les vicissitudes qui s'abattent sur Marie Celat, dont la mort de ses enfants et son séjour forcé au sein d'un hôpital psychiatrique. Si Lacan affirme que l'on « pense en archipel », Glissant quant à lui « écrit en archipel » : l'écriture d'Édouard Glissant se caractérise par un double mouvement, de morcellement mais aussi de lien sur l'ensemble de son œuvre. Chacun de ses romans se caractérise par l'apparition de personnages récurrents. Leurs ascendants et descendants réapparaissent d'un volume à l'autre créant ainsi le lien. Paradoxalement, cette œuvre s'organise dans la continuité d'un cycle par la permanence du retour (des personnages, des thèmes) mais se caractérise aussi des discontinuités abruptes comme le passage sans transition d'un personnage à un autre. Le morcellement est également net au niveau interne : le découpage en parties puis en chapitres quasi indépendants prime dans le roman. C'est ce que Michel Jeanneret a appelé la « structure modulaire[2] ». Selon lui, chaque chapitre « se présente rarement comme une construction organique », mais est « une architecture homogène dont chacune des parties occuperait une place nécessaire dans l'ensemble[3] ». Le lecteur peut être déconcerté par la structure du récit et les nombreuses ruptures qu'il propose. L'impression d'inintelligibilité du roman est en grande partie due à sa composition. En effet, une première rupture radicale se manifeste entre le prologue, extrait de journal et

---

2. Michel Jeanneret, *Le Défi des signes. Rabelais et la crise de l'interprétation à la Renaissance*, Orléans, Paradigme, 1994, p. 59.
3. Ibid., pp. 57-58.

le début du récit. S'il était question de « M.C » dans le prologue, Pythagore Celat, encore inconnu du lecteur est de façon inattendue projeté au centre de la narration dans le premier chapitre : la coupure est brutale. Par ailleurs, chaque chapitre succède à l'autre sans lien thématique apparent à part le nom de famille des personnages qui constitue la cohérence narrative.

Le roman élabore un discours tout empli du paysage, restituant à travers lui les bribes de l'histoire perdue, façonnant au fur et à mesure de l'écriture une histoire extrapolée, en cours de réappropriation et un espace redessiné :

> La signification (« l'histoire ») du paysage ou de la Nature, c'est la clarté du processus par quoi une communauté coupée de ses liens ou ses racines (et peut-être même au départ de toute possibilité d'enracinement) peu à peu souffre le paysage, mérite sa Nature, connaît son pays. [...] Approfondir la signification, c'est porter cette clarté à la conscience. L'effort ardu vers la terre est un effort vers l'histoire[4].

Dans la perspective développée par Patrick Chamoiseau, l'espace insulaire n'est plus un topos littéraire mais le lieu même du discours, où terre et mémoire sont inéluctablement liées :

> Une trace mémoire est un lieu oublié par l'Histoire et par la Mémoire, car elle témoigne des histoires dominées, des mémoires écrasées, et tend à les préserver. La trace mémoire n'est envisageable ni par un monument, ni par des stèles, ni par des statues, elle est un frisson de vie alors que le monument est une cristallisation morte : elle fait présence. Elle est à la fois collective et individuelle, verticale et horizontale, de communauté et transcommunautaire, immuable et mobile et fragile[5].

Privés de leur lieu, les personnages n'existent pas réellement : en sont témoins la vacuité et le désespoir des personnages fantomatiques qui hantent les récits en quasi état d'apesanteur : Marie Celat incarne à travers sa folie les tourments

---

4. Édouard Glissant, *L'Intention poétique (Poétique II)*, [1969], Paris, Gallimard, 1997, p. 190.
5. Patrick Chamoiseau, *Traces-mémoires du bagne*, Paris, GANG, 2011, p. 87.

de l'histoire caribéenne, dépassant sa simple condition individuelle. Notons que si l'accent est mis sur le lieu et l'espace géographique, les protagonistes sont également pris dans une perte temporelle. Dans *La Case du commandeur*, le narrateur suggère que le malaise qu'éprouve Marie Celat découle également d'une incapacité à sonder le temps, en particulier le passé : « Marie Celat pleurait sans raison connue. Y avait-il une malédiction de solitude sur sa tête ? Quelque chose venu de si loin (non pas dans le temps mais dans l'impression qu'on en a et dans la faiblesse qu'elle procure) qu'il n'y avait aucun moyen de le connaître ni de le repousser[6] ? »

Ce malaise des personnages ne peut aboutir à un langage net et précis parce que l'espace-temps dans lequel ils évoluent est en perpétuelle construction. Notons d'ailleurs qu'il n'y pas de diégèse que l'on pourrait appeler linéaire. Dans *La Case du commandeur*, l'enchevêtrement successif de plusieurs histoires oblige le lecteur à sauter d'un évènement historique à un autre.

Gilles Deleuze, s'inspirant des recherches géologiques, insiste sur la construction des îles continentales qui suppose une séparation avec un continent, fragments de croûtes terrestres :

> Les îles continentales sont des îles accidentelles, des îles dérivées : elles sont séparées d'un continent, nées d'une désarticulation, d'une érosion, d'une fracture, elles survivent à l'engloutissement de ce qui les retenait. Les îles océaniques sont des îles originaires, essentielles : tantôt elles sont constituées de coraux, elles nous présentent un véritable organisme – tantôt elles surgissent d'éruptions sous-marines, elles apportent à l'air libre un mouvement des bas-fonds ; quelques-unes émergent lentement, quelques-unes aussi disparaissent et reviennent, on n'a pas le temps de les annexer[7].

Cette image de l'île continentale ou dérivée est visible dans le roman d'Édouard Glissant. Alors que la Guadeloupe est une île volcanique et océanique, l'île est pourtant ici la représentation imagée d'un démembrement

---

6. Édouard Glissant, *La Case du commandeur*, Paris, Seuil, 1981, p. 199.
7. Gilles Deleuze, *L'Île déserte et autres textes, (1953-1974)*, Paris, Minuit, 2002, p. 11.

physique dû à la traite négrière subie des siècles auparavant. On a l'impression que les esclaves ont imprimé l'imaginaire de la dérive continentale qui est la trace de l'itinéraire des corps sur des territoires qui pourtant ne sont pas issus de dérives continentales. C'est un peu comme si les corps des habitants étaient bien localisés sur l'île mais que l'âme et les racines se situaient ailleurs : « L'immensité nous a quittés. Nous taraudons le même carré de terre qui s'offre aux eaux des deux mers. Ce pays-d'avant nous démarra de nos corps, que nous n'avons pas ensouchés dans le pays-ci[8] ».

Nous pouvons voir que ce démembrement est vécu de façon brutale à travers l'utilisation du verbe « tarauder » qui suggère une action violente. D'une part, au géographique est liée la généalogie puisque ce mot désigne la partie principale d'un tronc, accompagné de ses racines et du reste de l'arbre. D'autre part, il désigne aussi celui de qui sort une génération. En n'ayant pas « ensouché », ils sont détachés à la fois de leurs ascendants et de leurs descendants. L'emploi du verbe emprunté du créole « démarrer » insiste sur l'émiettement et sur la séparation spirituelle et corporelle mais également sur la rapidité voire sur la violence de cette action, le verbe étant conjugué au passé simple. Ils ont été comme détachés de leur continent d'origine. Chez Glissant, l'émiettement insulaire et géographique de l'archipel est le reflet de l'émiettement de l'esprit, cette séparation entre le corporel et le spirituel. L'île, la Martinique, de *La Case du commandeur* se veut le continuum d'un continent, l'Afrique citée à maintes reprises : « ce pays d'un autre monde où il faudra peut-être qu'il meure et soit enseveli loin de la terre de ses ancêtres[9] ».

Temps et espaces s'entremêlent donc. L'espace se construit et enracine l'être dans une durée spatiale : « Parce que le temps antillais fut stabilisé dans le néant d'une non-histoire imposée, l'écrivain doit contribuer à rétablir sa chronologie tourmentée, c'est-à-dire dévoiler la vivacité féconde d'une dialectique réamorcée entre nature et culture antillaises[10] ». L'œuvre donc doit se préoccuper de la problématique de l'espace et du temps, thérapeutique aux maux du passé.

---

8. Édouard Glissant, op. cit., p. 32.
9. Ibid., p. 38.
10. Édouard Glissant, *Le discours antillais*, op. cit., p. 133.

En 1986, Glissant représente le gouffre de la Traite des Noirs en ces termes : « le ventre de cette barque-ci te dissout, te précipite dans un non-monde où tu cries. Cette barque est une matrice, le gouffre-matrice[11] ». Le « non-monde » est initialement ce qui advient dans l'expérience du gouffre, épreuve originelle des ténèbres dans la traversée qui emporte les peuples vers l'inconnu, vers d'incroyables géhennes. Il s'agit d'un lieu mais aussi d'un moment de l'histoire qui se caractérise par son oubli qui est toutefois fondateur pour la mémoire collective :

> C'était là une de nos manières de courir au bout de la mémoire [...] dans cette dévirée de terre si soigneusement maintenue à l'écart [...]. Jusqu'à ce trou d'où nous nous écartons en sautant ; jusqu'au « qu'est-ce qui se passe » qui révulse tout un chacun [...] : au point que si seul tente de remonter là, ou au moins d'essayer de décrire les chemins en roches pour remonter, tout aussitôt [...] on se drape de mépris [...]. Tellement nous avons peur de ce trou du temps du passé. Tellement nous frissonnons de nous y voir[12].

Dans son article, « Poétique et inconscient martiniquais », Édouard Glissant explique :

> Nous écrivains antillais, et peut-être est-ce vrai des écrivains des Amériques, sommes les casseurs de pierre du temps, voulant signifier par là que nous ne le voyons pas s'étirer dans notre passé et nous porter tranquillement vers demain, mais faire irruption en nous par blocs, charroyés dans des zones d'absence où nous devons difficilement, douloureusement, tout recomposer si nous voulons atteindre ou exprimer quelque chose[13].

---

11. Édouard Glissant, *Poétique de la Relation*, Paris, Gallimard, 1990, p. 18.
12. Ibid., p. 152.
13. Édouard Glissant, « Poétique et inconscient martiniquais », Snyder Emile et Valdman Albert, *Identité culturelle et francophonie dans les Amériques*, Québec, Les Presses de l'Université de Laval, 1976, p. 238.

II. Recompositions : la mise en œuvre de la *créolisaction*

Histoire et mémoire se télescopent dans un étrange malaise identitaire, une « intranquillité » permanente qui bouscule et distord le récit. Différentes narrations s'entremêlent dans une complexité reflétant la difficulté du retour sur soi et à soi : l'intrigue et l'Histoire ne seront pas raccommodées et ne parviendront pas à renouer avec une origine. Toutefois, l'opacité narrative, reflet d'un mystère irréductible, ne doit pas être perçue comme une limite mais comme la recherche d'une origine composite et indémêlable menant à une créolisation disséminatrice. Les mythes de la création du monde en occident passent par le don d'un territoire par des dieux à un peuple élu et se transmet en possession légitime aux descendants. Dans la Caraïbe, il y a une sorte de « rupture de filiation » matérialisée par la déportation ou le transbord. L'homme est désormais issu de la matrice du bateau négrier, naviguant sur un non-lieu innommable et mouvant, celui-ci devenant une véritable parenthèse de non-lieu et de non-temps. L'impossibilité de remonter dans les temps interdit de recourir à ce modèle linéaire et mythique. Par conséquent il faut que la littérature caribéenne invente un modèle de lieu, rendu possible grâce à un désencrage littéraire et tisse entre l'homme et sa terre des relations privilégiées. Ce modèle est au sein de notre étude un lieu digénique, un lieu relationnel, un lieu en expansion spirituelle et pas seulement territorial. Il convient donc par le biais des romans, de (re)naître au monde, trouver sa parole, en instaurant le dialogue avec un lieu dénié et en (re)bâtissant une cosmogonie. Comme l'affirme Geneviève Belugue : « C'est dans le paysage, et dans les relations avec la terre, que se trouvent l'équilibre cosmogonique, la réunion des morceaux éclatés. C'est le paysage qui recèle les repères perdus lors de la chute dans la cale du bateau négrier[14] ».

Dans *La Case du commandeur*, au cœur du « Mitan du temps » l'origine est moins évidente voire imperceptible. À la fin des remontées des générations des Celat, le lecteur croit avoir atteint un centre géométrique, le noyau du texte, l'origine de l'histoire. Or, les personnages qui surgissent alors sont d'un autre monde ; ils ne s'intègrent pas dans la fiction commencée. Ce récit

---

14. Geneviève Belugue « Du lieu incontournable à la relation » *Jacques Chevrier, Poétiques d'Édouard Glissant*, Paris, Presses de l'Université Paris-Sorbonne, 1999, p. 47.

particulièrement décousu, au centre du roman, désigné comme « Mitan du temps », c'est-à-dire comme « milieu », n'est en fait qu'un chaos de morceaux disjoints et hétérogènes. Le centre n'est pas unité mais au contraire, paroxysme de l'éclatement.

Pourtant, si le « Mitan du temps » est au centre de cette histoire et constitue un « milieu » géométrique qui permettrait de relier deux pôles, c'est précisément parce qu'il met en relation le sujet avec le plus enfoui de son histoire, la violence dans laquelle il a été conçu. C'est en effet la partie centrale du roman qui relie l'origine de Marie Celat d'une part, et l'histoire présente de Marie Celat, d'autre part. Le « Mitan du temps » constitue un trait d'union entre ces deux temps, le temps ancestral « la trace du temps d'avant », et le retour au présent, le temps de la marche de Marie Celat vers la folie et la révélation, vers la « roche de l'opacité[15] ». Comme on l'a vu, le lecteur de *La Case du commandeur* est vite déconcerté par la structure romanesque du roman. Entre chaque chapitre la rupture thématique est brutale et l'impression traditionnelle de fluidité narrative complètement annulée. Le lecteur comprend bien qu'il s'agit d'une remontée dans le temps du récit d'une généalogie, grâce au nom de famille qui garantit l'unité de l'histoire qui permet de faire le lien entre les différents fragments de récits. Mais ce qui compte alors, ce n'est pas tant la linéarité diégétique, la progression chronologique et la liaison entre les personnages que la création justement de cette écriture fragmentaire, « des fragments de vie, des fragments de familles toujours assez mal reliés, juxtaposés[16] ». En effet, la construction romanesque renvoie à cette généalogie brouillée et constituée de bribes. Le roman est donc lui-même expression d'une écriture lacunaire et la narration devient tentative de reconstitution généalogique mais qui mettrait en avant non pas les liens mais les béances entre chaque fragment. Se crée une correspondance constante entre lacune de la mémoire et lacune de l'écriture, dans un double mouvement omniprésent chez Édouard Glissant : l'histoire ne se raconte que par de constants retours en arrière mais paradoxalement, ce sont ces retours qui arrivent à propulser l'héroïne vers son avenir. Le lecteur, de la même façon que le narrateur découvre en même temps que le commencement fait défaut et que l'H/histoire est fragmentaire. Le texte crée des correspondances entre mémoire et écriture

---

15. Édouard Glissant, *La Case du commandeur*, op. cit., p. 237.
16. Dominique Chancé, *Poétique baroque de la Caraïbe*, Paris, Karthala, 2001, p. 177.

mais aussi entre histoire et Histoire.

Au niveau textuel, les personnages font irruption dans le récit, sans que la narration ne livre leur biographie ou le lien qu'ils ont avec les autres personnages connus. Le personnage de Cinna Chimène, jusqu'à lors inconnu du lecteur, apparaît en même temps que la naissance de Marie Celat. Cinna Chimène n'a pas droit à une histoire préalable et est enfantée par le récit en même temps que Marie, sa fille. Certains personnages n'ont pas de nom, pas de naissance, pas d'origine. Ils apparaissent tels des êtres errants, dont l'appartenance renvoie à un autre temps et à un autre lieu inaccessibles. Les personnages semblent coupés de leur histoire et orphelins par essence. De la sorte, la fragmentation du récit se justifie par ce manque d'origine assignable. L'ellipse est en quelque sorte initiatrice, inaugurale. Mais elle se rejoue à plusieurs reprises. La non-origine se répète ainsi, « trouant le récit[17] ».

Le morcellement structure l'architecture romanesque de la première partie et atteint son paroxysme dans le « Mitan du temps » défini comme une véritable « traversée du milieu[18] » et singulièrement à l'intérieur de ce chapitre « Registre des tourments ». Le titre du chapitre laisse supposer que le centre géométrique du texte pourrait apparaître comme une explication et comme l'origine de l'histoire. Cependant, dans ce chapitre, nous atteignons l'apogée de la discontinuité du roman. Alors que les chapitres précédents étaient chacun consacrés à un personnage issu de la lignée des Celat et effectuaient une remontée dans le temps, le chapitre « Mitan du temps » condense personnages issus d'autres lieux et d'autres époques. Le chapitre fait surgir des personnages intemporels surgissant dans le récit qui ne s'intègrent pas dans la fiction commencée. Dans cette perspective, appréhender le roman d'Édouard Glissant ne consiste pas à recoller ou dérouler à partir du début une histoire (ou Histoire) cohérente. L'opacité, le mystère irréductible, ne sont pas à percevoir comme une limite mais comme une origine composite et indémêlable. Dans *La Case du commandeur*, la mise en relation se substitue à la narration. Il s'agit de raconter sans dérouler, sans atteindre ni genèse, ni unité recollée par

---

17. Ibid., p. 177.
18. Ibid., p. 179.
19. Édouard Glissant, *Poétique de la Relation*, op. cit., p ....

le narrateur ou le lecteur. « Faire la relation » est la méthode appropriée à une « digenèse » sans origine ni unité, dont les fragments de vies et d'histoires ne peuvent être que mis en rapport. La poétique du roman peut être dite « poétique de la relation[19] », parce que la mise en relation d'éléments fragmentaires n'appelle pas une complétude mais éclaire un point de vue, organise un sens à partir de bribes sémantiques. Loin de constituer une nouvelle genèse, la mise en relation remplace le trou noir du passé dans une perspective qui organise la structure chaotique du roman.

Cette discontinuité où le seul lien ténu est la trace patronymique constitue une structure globale de l'œuvre qui rappelle celle de l'archipel. Partant d'une écriture morcelée, la structure globale de l'œuvre en archipel permet de faire sens. C'est par ce lien généalogique que les personnages parviennent d'ailleurs à se libérer au cours du roman de la circularité inféconde dans laquelle le personnage de Marie Celat se trouve enfermé au début du roman. En effet, le roman commence par un cri incompris et incompréhensible de tous qui traduit l'isolement dont elle souffre faute de ses origines : « Et peut-être que nous portons en nous ce cataclysme du premier jour et que nous crions sans savoir : Odono ! Odono[20] ! »

C'est grâce à la compréhension du sens de ce cri que se brise le mouvement circulaire qui définit le vide ontologique de Marie Celat au début du roman. La compréhension de ce cri au cours du roman lui permet de découvrir ses origines – Odono est le nom du fondateur de la lignée des Celat – et de sortir de l'enfermement insulaire et mental. Ce n'est qu'à la fin du premier chapitre que le temps jusque-là circulaire se transforme en temps ascendant permettant l'accès au passé et donc à la connaissance : « Le temps était monté à la verticale comme la bouche d'un incendie de cannes, il retombait sur nous tout comme l'œil d'un cyclone en septembre[21] ».

Le roman est construit sur des béances qui font paradoxalement partie du texte et de l'écriture : « Mais il faut dévaler ce temps-là, même si les plus prononcées de nos nostalgies – et de nos inquiétudes – y prennent ainsi leur sens, dans les silences de Marie Celat[22] ». Comme le remarque Dominique Chancé :

---

20. Édouard Glissant, *La Case du commandeur*, op. cit., p. 28.
21. Ibid., p. 130.
22. Ibid., p. 177.

« Le récit comme l'histoire antillaise, ne trouverait ni terme fondateur ou "résolution", ni, à l'autre pôle, origine. [...] En effet un peuple qui n'a pas eu d'origine mythique ou ontologique, mais qui a été formé violemment, entre l'extermination des uns et l'esclavage des autres, ne peut être sujet d'une épopée, il n'a qu'une digenèse[23] ».

La « digenèse » désigne un type de récit propre aux peuples sans mythe fondateur. Cet apparent « handicap », ce manque, laissent épars le dissolu. Le roman épuise les personnages au lieu de mener à terme leur quête des origines et de la mémoire ; chaque génération doit retrouver la trace pour elle-même. L'origine, ou le refus d'une origine unique, ne saurait être découvert une fois pour toutes. Chaque génération qui se succède ouvre un nouveau cycle de quêtes, en renouant avec l'opacité originelle. La « digenèse », qui n'a pas de commencement, est un « trou sans fond », d'où l'on peut deviner quelque chose de sa propre histoire. L'origine est donc nécessairement composite, elle est toujours déjà commencée *avant*. Par conséquent, une histoire est un morceau d'histoires qui se noue ; elle est toujours histoire d'une relation.

L'histoire n'arrive pas à se dire dans un récit linéaire et chronologique : il y a « non-histoire » c'est-à-dire lacunes, ruptures, silences, désordre. La diégèse apparait donc fragmentée et morcelée à l'image de l'archipel caribéen : se réapproprier ces bribes d'histoires et de mémoires est donc l'impératif des romans. Mais l'écrivain ne peut à aucun moment détacher ces fragments d'(H)histoires. L'Histoire de l'archipel caribéen est donc celle d'une relation dont on peut repérer le caractère inextricable au sein du roman. Il serait illusoire de tenter d'y retrouver une histoire autonome et chronologique, clairement menée, le roman prônant une écriture fragmentaire, encore en train de s'écrire et de se construire.

Ce gouffre de l'histoire, qui a une connotation sombre et mystérieuse prend une visée positive : il est le point même du « rhizome » deleuzien[24], dont Édouard Glissant s'inspire. Le *rhizome* désigne une multitude de tiges ou de racines d'une même plante qui prennent vie sur un terreau commun pour se

---

23. Dominique Chancé, *Poétique baroque de la Caraïbe*, op. cit., p. 205.
24. Gilles Deleuze, Félix Guattari, *Mille plateaux*, Paris, Minuit, 1980.

démultiplier par la suite en plusieurs autres racines, toutes aussi consistantes les unes que les autres. La métaphore du rhizome souligne l'importance de la terre, des racines et des origines. En d'autres termes, la béance est le point où se forge toute création qui trouve son essence et son unité dans une pluralité de tiges et de racines, c'est-à-dire une pluralité d'origines. Le gouffre est aussi lieu de rencontre, lieu de relation. La souffrance initiale devient connaissance et partage, un point où la mémoire se renforce. Le « non-monde », lieu d'errance, devient le « cri du monde[25] ».

Conclusion

Le devenir de la littérature caribéenne, affranchi des généalogies bouleverse donc le sens de la géographie souvent considérée comme torturée : ni horizon régulateur, ni abstraction idéale, le sens se forge perpétuellement au creux des tourbillons qui désaffilient les anciennes trames. Le roman est l'expérience de ce tourbillon et l'attention aux nouvelles articulations qui modifient et réorientent la création littéraire à venir. Il n'y a donc pas de paradoxe à ce que le paysage suive des croisements inédits, rendus possibles par les liens mouvants de l'archipel caribéen, sur la possibilité d'assembler sans fusionner, de trouver des relations et des mots qui disent le tourbillon des mémoires, des histoires, des narrations. Parti d'un constat d'impression de désordre et de malaise, on renonce à donner sens, à ordonner, pour finalement exalter le désordre lui-même et reconfigurer à l'infini. Le monde des caraïbes est décentré. L'écriture fait exploser la narration à l'œuvre dans les romans. On explore l'histoire, la mémoire, l'indicible. Finalement le retour géographique ne pouvant plus s'effectuer, c'est l'intervalle qui va se faire centre. L'impossibilité du retour (méta)physique est compensée par le retour d'une parole poétique dont le mouvement est aiguisé par la promesse du mot, une parole toujours à venir, une écriture dissoute et impossible où se tient toute la démesure du récit. L'archipel redéfinit le principe du lieu : le roman devient un espace paradoxalement voué à l'errance. L'archipel désancre le lieu, désormais caractérisé par l'entre-deux. Cette dualité établit une inaptitude à l'équilibre et présente les romans comme l'espace d'un dialogue entre un espace qui n'a pas de lieu et un lieu qui n'a pas d'existence. À cause d'un retour impossible vers un pays

---

25. Édouard Glissant, *Tout-monde*, Paris, Gallimard, 1985, p. 13.. Ibid., p. 35.

mythique qui n'est plus le leur, la pratique du détour s'avère la seule possibilité d'inscrire leur corps et leur mémoire dans l'espace. La dissémination de l'espace et de la mémoire permettent l'errance qui ouvre à l'éclatement de l'imaginaire et qui s'écarte de toute fixité géographique.

Audrey DEBIBAKAS, Ph.D.

Bibliographie

DOMINIQUE, BELUGUE, Geneviève « Du lieu incontournable à la relation » Jacques Chevrier, *Poétiques d'Édouard Glissant*, Paris, Presses de l'Université Paris-Sorbonne, 1999, pp. 43-54.

CHAMOISEAU, Patrick, *Traces-mémoires du bagne*, Paris, GANG, 2011.

CHANCÉ, Dominique, *Poétique baroque de la Caraïbe*, Paris, Karthala, 2001.

DELEUZE, Gilles, GUATTARI Félix, *Mille plateaux*, Paris, Minuit, 1980.

DELEUZE, Gilles, *L'Île déserte et autres textes*, (1953-1974), Paris, Minuit, 2002.

GLISSANT, Édouard Glissant, « Poétique et inconscient martiniquais », Snyder Emile et Valdman Albert, *Identité culturelle et francophonie dans les Amériques*, Québec, Les Presses de l'Université de Laval, 1976, pp. 236-244.

---, *Le Discours antillais*, Paris, Seuil, 1981.

---, *La Case du commandeur*, Paris, Seuil, 1981.

---, *Tout-monde*, Paris, Gallimard, 1985.

---, Poétique de la Relation, Paris, Gallimard, 1990.

---, *L'Intention poétique (Poétique II)*, (1969), Paris, Gallimard, 1997.

JEANNERET, Michel, *Le Défi des signes. Rabelais et la crise de l'interprétation à la Renaissance*, Orléans, Paradigme, 1994.

Pour citer cet article :

Audrey DEBIBAKAS, « L'archipel caribéen : entre désencrages géographiques et désencrages littéraires », *Revue Legs et Littérature*, 2017 | no. 9, pp. 165-181.

Le Briseur de rosée d'Edwidge Danticat à l'épreuve du duvaliérisme : entre exorcisation, quête identitaire, devoir de mémoire et postulation éthique de l'être-ensemble

Chargé de cours à l'Université de Yaoundé I, Cameroun, Pierre Suzanne EYENGA ONANA enseigne les littératures écrites africaine et américaine, la sémiologie des textes littéraires africain et euro-américain, les théories de la culture, les questions de féminismes et les Gender Studies. Auteur d'une vingtaine de publications scientifiques, il a participé à de nombreux séminaires et colloques (inter)nationaux: France, Gabon, Côte d'Ivoire, Burkina Faso. Il travaille actuellement à la publication de deux ouvrages sur le genre et la culture camerounaise contemporaine.

Résumé

Soixante ans après l'avènement du duvaliérisme en Haïti, les cœurs endoloris des citoyens confondus clament toujours vengeance pour les uns et réparation pour les autres. C'est dire tout le mal qu'a causé cette pratique inopérante aux sujets haïtiens, pratique dont le seul but était le maintien au pouvoir d'un impénitent égoïste, au prix du sang des martyrs restés à ce jour sans voix. Avec la publication de Le Briseur de rosée *d'Edwidge Danticat, une instance de revendication s'est offerte aux fins de contribuer à l'écriture d'une nouvelle histoire, en commençant notamment par panser des plaies laissées béantes durant des décennies. Adossée sur l'approche sociocritique stylisée par Jacques Dubois, la présente étude s'attache à montrer, en trois parties, que l'écriture romanesque peut effectivement contribuer à la réécriture de l'histoire des hommes, en vue de transformer leurs rancunes et désespoirs en motifs d'espoir et en lueurs d'espérance, grâce à la pugnacité du mot recréant.*

Mots clés

Duvaliérisme, exorcisation, quête identitaire, sociocritique, postulation

LE BRISEUR DE ROSÉE D'EDWIDGE DANTICAT À L'ÉPREUVE DU DUVALIÉRISME : ENTRE EXORCISATION, QUÊTE IDENTITAIRE, DEVOIR DE MÉMOIRE ET POSTULATION ÉTHIQUE DE L'ÊTRE-ENSEMBLE

Introduction

Le texte romanesque d'E. Danticat s'inscrit dans une dynamique d'exorcisation des pratiques politiques inopérantes dont les survivances, en cours au sein du peuple haïtien, remontent à l'ère de barbarie et du musellement héritée des Duvalier. Ainsi en proie à ses propres turpitudes, ce peuple peine à s'émanciper au quotidien, tant il ne parvient pas, à proprement parler, à s'affranchir des démons de la violence et de l'hydre duvaliériste qui hypothèquent à ce jour son épanouissement sociopolitique et culturel. On peut à cet égard faire valoir que « la littérature ne se conçoit pas en dehors de l'histoire. [... car] la configuration de l'œuvre, le message dont elle est porteuse sont en effet [...] inéluctablement déterminés par l'histoire et le contexte socioculturel[1] ».

De fait, le duvaliérisme définit le régime politique mis en place en Haïti dès 1957 par le dictateur François Duvalier (papa Doc), arrivé au pouvoir par un coup de force, et relayé de 1971 jusqu'au 7 février 1986 par son fils Jean-Claude Duvalier (bébé Doc). Caractérisé par une politique répressive, notamment l'interdiction des partis politiques d'opposition, le règne de la terreur et de l'arbitraire, de l'autoritarisme à outrance et de la barbarie institutionnalisée, ce système de gouvernance s'appuie sur le parti de l'armée et une milice paramilitaire, les Tontons Macoutes. Ce régime autoritariste avait par ailleurs pour fondement la corruption et l'inconsistance managériale voire l'incompétence systématisée.

Publié dix-neuf ans après le départ de J.-C. Duvalier, le roman d'Edwidge Danticat apparaît dès lors comme une véritable chronique des faits horribles ayant ponctué le long séjour d'un peu moins de trente ans au pouvoir des père et fils Duvalier. La présente étude s'adosse sur le questionnement ci-après : quels sont les mobiles réels ayant impulsé une telle option vers une historiographie rétrospective si ce n'est l'urgence d'un devoir de mémoire visant à conjurer un passé sclérosant dans l'optique de postuler la réconciliation entre les fils et filles du peuple haïtien de façon que demain ne soit plus jamais comme hier ? Autrement dit, quels sont les ressorts du duvaliérisme tels qu'articulés dans le roman d'Edwidge Danticat? En d'autres termes, l'écriture de Danticat ne se déploie-t-elle pas dans une logique de plaidoyer aux fins de susciter un homme haïtien neuf nanti d'une nouvelle identité et mû par le besoin éthique de vivre ensemble avec ses concitoyens dans une Haïti réconciliée avec elle-même ?

Pour répondre à cette préoccupation, nous convoquons la sociocritique théorisée par Jacques Dubois. Pour ce théoricien, trois moments définissent l'approche critique du texte littéraire. Dans un premier temps, il s'agit de montrer que « les faits humains sont déterminés par une histoire, dont le caractère est d'abord collectif[2] ». Par la suite, l'on démontre que « les œuvres d'art sont les produits de cette histoire même si leur réalisation passe par une liberté individuelle[3] ». Enfin, on illustre que ces produits relèvent de pratiques humaines qui ont leur spécificité mais ne sont pas entièrement distinctes d'autres pratiques telles que les activités matérielles[4] ».

---

1. Vincent Jouve, *La Littérature selon Barthes*, Paris, Minuit, 1986, p. 27.
2. Jacques Dubois, « Sociocritique », Maurice Delacroix, Fernand Hallyn, *Introduction aux études littéraires. Méthodes du texte*, Paris, Duculot, 1987, p. 288.
3. Ibid., p. 288.
4. Ibid., p. 288.

Notre travail comporte trois parties. Dans la première, nous montrons qu'il existe une interaction entre l'histoire politique d'Haïti et la création romanesque de Danticat à l'effet de postuler que « le social et le littéraire ne sont pas deux ordres entièrement distincts et qu'ils sont en rapport d'interaction dynamique. Si la formation sociale produit la littérature, celle-ci produit en retour du social selon des effets dont on ne mesure pas toujours l'importance[5] ». La deuxième partie vise à établir le génie de la romancière haïtienne. Il s'agira d'interroger son style dans la perspective de faire d'elle non pas une reproductrice des faits historiques observés, mais une productrice de littérature, car, « par le travail de l'écriture, [le texte de roman] modifie l'équilibre antérieur du sens[6] ». Dans la troisième partie enfin, nous déclinons la vision du monde de Danticat. Son texte est ainsi saisi comme un plaidoyer en vue de la renaissance d'un nouvel homme haïtien nanti d'une identité neuve, et mû par le désir ardent de vivre ensemble avec ses compatriotes.

I. Le duvaliérisme dans la dynamique d'exorcisation de l'histoire politique d'Haïti

Comme le soutien Barthes, « l'écriture est une réalité ambiguë : d'une part, elle naît incontestablement d'une confrontation de l'écrivain et de la société ; d'autre part, de cette finalité, elle renvoie l'écrivain par une sorte de transfert tragique aux sources instrumentales de sa création[7] ». Sans être un document d'histoire, *Le Briseur de rosée* recèle toutefois des indices révélateurs de l'histoire politique d'Haïti, tant ce roman revient avec force de détails sur les travers du duvaliérisme. Pratique odieuse fondée sur la tuerie de masse, le duvaliérisme s'articule en une série des modalisations textuelles diverses au rang desquelles sont figurées l'écriture du témoignage et la scénographie du cauchemar.

1.1. L'écriture du témoignage

La modalisation du témoignage participe des stratégies adoptées par la vague

---

5. Jacques Dubois, « Sociocritique », Maurice Delacroix, Fernand Hallyn, *Introduction aux études littéraires. Méthodes du texte*, Paris, Duculot, 1987, p. 288.
6. Henri Mitterand, *Le Discours du roman*, Paris, PUF, 1980, p. 7.
7. Roland Barthes, *Le Degré zéro de l'écriture*, Paris, Seuil, 1972, p. 16.

duvaliériste pour torturer la population. Elle est l'apanage de personnages ayant vécu des scènes d'horreur commanditées par des miliciens enthousiastes et surpuissants. Le témoignage naît de ce qu'il suffisait à une victime de refuser de céder aux menaces violentes des Volontaires à la solde du pouvoir dictatorial ou tontons macoutes, pour faire l'objet de traitements abusifs et pour le moins arbitraires. Le cas de la couturière Béatrice Saint Fort est édifiant. Invitée un soir pour une partie de danse par le personnage éponyme, le briseur de rosée, elle décline l'invitation et se voit infliger un traitement des plus humiliants au nom de sa fidélité à son copain : « c'est pour ça qu'il m'a arrêtée[8] ». Généralement, les arrestations arbitraires des miliciens sont assorties de punitions inhumaines pour faire souffrir la victime et lui faire regretter ce qu'ils jugent être un affront à leur endroit, un refus manifeste d'obtempérer. Béatrice Saint Fort a souvenance des déboires qu'elle essuie pour son « entêtement » : « dans la prison, il m'a attachée à une sorte de chevalet et m'a fouettée le dessous des pieds jusqu'à ce que je saigne. Puis il m'a fait rentrer chez moi pieds nus. Sur des routes goudronnées. Sous un soleil de plomb[9] ».

La narration de la chute de Jean-Claude Duvalier, en 1986, constitue également un pan significatif de l'écriture du témoignage chez Danticat. Dans un ton railleur empreint d'ironie, elle retrace les moments d'intense liesse et d'hilarité singulière ayant ponctué l'insurrection populaire dont le point de chute sera l'abandon du pouvoir par Duvalier-fils. Les propos narrés recèlent un arrière-fond de liberté retrouvée chez des sujets haïtiens muselés par la prégnance d'un *diktat* parvenu à son faîte. Dans un style rétrospectif, le narrateur se souvient que parmi les habitants, nombreux étaient :

> Ceux qui ramassaient des rameaux et les agitaient en l'air. Quelques hommes, bandanas rouges sur la tête, brandissaient des bâtons, des branches et se versaient du rhum et de la bière. D'autres dansaient et faisaient des sauts périlleux, mais s'arrêtaient de temps à autre pour crier des slogans ou des phrases qu'ils avaient longtemps retenus au plus profond d'eux-mêmes : "Nous sommes libres" ou "Nous ne sommes plus

---

8. Edwige Danticat, *Le Briseur de rosée*, Paris, Grasset, 2005, p. 165.
9. Ibid., p. 165.

jamais prisonniers"[10].

De même, usant de la figure de l'ironie doublée de sarcasme, la romancière haïtienne narre avec force de détails les pillages qui marquèrent la fin d'une dynastie, celle d'une ère de torture symbolisée par la fuite de celui qu'elle nomme « dictateur-fils[11] ». Les récriminations du peuple alimentent sa rancœur, laquelle se traduit par l'exhumation du corps du dictateur-père suivi de la profanation de ses restes. Selon le narrateur, « la tombe du père du dictateur rondelet, qui avait donné le pays en héritage à son fils, venait d'être exhumée par les manifestants. [...] ceux qui avaient ouverts la sépulture étaient persuadés qu'il s'agissait bien des restes de l'ancien dictateur et défilaient dans les rues du centre-ville avec le crâne et tous les ossements[12] ».

Le témoignage se lit par ailleurs dans l'abus d'autorité qui caractérise l'attitude des miliciens. Loyaux à leur chef, ils ne concèdent à aucun citoyen le loisir de juger ou d'apprécier un tant soit peu l'action gouvernementale. Aussi, toute posture qui n'encense pas le pouvoir en place est-elle réprimée de la plus violente des façons. « Maladroit » dans ses choix artistiques, le mari peintre de Marie est éliminé pour avoir « peint un portrait peu flatteur du président qu'il avait exposé dans une galerie. Il est abattu à la sortie de la galerie[13] ».

1.2. Scénographie du cauchemar

La scénographie du cauchemar s'offre à lire comme une déclinaison toute logique du musellement des populations. Sans voix, la population se voit confinée dans un silence macabre. Faute de faire entendre sa voix, elle refoule ses émotions et rejette son lot de déceptions journalières dans son inconscient. Voilà pourquoi la nuit de certains personnages est parsemée de cauchemars et que les mauvais rêves hantent les acteurs blessés pour ainsi dire à vie. L'instant de sommeil est donc le moment où rejaillissent ces cauchemars, bousculant dans son retranchement un inconscient submergé par la peur

---

10. Ibid., p. 186.
11. Ibid., p. 197.
12. Ibid., p. 186.
13. Ibid., pp. 215-216.

d'interminables représailles de la part de miliciens jamais repus de voir les leurs souffrir.

Le cas de Dany, ressassant, de nuit le triste incident ayant vu disparaître ses géniteurs, est illustrateur comme le rappelle le narrateur :

> il avait six ans et son père travaillait comme jardinier à Port-au-Prince. La nuit de l'explosion, il était à la maison avec ses parents et sa tante […] lorsqu'ils entendirent dehors, un énorme bruit. Son père sortit le premier, suivi de sa mère […] dehors, la plus grande partie du porche de bois brûlait. La fumée était si dense qu'il put à peine distinguer ses parents, sa mère effondrée sur son père au sol[14].

Le souvenir se lit aussi dans l'attitude même du tueur qui ne manque pas de menacer au passage les témoins oculaires de son forfait. Armés de pistolets, ils banalisent l'acte de tuer et brandissent avec un sans gêne déconcertant l'engin de mort sur tout contrevenant à leur action impunie. À Dany, l'assassin intime cet ordre : « tais-toi ou je te tue toi aussi […] L'homme agitait un pistolet dans sa direction tout en ouvrant la porte de sa voiture et n'abaissa l'arme que pour démarrer[15] ». C'est dire que les suppôts du duvaliérisme arborent fièrement la tunique du tueur-impuni, puisqu'ils ôtent la vie sans raisons valables. De la sorte, les vrais mobiles du meurtre des parents de Dany restent un mystère, ainsi que sa tante le lui confirme : « ils n'ont rien fait de mal. Da, […] rien du tout. Je ne connaissais pas tous les secrets de mon frère, mais je crois qu'on l'a pris pour quelqu'un d'autre[16] ».

II. La stylisation du duvaliérisme

En dépit de son ancrage dans l'histoire, le texte de Danticat ne demeure pas moins une œuvre d'art dont l'inventivité démiurgique reste le plus grand mérite. On peut ainsi convenir avec Barthes que « la littérature n'est bien

---

14. Ibid., p. 132.
15. Ibid., p. 132.
16. Ibid., p. 137.

qu'un langage, c'est-à-dire un système de signes : son être n'est pas dans son message, mais dans ce système[17] ». Le système scripturaire de Danticat offre un riche éventail de références relatives à la récriture. Mais dans le modeste cadre de cette étude, nous n'insisterons que sur les cas d'intertextualité et d'inter-généricité.

2.1. L'intertextualité

L'intertextualité repose sur le postulat que « le mot (le texte) est un croisement de mots (de textes) où on lit au moins un autre mot (texte)[18] ». Cette variable stylistique s'attache à montrer le caractère à la fois transnational et transculturel du récit de Danticat. Ce dernier ne s'enferme plus dans le seul cadre des Caraïbes mais s'ouvre au monde, illustrant l'universalité des problématiques auxquelles restent confrontés les peuples colonisés. Chez Danticat, l'intertextualité revêt des formes aussi variées que la citation, l'allusion ou encore la parodie.

S'agissant de la citation, forme de référence littérale et explicite, on la retrouve dans un mode itératif quand la romancière évoque implicitement l'exploitation du peuple haïtien par la vague duvaliériste en convoquant le roman *Candide* de Voltaire : « c'est à ce prix qu'ils mangent du sucre en Europe[19] ».

L'occurrence parodique relevée montre à quel point Duvalier-fils a fait de son pouvoir une instance de profanation des Saintes écritures bibliques pour montrer sa main mise sur le peuple : « notre Doc qui êtes au palais à vie, béni soit votre nom. Que votre volonté soit faite, à Port-au-Prince, comme en provinces[20] ».

Quant à l'allusion, elle renvoie à « un énoncé dont la pleine intelligence suppose la perception d'un rapport entre lui et l'autre auquel renvoie nécessairement telle ou telle de ses inflexions, autrement non recevable...[21] ».

---

17. Roland Barthes, *Essais critiques*, Paris, Seuil, 1964, p. 257.
18. Julia Kristeva, *Sémeiôtikè. Recherches pour une sémanalyse*, Paris, Seuil, 1969, p. 145.
19. Voltaire, *Candide*, Paris, J'ai Lu, 2012, p. 96.
20. Edwidge Danticat, *Le Briseur de rosée*, Paris, Grasset, 2005, p. 231.
21. Gérard Genette, *Introduction à l'architexte*, Paris, Seuil, 1979, p. 8.

Cette manœuvre narrative permet par exemple au briseur de rosée d'implorer le pardon de sa fille Ka au lendemain de son introspection. Inspiré des pratiques de l'Égypte ancienne, le célèbre *Livre des morts* suggère à son lecteur de se remettre en cause en ne retenant de sa vie que les gestes bons. C'est dans cette logique que Ka décrypte enfin le message de son père en affirmant dans un soliloque: « je repense au rituel de "La confession négative" du *Livre des morts*, une cérémonie qui était supposée se tenir avant la pesée des cœurs, ce qui donnait aux morts l'occasion d'affirmer qu'ils n'avaient accompli que de bonnes actions durant leur vie[22] ».

2.2. L'inter-généricité

Plusieurs genres littéraires ponctuent la narration des mésaventures du briseur de rosée. Tel est le cas des genres oral, musical et épistolaire. Le style convoqué dans la narration de la chronique dans le chapitre intitulé « La chanteuse d'enterrement » n'est pas en reste. Il revient, semaine après semaine, sur les affres d'un régime dictatorial au sein duquel triomphe l'abus d'autorité. Mais si le genre oral se distingue des autres à travers l'usage de la langue créole dans le récit, les autres genres ne portent pas moins le sceau de culturèmes qui illustrent l'ancrage du roman dans une aire culturelle bien référencée : Haïti. Autant dire, au regard de leur prégnance dans la diégèse, que lesdits culturèmes autorisent le lecteur à inscrire le récit de Danticat dans la dynamique créole impulsée de longue date par P. Chamoiseau et autres, R. Confiant dans *Éloge de la créolité*. Le genre oral se lit dans l'usage de parémies qui modalisent la pensée communicative du briseur de rosée. Ceci se voit quand il s'adresse à Ka pour justifier la philosophie du non-choix imposée au milicien qu'il était par un système duvaliériste impitoyable qui éliminait ses propres pontes. Il fonde alors son argumentaire sur la sagesse ancestrale : « un jour pour le chasseur, un jour pour la proie[23] ».

Nous évoquons pour finir l'usage de la langue créole dans certaines occurrences phrastiques. Parfois traduites en français, elles montrent le souci qui anime le briseur de rosée à demeurer le porte-étendard d'une culture

---
22. Op. cit., p. 33.
23. Ibid., p. 32.

haïtienne qu'il se doit en dépit de son exil forcé aux États-Unis de transmettre aux jeunes générations, notamment à Ka sa fille. Aussi l'entend-on lui dire : « Yon ti koze, une petite conversation[24] » ; ou encore : « En Haïti, c'est ce qu'on appelle un bon ange, ti bon anj[25] ».

S'agissant du genre musical, il s'illustre à travers les chants qui rythment la narration des méfaits du briseur de rosée. L'un d'eux, Silent Night, en anglais, est repérable dans le chapitre intitulé « Le livre de miracles ». Il est exhibé au moment où Anne le fredonne pour conjurer la peur ambiante et se donner l'impression que les temps meilleurs sont proches, même si ce n'est que de manière ponctuelle à la période de noël. On peut alors entendre cette mélodie : « Sleep in heavenly peace. (Dors dans la paix du ciel)[26] ».

III. Du devoir de mémoire : entre quête identitaire et postulation de l'éthique de l'être-ensemble

On le sait avec Barthes, « interpréter un texte ce n'est pas lui donner un sens (plus ou moins libre) c'est au contraire apprécier de quel pluriel il est fait[27] ». Dans le cadre de la réécriture de l'histoire du règne des Duvalier, il convient de souligner à grands traits que Danticat n'entrevoit aucunement d'attiser les passions auprès des victimes du Génocide haïtien occulté. Elle n'ambitionne point de dresser les victimes d'hier contre les bourreaux à la solde du régime punitif d'antan. Dans sa froideur, le récit n'a pas de parti pris, puisqu'il n'incite ni à la révolte ni à la revanche. Il vise à redire les faits dans toute leur horreur aux fins de susciter une prise de conscience collective loin du silence destructeur. Écrire devient alors un devoir de mémoire où le sujet haïtien scrute une identité nouvelle en vue de laisser poindre une Haïti neuve.

---

24. Ibid., p . 23.
25. Ibid., p. 27.
26. Ibid., p. 98.
27. Roland Barthes, *S/Z*, Paris, Seuil, 1970, p. 11.

3.1. Le devoir de mémoire

Comme le souligne Marguerite B. Clérié, « ce qui rend le duvaliérisme encore plus odieux, c'est cette tentative d'effacer la mémoire des victimes. Ce n'est pas seulement le nombre de victimes qui est ici en cause ou la brutalité des bourreaux mais la volonté de les faire disparaître à jamais. Ce sont des êtres humains à qui on a refusé le droit d'être humain[28] ». Autant dire, au regard de ce qui précède, que le devoir de mémoire impulsé par la dynamique scripturaire de Danticat renvoie à une stratégie de réconciliation en vue de recoller les morceaux brisés. Il vise à susciter un nouveau départ pour tous en vue de la renaissance de la société haïtienne tout entière. Certes, il est difficile d'oublier le mal vécu, ainsi que l'attestent les nombreux personnages qui se prêtent au jeu narratif dans la trame de Danticat. L'oubli les hante mais ils ne cèdent pas à sa séduction, frappés qu'ils sont du sceau de la rancœur. Voilà pourquoi le père du briseur de rosée sombre dans la folie suite à une dépossession arbitraire de son terrain, tandis que sa mère quitte à jamais le pays. D'ailleurs la difficulté à oublier les affres d'une dictature omniprésente pousse pratiquement tous les personnages de Danticat vers exil aux États-Unis. Le texte de cette romancière devient ainsi un vibrant réquisitoire lancé à qui de droit afin que les auteurs de ce carnage ignoré soient officiellement identifiés et les responsabilités établies.

Tel est le sens qu'il faut attribuer à la réflexion intime que mène le briseur de rosée à la veille de son énième forfait, la mésaventure qui le voit ôter la vie à son futur beau-frère posthume, un pasteur. Avant le meurtre, il rêvait déjà de renaître à la vie en mettant définitivement un terme à une mise en scène devenue pour lui un calvaire : « il avait rêvé qu'après la chute du gouvernement, il quittait Haïti déguisé en religieuse[29] ».

Le devoir de mémoire reste également lisible en tant qu'acte d'auto-confession, acte sans lequel le confesseur peinerait à connaître l'ataraxie. Il se

---

28. « Comprendre le duvaliérisme, de l'analyse de l'idéologie duvaliériste aux cause de sa chute », http://www.lescacosnoirs.com/comprendre-le-duvalierisme-de-lanalyse-de-lideologie-aux-causes-de-sa-chute-.http//www.haitilutte-contre-impunite.org/indexby_by_tag.16. Consulté le 13 mars 2017.
29. Edwidge Danticat, *Le Briseur de rosée*, Paris, Grasset, 2005, p. 237.

doit de confesser le mal commis, de sorte à le conjurer à jamais. Ceci explique pourquoi le briseur de rosée passe aux aveux complets et choisit de dévoiler à sa fille Ka son vrai visage sous les Duvalier : celui du tueur impénitent. Les détails qu'il lui fournit sont révélateurs des contours d'une profession ignoble marquée par les actes odieux commis par le passé :

> Ka je n'ai pas été en prison. [...] Je travaillais en prison [...] C'est l'un des prisonniers de la prison qui m'a fendu le visage ainsi. [...] L'homme qui m'a tailladé la joue, [...] je l'ai abattu, je l'ai tué comme j'ai tué beaucoup de gens. [...] Ka, quoiqu'il en soit, je suis ton père, toujours le mari de ta mère. Je ne referais jamais ces choses-là aujourd'hui[30].

La dernière phrase de ces propos formule une requête : celle du pardon, condition recherchée par le père. Ce pardon devient la condition essentielle en vue d'une éventuelle réconciliation entre l'ex-tueur et l'ensemble de sa famille. C'est dans l'optique de satisfaire les termes de ladite quête que Ka s'enquiert ainsi auprès de sa mère pour lui demander si elle est au courant du vrai statut de son mari : « maman, comment fais-tu pour l'aimer[31] ? ». La réponse par l'interrogative de la mère atteste qu'elle est depuis longtemps dans l'attente de cet instant de réconciliation qui fédérerait toute sa famille. Elle se positionne alors comme une médiatrice aguerrie, une négociatrice futée et rusée en quête de paix en vue de permettre à sa fille de concéder à son père ses erreurs afin que la famille entière reparte du bon pied : « ce qu'il t'a dit, il veut te le dire depuis longtemps, toi, son bon ange. [...] Toi et moi, nous le sauvons. C'est comme ça que je vois les choses. C'est une graine jetée sur un rocher. Toi, moi, on lui fait pendre racine[32] ». L'enracinement familial du père est tributaire du pardon de la fille ; il sert de modèle de fondement à la réconciliation qui doit se répandre dans la société haïtienne autour d'une éthique de vie innovante : l'éthique de l'être-ensemble.

---

30. Ibid., pp. 32-33.
31. Ibid., p. 35.
32. Ibid., p. 36.

3.2. La quête identitaire, fondement de l'être-ensemble

L'éthique de l'être-ensemble s'appréhende comme « l'impératif de la refondation de notre monde pour l'instauration d'une vie saine, digne de l'homme [et qui] nécessite le respect minimum de règles communes auxquelles chacun doit se soumettre[33] ». Cet impératif repose sur des fondements tels que la liberté d'expression et de pensée, le respect des droits humains fondamentaux, la protection des biens des citoyens entre autres. Le désir de renaître à la vie qui secoue le briseur de rosée à la suite du meurtre du pasteur le conduit aux États-Unis. Autant dire que son point d'orgue est la quête d'un nouvel homme haïtien.

La quête par le briseur de rosée d'une nouvelle identité transite par une série de postures socialisantes qui, à termes, lui permettent de rompre avec un passé sclérosant caractérisé par le cycle infernal du traumatisme multiforme. Dans le chapitre intitulé « le livre des morts », sa disparition et celle de la statue qui lui est dédiée par sa fille conduisent cette dernière à décrire son père aux enquêteurs comme un fugueur indécis soucieux en permanence de se masquer : « mon père n'a jamais aimé qu'on le photographie. [...] il ne veut pas que des documents, anciens ou récents, circulent sur lui[34] ». Ce sont là autant d'attitudes qui affichent à suffisance le vœu cher qui traverse le géniteur de Ka : celui d'effacer à tout prix toute trace de son passé de tueur susceptible de compromettre son avenir aux États-Unis. Ce désir se lit à son attitude au moment de quitter Haïti avec Anne. Tous les deux partenaires sont mus par la hantise de faire table rase d'un passé qu'ils souhaitent enfouir au tréfonds de l'oubli. Le narrateur confirme cet argument en déclarant : « jamais ils ne fouillèrent dans le temps, l'histoire ou la mémoire pour remonter au-delà du jour de leur rencontre. Ils étaient trop occupés à penser à ce qu'ils étaient maintenant ou à ce qu'ils voulaient devenir [...] L'expiation, le rachat était possible et à la portée de tous[35] ». On peut ainsi avancer que se faire photographier suppose qu'il milite en faveur d'un souvenir de bourreau dans les prisons en Haïti. Ce souvenir atroce se laisse saisir à « l'épaisse cicatrice en zigzag, semblable à une corde, qui va de la joue droite [...] au coin de sa bouche[36] ».

---
34. Edwidge Danticat, *Le Briseur de rosée*, Paris, Grasset, 2005, pp. 13-14.
35. Ibid., pp. 294-295.
36. Ibid., p. 13.

Il en est d'ailleurs de la photographie comme de la statue que l'ex-tueur va précipitamment et discrètement noyer au fond d'un lac artificiel à l'insu de sa fille. Comme dans le cas de la photographie, choisir de conserver la statue pérenniserait le souvenir qu'il veut conjurer. Or, la sculpture dévoile le moindre trait de son visage enlaidi et le souvenir amer qui le hante sans cesse. Pourtant, l'homme veut à présent se sentir un homme nouveau dans un paysage tout aussi nouveau. C'est sans doute pourquoi il déclare à sa fille sculpteuse : « Ka, […] quand j'ai vu la statue pour la première fois, j'ai voulu être enterré avec elle, pour l'emporter dans l'autre monde[37] ». Bien plus, le tueur confie aux Fonteneau qu'il n'est pas retourné en Haïti depuis trente-sept ans, question de se séparer d'un espace de vie teinté d'amertume et chargé d'horreur pour lui.

Conclusion

À tout prendre, le roman de Danticat s'offre comme une instance de revendication citoyenne dont le but premier est de délégitimer le culte de la vengeance et de l'horreur à travers l'exorcisation d'un système politique duvaliériste vicieux et caduc qui, soixante ans après son avènement, continue d'avoir pignon sur rue en Haïti. Cette option scripturaire participe d'un devoir de mémoire pour la romancière, tant il vise à faire bien comprendre aux uns et aux autres leur passé et de scruter un avenir meilleur pour les fils et filles d'Haïti. Mais le monde dessiné par l'artiste passe par un impératif, l'enjeu identitaire, celui qui permettra au sujet haïtien de redevenir plus que jamais un militant de la cause juste, un apôtre de l'éthique de l'être-ensemble. Autant dire que sans le respect scrupuleux du mode de vie neuf ainsi impulsé, aucun projet humaniste digne de ce nom ne pourra prendre corps dans une cité mue par la rancune et ancrée dans l'impunité la plus rebutante.

Pierre Suzanne EYENGA ONANA, Ph.D.

Bibliographie

BARTHES, Roland, *Essais critiques*, Paris, Seuil, 1964.

---, *Le Degré zéro de l'écriture*, Paris, Seuil, 1972.

----, *S/Z*, Paris, Seuil, 1970.

CLERIÉ B, Marguerite, « Comprendre le duvaliérisme, de l'analyse de l'idéologie duvaliériste aux cause de sa chute », http://www.lescacosnoirs.com/comprendre-le-duvalierisme-de-lanalyse-de-lideologie-aux-causes-de-sa-chute-.http//www.haitilutte-contre-impunite.org/indexby_by_tag.16. Consulté le 13 mars 2017.

DANTICAT, Edwidge, *Le Briseur de rosée* [2004], Paris, Grasset, 2005.

DUBOIS, Jacques, « Sociocritique », Maurice Delacroix, Fernand Hallyn, *Introduction aux études littéraires. Méthodes du texte*, Paris, Duculot, 1987, pp. 121-154.

GENETTE, Gérard, *Introduction à l'architexte*, Paris, Seuil, 1979.

JOUVE, Vincent, *La Littérature selon Barthes*, Paris, Minuit, 1986.

KRISTEVA, Julia, *Séméiôtikè. Recherches pour une sémanalyse*, Paris, Seuil, 1969.

MITTERAND, Henri, *Le Discours du roman*, Paris, PUF, 1980.

MVOGO, Dominique, *Le Devoir de solidarité. Pour une éthique de l'être-ensemble*, Yaoundé, PUCAC, 2009.

Voltaire, *Candide* [1759], Paris, J'ai Lu, 2012.

Pour citer cet article :

Pierre Suzanne EYENGA ONANA, « *Le Briseur de rosée* d'Edwidge Danticat à l'épreuve du duvaliérisme : entre exorcisation, quête identitaire, devoir de mémoire et postulation éthique de l'être-ensemble », *Revue Legs et Littérature*, 2017 | no. 9, pp. 175-191.

Deuxième partie

Portrait et témoignage

203   **Édouard Glissant : un signulier héritier**
Par Fritz Calixte

207   **Louis-Philippe Dalembert : « L'écriture m'aide à rassembler mes idées »**
Propos recueillis par Dieulermesson Petit Frère

Édouard Glissant, Un singulier héritier

Il y a certaines injustices que seule l'histoire sait réparer. Celle qu'a subie l'écrivain Édouard Glissant est de cet ordre et c'est à bon droit qu'on observe, depuis quelques temps, de son vivant déjà, un retournement de situation et la reconnaissance de son immense talent. Comment pouvait-il en être autrement ? Coincé derrière deux géants de la littérature martiniquaise, il a dû attendre le recul du temps pour qu'on puisse se rendre compte qu'Aimé Césaire et Frantz Fanon n'étaient que deux arbres qui cachaient d'autres jeunes pousses toutes aussi fécondes que ces deux monstres sacrés. Aimé Césaire est certainement celui qui dira que la Négritude est le lieu d'où peut être pensé la notion d'humanité. La condition nègre, dans la modernité, est le produit que la raison instrumentale peut réserver à tout homme si nous ne prenons pas garde.

> « *La Négritude est le lieu d'où peut être pensé la notion d'humanité* »

Face à cette négritude campée dans le Discours sur le colonialisme et qui fait signe à toutes les mémoires souffrantes, Édouard Glissant se pose en héritier. Or, la tache de tout héritier est de faire la part des choses dans un legs entre ce qu'il souhaite recevoir et ce dont il veut s'en départir. Cette mission est d'autant plus difficile surtout si tout doit se dénouer sous le regard interrogateur du patriarche césairien. Néanmoins, cela n'a pas empêché à Glissant de bien mener sa réflexion et de tracer une voie originale qui lui permet de mériter sa place aux côtés du maître et d'autres grands écrivains de la région.

Né dans la commune de Sainte Marie, un an avant le *krach* boursier de 1929, Édouard Glissant s'affirme au début de la décennie 80. Mais l'écho lointain du célèbre mardi noir lui a laissé l'impression que tout est marqué du sceau de l'incertain. L'axe principal de son œuvre est l'expérience antillaise qu'il déclamera en poésie, représentera dans ses romans et analysera dans ses essais. Pour lui, les Antilles sont en soit un message adressé au monde. C'est à décoder ce message que son maître livre, Le Discours antillais, publié en 1981, s'est attaché. Il en est ressorti que l'histoire de la Caraïbe est la chronique du devenir du monde. C'est sur cette ligne de crête qu'il retrouve et se sépare de Césaire. Là où ce dernier idéalisait l'Afrique :

> Ceux qui n'ont inventé ni la poudre ni la boussole
> Ceux qui n'ont jamais su dompter la vapeur ni l'électricité
> Ceux qui n'ont exploré ni les mers ni le ciel
> Mais ils savent en ses moindres recoins le pays de souffrance

et la voyait comme étant l'horizon de nos espérances nègres, Édouard Glissant, quant à lui, fait l'éloge de la rencontre des cultures. Des civilisations se sont rencontrées. Aucune n'est restée impassible. Elles se sont toutes transformées mutuellement. Quatre ans plus tard, il sort son recueil Pays rêvé, pays réel. Il résonne comme une réponse au Cahier d'un retour au pays natal. Ici, il est question du pays réel, loin du rêve et de l'idéal. La terre natale est marquée de ce que les Grecs appelaient le chaos. Tout change à une vitesse que nul ne peut dire. L'ici a vocation à se mélanger avec l'ailleurs et vice-versa. C'est cet état de fait qui constitue l'unité du Tout-monde.

> « *Édouard Glissant, quant à lui, fait l'éloge de la rencontre des cultures* »

S'il y a un concept qui n'a pas quitté Glissant c'est sans doute celui du métissage.

D'autres avant lui parlaient de cosmopolitisme. Ceux-là voyaient l'histoire comme une affaire européen-centré dont quasiment tous les autres peuples en seraient exclus, comme évoluant hors de l'histoire. Or, avec Glissant le cosmopolitisme est l'autre nom du métissage et nous livre un monde plus complexe, plus divers avec des interactions multiples. L'intraitable beauté du monde, comme il le dit si bien, est cette instabilité caractéristique et qui fait que nous habitons des sociétés qui ne cessent de se former, se déformer et se réformer. Le surgissement de la nouveauté est l'horizon des communautés humaines. Ainsi va le monde et on le comprend bien en observant l'histoire de la Caraïbe depuis les cinq derniers siècles. Qu'on s'étonne de réaliser que le monde se mondialise. Qu'on s'étonne de voir la mondialisation envahir tous les recoins de la planète. Pourtant, il n'y a rien d'inhabituel dans ce processus. Il ne s'agit que de la créolisation. Tout est en mouvement. Chaos et métissage produisent un tremblement du monde.

Héraclite disait : « ta panta rhei : tout passe, tout coule, on ne se baigne jamais dans le même fleuve ». La rencontre est le mot qui symbolise la vie. En soi, il n'y a rien de négatif dans la créolisation. C'est la marche du monde. C'est l'instrumentalisation de cette marche, dans sa version « mondialisation », concept à la fois politique et économique, qui dénature la rencontre et qui en fait quelque chose de négatif et une quête d'uniformisation. La créolisation s'oppose à la mondialisation en ce sens qu'elle promeut le dialogue et le partage. C'est ici que Glissant prolonge Césaire et reprend l'expérience antillaise pour montrer comment elle parle au monde.

« Il n'y a rien de négatif dans la créolisation »

Fritz Calixte, Ph.D.

Louis-Philippe Dalembert : « L'écriture m'aide à rassembler mes idées »

Louis-Philippe Dalembert est né à Port-au-Prince en 1962. Après ses études de doctorat en littérature comparée à l'université Paris III, il s'est consacré à l'écriture. Poète, romancier et nouvelliste, auteur d'une oeuvre romanesque assez dense, il est aussi et surtout un voyageur impénitent. Ancien pensionnaire de la villa Medicis, il a reçu entre autres le prix RFO en 1999 pour L'autre face de la mer *et le prix Thyde Monnier de la SDGL pour* Ballade d'un amour inachevé *en 2013. Il vit entre Paris, Berlin et Port-au-Prince.*

Legs et Littérature (L&L) : *Louis-Philippe Dalembert, nous sommes très heureux de vous avoir dans les colonnes de ce numéro de la revue Legs et Littérature consacré à la Caraïbe. En l'espace d'une vingtaine d'années, vous avez produit une littérature assez dense, originale et d'une grande richesse thématique. Vous avez aussi vécu dans plusieurs coins du monde. Écrivain-monde, écrivain-haïtien, globetrotteur, comment vous vous définissez, Louis-Philippe Dalembert ?*

Louis Philippe Dalembert (LPD) : Écrivain, tout simplement. Quelqu'un qui a fait de sa passion – l'écriture et la lecture ; dans mon esprit, les deux vont ensemble – un métier. Le reste, je le laisse aux critiques (universitaires et journalistes) qui ont souvent besoin de tiroir pour caser les gens. Certes, l'envie et la chance de pouvoir voyager, de vivre ici et là, avec la terre natale pour boussole, nourrissent mon travail d'écrivain. De même, je refuse de m'enfermer ni de me laisser enfermer dans quelque ghetto que ce soit, fût-il celui, rassurant, de la nationalité. L'un des paramètres qui fait la beauté de l'identité haïtienne, par exemple, c'est sa diversité, sa facilité à intégrer l'autre d'où qu'il vienne. S'il est nécessaire de savoir d'où l'on vient, qui l'on est, il est tout aussi utile de s'ouvrir aux autres,

« L'un des paramètres qui fait la beauté de l'identité haïtienne, c'est sa diversité » de s'enrichir de leur diversité, sans se départir pour autant de soi. Pour en revenir à votre question, tous ceux qui font métier d'écrire vous diront que l'adjectif qu'ils aimeraient voir accolé à leur titre d'écrivain, c'est « bon ». Les plus mégalos diront sans doute : « grand ».

L&L : *Parlez-nous un peu de votre rapport avec l'écriture. A-t-elle à vos yeux un effet salvateur ?*

LPD : Personnellement, non. J'aurais pu enseigner à temps plein, être diplomate, me lancer dans une autre carrière plus confortable à bien des égards. Mais j'ai choisi de faire rimer passion avec profession. Ce qui n'est pas sans risque. En même temps, je trouve le défi de l'écriture beaucoup plus excitant. À chaque fois que tu t'assieds à ta table de travail, tu n'es jamais sûr d'y arriver. On en parlait récemment avec mon amie Yanick Lahens. C'est comme s'il fallait réapprendre le métier tous les jours. C'est une activité qui laisse un formidable espace de liberté, mais avec laquelle on est dans un rapport permanent, j'ai envie de dire de séduction. Et dans ce jeu, l'écrivain(e) est le seul, ou la seule, à devoir séduire l'autre. L'écriture, elle, reste assise sur son quant-à-soi et attend que tu viennes à elle avant qu'elle daigne t'accorder quelque faveur. Parfois, juste un regard. Et tu vis dans l'attente d'obtenir plus le lendemain. Cela demande de la patience et de la persévérance.

Au-delà de ce rapport de séduction, l'écriture m'aide à rassembler mes idées, à y mettre de l'ordre. Elle fait office à la fois de balise, structure, tout en t'entraînant sur des pistes inédites, au-delà de toi-même et du raisonnable. Ce rapport paradoxal me fascine.

« *L'écriture m'ai de à rassembler mes idées, à y mettre de l'ordre.* »

L&L : *La migration, l'exil, le voyage sont entre autres thématiques de votre œuvre romanesque (je pense à* Le crayon du Bon Dieu n'a pas de gomme, L'Autre Face de la mer, L'Île du bout des rêves, Les dieux voyagent la nuit), *comme s'il y aurait une sorte d'obsession de l'Ailleurs, du départ. D'où vient cette hantise de la traversée, de l'aventure ?*

LPD : Je dirais plus obsession que hantise, car cette thématique ne renvoie à aucune crainte chez moi. Elle vient à la fois de mon histoire personnelle et collective. Enfant, je voyais partir les gens – la famille, le voisinage, les amis – autour de moi. Certains, très peu, revenaient pour de courts séjours avant de repartir vers l'ailleurs. Les autres, je ne les revoyais plus. Plus tard, j'avais autour de six ans, la famille a déménagé à Delmas. Et là, tous les matins, je voyais les avions de ligne intérieure ou les avions militaires venir s'échauffer en bout de piste. Ma grande question à l'époque était : où est-ce qu'ils vont ? Cela m'obsédait littéralement. Jusqu'à ce que je parte à mon tour. J'en parle dans un poème intitulé « Départ » : « partir / comme on laisse l'enfance / sans savoir le néant / en s'éloignant les yeux rivés au rêve / et les pieds à la cadence du chemin / long parfois jusqu'à l'épuisement / partir / sans un regard pour la statue de sel / à la croisée du doute ».

Cela dit, la plupart des Haïtiens ont vécu, ou vivent, la même expérience. En tant que peuple, nous sommes à la croisée de plusieurs migrations. Même après la création de l'État haïtien, des vagues de migrations sont venues alimenter notre identité. De même, nous sommes allés fonder des îlots ailleurs (Cuba, République dominicaine, États-Unis, Canada, Guyane française, Bahamas, etc.), lesquels reviennent par à-coups alimenter la matrice commune. Il se trouve que je suis très sensible à tout ce va-et-vient. D'où son utilisation dans mon travail d'écrivain.

L&L : *Justement, c'est cette histoire de départ, de va-et-vient* *qui domine vos deux premiers romans :* Le crayon du bon Dieu n'a pas de gomme *et* L'Autre Face de la mer. *Ce n'est certainement pas une coïncidence, puisqu'enfant vous aviez, tout comme la petite fille qui aimait regarder les bateaux et rêvait de « traverser l'océan », vécu ces départs et vous voilà aujourd'hui inscrit dans cette même dynamique du va-et-vient. C'est aussi des histoires de blessures, de souvenirs, de mémoire...*

LPD : Certes, mais ce sont aussi des histoires de joie, des rencontres belles qui donnent un sens à l'humaine condition. Ce qui m'émeut le plus dans tous ces mouvements de femmes et d'hommes sur la planète, ce ne sont pas tant les portes que l'on ferme ici et là au nez des migrants. Non, ce qui m'émeut, c'est quand quelqu'un tend la main à un autre à qui il ne devait rien. C'est cette générosité, ce geste gratuit qui me touche.

Nous avons tendance à retenir plutôt ce qui ne va pas, le rejet de l'autre. Mais il y a aussi des moments beaux, où l'être humain sait dépasser sa peur de l'autre. Il y a quelques semaines, par exemple, un agriculteur français a traversé la frontière avec l'Espagne pour aller récupérer des migrants africains et les faire entrer illégalement en France. Il risquait la prison pour son acte, mais il y est allé quand même. Je n'ai pas pu m'empêcher d'en faire un poème, « un homme a tendu la main », que je lui ai dédié. De même, dans *L'Autre Face de la mer*, je souligne le fait que des Dominicains ont pris des risques pour aider des Haïtiens à échapper à la haine de certains de leurs compatriotes.

L&L : *Cette générosité est un exemple de « la belle amour humaine » retrouvé aussi dans le* Compère Général Soleil *de Jacques Stephen Alexis (Hilarion en République dominicaine) et dans* Gouverneurs de la rosée *de Jacques Roumain (Manuel* *à Cuba). J'aurais pu citer Philoctète, Desquiron, Danticat et bien d'autres... Il me semble que depuis les années 50, les écrivains ne cessent d témoigner de cette générosité humaine chez le voisin, l'autre même dans le drame...*

LPD : Tant mieux ! Mais au-delà de la thématique, ce qui fait l'originalité d'une œuvre littéraire, c'est la manière de la « mettre en musique ». C'est ce qui laisse au lecteur l'impression de lire quelque chose de nouveau. Manuel et Annaïse, justement, c'est quoi ? C'est l'histoire de Roméo et Juliette, déjà mise en scène par Shakespeare à la fin du XVIe siècle ; c'est celle, plus ancienne encore, de Qaïs et Leyla, qu'on retrouve dans les légendes du monde arabe ; c'est la même tragédie, l'histoire d'amour interdite interdit entre une Israélienne et un Palestinien, que raconte la romancière israélienne Dorit Rabinyan dans Sous la même étoile. En tant qu'écrivain, on n'invente rien, hormis une structure, un style, une forme, bref, une mise en mots. C'est ce qu'on nomme littérature. C'est ce qui différencie un auteur d'un autre ; un bon d'un mauvais écrivain.

L&L : *L'enfance (L'Île du bout des rêves, L'Autre Face de la mer), la violence (Noires Blessures) et les frustrations, le désespoir occupent tout aussi une place importante.*

LPD : L'enfance et la violence sont, en effet, des thématiques présentes dans mon travail. Mais le désespoir, pas vraiment. Je suis incapable d'être tout à fait pessimiste. Malgré l'âge. Malgré l'élection de Donald Trump aux États-Unis. J'aurais tendance à retenir le geste des citoyens états-uniens qui ont envahi un aéroport pour forcer la police à laisser entrer les gens qui y avaient droit. Je reste un irréductible optimiste, de cet optimisme de la volonté dont parle le philosophe italien Antonio Gramsci. Sans être tout à fait ingénu, je continue de

« Je suis incapable d'être tout à fait pessimiste »

croire que, si l'on se bat, on peut améliorer la condition des êtres humains. Cela nécessite du temps, beaucoup de temps. C'est une lutte qui peut se livrer sur plusieurs générations, mais elle en vaut la peine. Autrement, quel sens aurait l'existence humaine ?

L'on n'écrit jamais seul

L&L : *L'écriture est une expérience plurielle si l'on admet que l'on n'écrit jamais seul avec toutes les voix/voies qui nous parlent et nous parcourent. Ainsi, il y a toujours du soi et de l'autre. Les récits de Louis Philippe Dalembert sont des récits de vie de tous ceux et toutes celles qu'il a côtoyé-e-s. Ne peut-on pas dire, dans beaucoup de cas, qu'il s'agit d'une chronique du quotidien ?*

LPD : Pour certains textes, sans doute. Je pense à des romans comme *Le crayon du bon Dieu n'a pas de gomme*, *Epi oun jou konsa tèt Pastè Bab pati*, *Ballade d'un amour inachevé*, etc. Mais pas vraiment pour des textes comme *Noires Blessures* ou le tout dernier, *Avant que les ombres s'effacent*. Là, nous sommes dans l'invention totale, si je peux m'exprimer ainsi. Mais dans un cas comme dans l'autre, les récits sont portés par une vision du monde, une esthétique…

Je retiendrai plus encore l'idée que l'on « n'écrit jamais seul », mais dans l'écho des voix/voies qui nous ont traversés. J'entends par là les gens que nous avons côtoyés certes, mais aussi les lectures, les expériences artistiques, qui nous ont marqué de leur empreinte. Pour avoir eu la chance de le découvrir très tôt et de manière régulière, le cinéma a profondément marqué mon écriture. Par exemple, je donne souvent à voir dans mon écriture. Et ce dès mon premier recueil de nouvelles, Le Songe d'une photo d'enfance. Pour le coup, nous sommes en plein dans la pluralité dont vous parlez.

> « *L'on n'écrit jamais seul, mais dans l'écho des voix/voies qui nous ont traversés* »

L&L : *Votre dernier roman,* Avant que les ombres s'effacent, *vient de paraître chez Sabine Wespieser. D'après ce qu'on peut lire sur la quatrième de couverture, il revient sur un épisode peu connu de l'histoire d'Haïti qui avait ouvert ses portes aux Juifs fuyant l'Allemagne nazie pendant la Seconde Guerre mondiale. En plus d'être une fresque historique, c'est aussi une histoire de catastrophes, d'exil, du vaudou...*

LPD : J'en avais marre d'entendre parler d'Haïti à travers les mêmes éternels stéréotypes : pauvreté, catastrophes naturelles ou politiques, etc. Ce pays a aussi posé un certain nombre d'actes courageux dans son histoire. Des actes dont nous pouvons être fiers en tant qu'Haïtiens. Certains étaient symboliques, comme la déclaration de guerre au IIIe Reich, au Royaume d'Italie et à l'empire nippon. Mais d'autres fois, c'est allé au-delà du symbole. On peut dire sans exagérer, sans chauvinisme non plus, que la révolution haïtienne a été la plus grande révolution du XIXe siècle. Le fait qu'un petit pays comme Haïti ait ouvert ses portes aux Juifs qui fuyaient l'Europe nazifiée pendant la Seconde Guerre mondiale, c'est un geste énorme qui, là aussi, va au-delà du symbole.

C'est une histoire d'exil certes, pour toute une famille, mais c'est aussi une histoire de main tendue – j'y reviens. Le personnage principal du roman, le Dr Ruben Schwarzberg n'a eu de cesse de rencontrer de la générosité sur son chemin. C'est ce qui lui a permis d'échapper aux griffes des nazis et d'arriver en Haïti. Arrivé au soir de sa vie, il a voulu rendre hommage à ses bienfaiteurs, et surtout à ce pays, Haïti, où il a enfin trouvé une patrie.

Propos recueillis par Dieulermesson Petit Frère

• Troisième partie

Lectures

217 **C'est avec mains qu'on fait chansons**
   Par Marie-Josée DESVIGNES

221 **Romances du levant**
   Par Kokouvi Dzifa GALLEY

225 **Les jeux du dissemblable...**
   Par Robert BERROUET-ORIOL

230 **Le pied de mon père**
   Par Jethro ANTOINE

233 **Banal oubli**
   Par Mirline PIERRE

236 **L'oeillet ensorcelé**
   Par Kokouvi Dzifa GALLEY

241 **Ferdinand, je suis à Paris**
   Par Dieulermesson PETIT FRERE

Lyonel Trouillot est l'auteur d'une œuvre poétique et romanesque bien ancrée dans le réel haïtien. Figure importante de la littérature contemporaine, son œuvre est largement diffusée à l'étranger. Son dernier roman, *Kannjawou* a paru chez Actes Sud en 2016.

Lyonel Trouillot, **C'est avec mains qu'on fait chansons**, Paris, Le temps des cerises, 2015, 104 pages.

De cette incertitude, de ce doute persistant et commun à tous ceux qui écrivent à la marge du poétique, dans une langue toujours belle et renouvelée, Lyonel Trouillot confie qu'il a donné pour cette anthologie quelques textes qui courent sur une trentaine d'années et qui vraisemblablement s'en rapprochent. « Violant une de ses lois secrètes » qui voudrait que celle-ci ne peut prétendre être ce qu'elle est, il propose un ensemble entre prose et poésie.

J'ose donc partager ce doute sur la poésie avec le lecteur qui le voudra. L'écriture poétique restant pour moi la plus sacrée des fêtes païennes et une entreprise de restitution langagière sans égale, par la blessure, les songes et le rapport au réel individuels et pourtant communs qu'elle interpelle. (p. 5)

Une centaine de pages forme cet ensemble qui s'ouvre sur un poème intitulé sans surprise : « Il n'y a pas de poème » et qui d'emblée se refuse tel en effet. Répondant à la demande d'un ami de participer à une anthologie, Lyonel Trouillot écrit :

À Y. L .M qui m'avait demandé un poème pour son anthologie,
Je ne t'enverrai pas de poèmes mon ami
Que te dirais-je
Sinon que la nuit est la même sur Port au Prince et Saint-Malo. (p. 9)

Et, ce faisant, il écrit sa réponse au poète sous la forme d'un texte qui s'apparente bien à de la poésie. Quelle plus belle façon de dire que la poésie n'est pas un genre avec des codes stables et définitifs mais bien un état dans la langue que possèdent certains écrivains, que ceux-ci écrivent sous cette forme reconnaissable ou qu'ils écrivent plus généralement des romans et qu'ils soient de magnifiques conteurs comme Lyonel Trouillot. C'est qu'avec cette réponse en forme de lettre poétique, l'écrivain donne de ses nouvelles et des nouvelles du monde qu'il habite, questionne le devenir général du monde, de l'homme sans pour autant alourdir sa phrase d'une rhétorique philosophique, avec une légèreté des questionnements, une économie de mots, un afflux d'images fantastiques ou oniriques et où la forme donnée au texte (mais les retours à la ligne sont-ils les signes les plus visibles de la poésie ?) suffirait à rendre le propos du poète, le fond de son âme et prouve qu'il est bien poète.

Je ne t'enverrai pas de poème mon ami
Comment dire la présence de la mort dans la vie ?
Longtemps j'avais gardé un morceau de lune dans ma poche
[…]
Tout ce que je peux t'offrir
De l'autre côté de la mer
C'est un silence qui fait naufrage (p. 10)

Suivent ensuite d'autres textes poétiques, c'est-à-dire contenant une réelle poésie qui dit le monde, le mal, l'injustice, le devenir de l'homme, mais aussi des mots engagés qui, mis bout à bout, expriment une colère contre l'hypocrisie d'un monde qui dit vouloir aider (en réalité pour sa seule gloire). Et on se souvient des reproches de Lyonel Trouillot après le séisme en Haïti en janvier 2010, son désarroi à voir le monde occidental s'exprimer sur Haïti en oubliant de laisser la parole aux Haïtiens. Car le souci constant de l'écrivain haïtien est de veiller (de sa place et par ses écrits) à perpétuer cette nécessité de redonner une « autorité discursive » (terme employé par le poète lors d'une interview dans Jeune Afrique) à ce peuple, une reconnaissance et une identité.

C'est une poésie où se mêlent la violence des hommes faite à d'autres hommes, la force de la nature, la beauté des femmes, l'amour simple et innocent, la nostalgie de l'enfance, la violence et l'indifférence, parts dominantes de ce monde qui, en elles-mêmes, sont déjà des sujets suffisants pour ce conteur qui écrit au plus près du réel.

Tu sais, je suis venu à fond de cale, j'ai survécu.
On m'a inventé des dettes que j'ai payées, j'ai survécu.
On a assassiné mes frères : Péralte, Alexis, beaucoup d'autres. J'ai salué leur légende et pleuré leur absence, j'ai survécu. La terre a tremblé et s'est couchée sur moi. Sous des tentes et des hangars. J'ai survécu. (p. 14)

Haranguant l'homme, son ami, son

proche, il questionne nos certitudes et nos petits conforts. La douceur d'un peuple à « l'extrême gentillesse » ne signifie pas soumission ou résignation. « Tu t'es trompé mon frère. Même un mouton pelé a droit à la colère. » Lyonel Trouillot porte cette espérance d'une reconnaissance un jour de ce qu'il appelle dans un de ses romans la belle amour humaine. (cf son roman au titre éponyme).

Et c'est d'ailleurs ce que l'on retrouve majoritairement dans cette anthologie, des textes qui disent le plus souvent, l'amour pour une femme, l'amour de l'humain, les choses du monde mais surtout la vie.

Écrire n'est-ce pas supposer qu'il n'y a pas d'être sans mystère » (p. 20)

La poésie se trouve encore dans les souvenirs, dans l'enfance, dans l'amitié, elle arrive dès lors qu'on convoque le temps passé à rire et à aimer. Elle est là aussi quand il décline en un « je me souviens » très pérecquien le désir et l'amour encore.

Avec des mots d'amour cassés comme un crayon
[…]
Avec mon panier d'herbes folles
Et mes mains brûlées par le vent
[…]

Je t'ai parlé une langue d'aube, d'alcool et de lumière
une langue de routes (p. 39)

Que les poèmes soient une prose poétique ou ordonnés comme un poème, tout révèle l'excellent conteur quand la poésie très narrative rapporte un souvenir, une amitié, une femme aimée, chaque texte possède le même souffle exalté que dans ses romans :

Est-ce une fleur
est-ce le deuil
est-ce le rire qui fait l'enfance
le sable qui fait l'éternité (p. 52)

C'est une poésie sensible où l'écrivain de *La belle amour humaine* ou de *L'Amour avant que j'oublie*, se révèle fragile, nostalgique et doux quand il dit :

Je veux mourir dans mon enfance et que ne
souffrent pas les humains et les libellules
[…]
Je veux mourir dans mon enfance
Dans une ville sans casques bleus
sans « oui-blanc »
« Plaît-il blanc »
« Merci blanc (pp. 56-57)

Avec le long poème *La petite fille au*

regard d'île, nous entrons dans le mystère fait d'innocence et d'amour encore d'une poésie qui se tient seule par l'effet sans cesse renouvelé d'un langage inventif et libre.

par édit de vertiges
l'hirondelle en be-bop
sur les quartiers marins. (p. 81)

Les dernières pages sont deux longues proses poétiques qui convoquent Rimbaud et sa légende. Si tristes fussent-elles les rues de Port-au-Prince, *il y a presque autant de femmes que d'oiseaux qui ne chantent pas.* (p. 91)

Et dans cette tragédie en deux actes, sorte de synopsis d'un moment de vie tragique, le poète pourtant attend toujours sa bien-aimée :

Un soir de désespoir, je me suis arrêté dans une rue où passaient des poètes et des étudiants. [...] *Rue Magloire, je t'ai attendue. Il tombait des balcons une odeur de murmure, l'odeur des choses qu'on n'ose pas.*
[...]
Rendons l'homme à l'amour et il guérira. (pp. 94-95)

Marie-Josée DESVIGNES

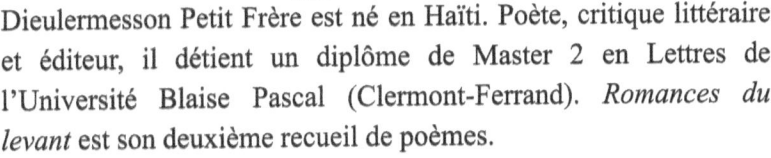

Dieulermesson Petit Frère est né en Haïti. Poète, critique littéraire et éditeur, il détient un diplôme de Master 2 en Lettres de l'Université Blaise Pascal (Clermont-Ferrand). *Romances du levant* est son deuxième recueil de poèmes.

Dieulermesson Petit Frère, **Romances du levant**, Port-au-Prince, Ruptures, 2013, 73 pages.

Romances du levant nous habille d'une fraîcheur matinale. Un lève-tôt, le mot du poète! Avec une certaine urgence dans l'élan. Les mots de Dieulermesson coulent, grondent, portent un conflit avec une immédiateté. La passion n'est pas différée. Tout se vit comme au théâtre : ici et maintenant ou jamais. Les joies autant que les aléas. Tout est sublimé avec une énergie, une fougue sans borne. Ici mêmes *les silences brulés* ne parviennent pas à séparer *les corps mêlés*. (…) *L'oubli est une guitare désaccordée en courbe muette* (p. 18). Les mots transpirent entre transe et ébat dans ce recueil. Le désir y est dressé, viril. *Le temps d'un coït en transe* (p. 46). Un sensuel et irrésistible navire conquérant ! La femme aimée est un océan, une exhalation d'enivrants effluves.

Accosté à son port
J'ai humé l'aube
A l'encoignure de ses yeux d'océan
Printemps de femme sexe mouillé
De quel genre est l'amour ? (p. 17)

[...] *Du sperme derrière ta joue droite.* (p. 35)

Elle est toujours particulière. Spéciale. Une pierre rare :

Les grains de ton sourire
Sont comme des lunes d'étincelles (p. 21)
[…] *Il pleut des lunes dans mes nuits.* (p. 32)

Les accords du crépuscule deviennent le commencement de quelque chose. Ils dévoilent les espérances de l'avant jour. A-t-il (le poète) bu de l'absinthe?

Dans tes yeux
Le soleil ne se couche pas
Même s'il fait nuit (…) nuit sans jour
Nuit voyelle consonne (…) L'avenir sent l'absinthe. (p. 33)

Une grande pointe de non-conformisme se dépeint entre les lignes. Le poète a du Brassens dans les veines.

Mourir de plaisir

Mon cœur patauge dans la folie
Mon corps sue l'amour. (p. 31)

Les femmes aimées sont des chapelets d'îles.

Ton sexe est une rue sans trottoir (p. 53).

Chaque île de ton regard
Est une porte ouverte
Au pied de l'avant jour. (p. 46)

Le poète y va avec les mots qui font tomber les cœurs.

Ces femmes saveurs de pomme
De fraise ou de canne à sucre
Il y en a qui évoquent l'été des tropiques
D'autres les ouragans d'août ou de septembre
D'autres encore les nuits de pleine lune
D'octobre ou la brune rosée du matin
Marine, Isabelle, Lindsey, Ann-Heidi, Shara, Rébecca.
Elles habitent toutes l'impasse de mon cœur. (p. 52)

C'est une ode à Bacchus.

Dieulermesson, dans *Romances du levant*, donne le ton en citant Georges Castera: "ime moi comme une maison qui brûle". Une maison qui brûle certes, mais qui renaît à chaque fois de ses cendres, infiniment. Et le corps de l'aimée est un temple célébré par un torrent d'effet :

Une femme nue
Couleur de cathédrale. (p. 20)

L'amour est plus fort que la mort. Il survit à la fin, arpente les vagues de la perdition :

Os de ma dépouille
Orage déchiré de ma chair
Mon âme est ténébreuse
Le froid des matins sans soleil
A brulé
Le tapis de mon cœur
Depuis ma tendre renaissance. (p. 19)

Ce corps-à-corps du désir est une aube renaissante. *Une aube* soufflée avec des mots sur mesure. L'aube ici est sous le sceau de la femme aimée. Elle emporte les sens du poète devenu un bouc lubrique et chaud de désir.

J'ai humé l'aube (…) *Soleil d'aube* (…) *L'aube se cherche aux quatre coins de la fragilité du vide* (…) *la ville sommeille au pied de l'aube* (…) *entre aube et rosée* (…) *ton regard rectiligne dans la quadrature de l'aube* (…) *Ni l'aube qui point dans la ligne de tes yeux.* (p. 57)

L'étreinte est comme le dernier geste du condamné. Elle est intense. Elle creuse jusque dans la courbe du regard de l'aimée. La femme aimée est dotée de tous les pouvoirs.

Elle a imprimé la courbe de ses hanches
Dans la fêlure de mon regard. (p. 17)

Une douleur qui ne cache pas son aveu de puissance. Sans cette femme-île, le poète connait *des chagrins souillés*. Il est *perdu*. Il devient *une ombre errante. Ses yeux fatigués corps meurtri/ Le cœur poignardé* (p. 18). Il devient *Un miroir sans vie/ Au creuset du/ Purgatoire/ Ma folie se tue et s'égare/ Tristesse rédemptrice/ Une cire de bougie/ au tronc d'un crucifix* (p. 18).

Même la ville est vue sous le trait d'une femme :

Toute l'âme de la création
Promène/ dans ta ville aux seins d'accent circonflexe. (p. 46)
[…]
Toutes les avenues longent le quartier de ton regard. (p. 49)

Cette femme-ville est la *capitale de mon amour*. Et aussi la capitale de la douleur. La poète parle de son Haïti après le séisme.

Ton corps est une île nue
Dans la chute du regard. (p. 51)

Cet attachement à sa terre sublimé avec force va au-delà du dire.

Tu y as planté cet amour cheval de Troie en ligne brisé. (p. 55)
[…]
Chaque île de ton regard
Est une porte ouverte
Au pied de l'avant jour (p. 46).

Le poète continue dans cette quête. Il construit *une passerelle de songes*. Il donne corps et sens à cette terre déchirée de part en part. Ses mots colorent notre langue, font valser notre vue.

Femme nue couleur caraïbe saveurs de mangue à corne. Je connais par cœur toute la faune de ton corps. (…) Un îlet d'ombre aux coins de tes yeux. (…) Je veux te baiser nuit et jour. (…) Mon rêve noyé dans l'accent de ta vulve. (…) Maria mon porte bonheur/ J'ai mis ma raison en berne pour t'aimer/ Toutes mes folies vagabondent vers ton île/ Pour habiter ton paradis (p. 69).

Pour conjurer le mauvais sort, le poète offre ce qu'il a de plus cher, son cœur brisé, au point de se faire marabout :

De chaque fragment de mon cœur
J'ai fait un talisman à toi
En l'honneur de notre amour
Brisé et blessé. (p.23)

Carolyn Shread, dans sa préface du recueil met en exergue ces parpaings faits de mots attentionnés et audacieux : « Tes poèmes sont des cairns d'un équilibre délicat et incertain. Tu construis des *rues sans trottoirs,* dans *une ville de bois* pour enfin nier qu'il ne subsiste qu'*un roman page blanche.* Ainsi, tu participes à la reconstruction de Port-au-Prince en posant la stèle du poète. »

Quelle gageure!

Dieulermesson est sobre en parole. Ses vers dans *Romances du levant* sont justes. Profonds. Des mots plus ardents que l'épicentre d'un séisme ! Leur tremblement exprime cette passion qui ne cesse de nous plonger dans les forces enfouies de l'imaginaire de la terre du poète. L'image y est percutante, tranchante comme une lame de rasoir. Une lame froide, calme comme le poète. Une langue colorée avec une saveur de pomme, de fraise, de canne à sucre. Avec *un gout de fruit tropical, sapotille, goyave, grenade et caïmite murie/ Aux odeurs de rose et de jasmin vert.* (p. 48) Un chapelet de corps nubiles. Le recueil brûle com-me le sourire de la femme aimée. Un ardent buisson qui continue de crépiter entre ébats, transes et orgasmes.

Romances du levant, un autre soleil, *au bout du petit matin* ! On ne peut aimer ces romances-là que comme une maison qui brûle.

Kokouvi Dzifa GALLEY

Peintre et chercheure postdoctorale à l'Université Concordia, Stéphane Martelly est née à Port-au-Prince. Poète et essayiste, elle a publié en 2016, *Inventaires*, son dernier recueil de poèmes aux éditions Triptyque.

Stéphane Martelly, ***Les jeux du dissemblable...***, Montréal, Nota Bene, 2016, 378 pages.

Ce livre est issu de sa thèse de doctorat soutenue en mai 2014 à l'Université de Montréal. Déjà connue à l'échelle internationale pour avoir publié le livre qui, selon mon analyse, est la plus exhaustive et méthodique étude de l'œuvre du poète Magloire Saint-Aude, *Le sujet opaque. Une lecture de l'œuvre poétique de Magloire-Saint-Aude*, Stéphane Martelly offre aujourd'hui à tous ceux qui s'intéressent à la littérature haïtienne contemporaine un livre majeur et de grande érudition, une référence analytique fort bien documentée qui fera date dans la réception critique de cette littérature.

Les jeux du dissemblable. Folie, marge et féminin en littérature haïtienne contemporaine se déploie sur 379 pages dans une langue de grande clarté argumentative. Il comprend un avant-propos qui situe le cadre conceptuel d'une réflexion herméneutique sur le sujet de la recherche menée par l'auteure et se divise en trois amples chapitres précédant la conclusion. L'ensemble est agrémenté d'une riche bibliographie de corpus, de théorie littéraire, de philosophie, de linguistique et de psychanalyse suivie d'une annexe consignant « Une série de toiles [peintes] pendant les premières années (…) qui ont accompagné la réflexion de l'auteure sur « La série de la folie – 2000-2005 ».

Le travail de Stéphane Martelly est à la fois complexe et passionnant ; le conceptualiser, mener une recherche au long cours puis en faire un livre relève chez elle de la création scripturaire accompagnant comme en écho une topographie de haute rigueur qui entend dé-voiler ce que la fiction littéraire haïtienne contemporaine a enfanté d'inédit « aux parapets de la folie », « en marge et au féminin » chez les auteurs étudiés. Ce sont Marie Vieux-Chauvet (« Folie » dans *Amour, colère et folie*) ; Davertige (*Anthologie secrète*) ; Jan J. Dominique (*Mémoire d'une amnésique*) ; Frankétienne (*Anthologie secrète*) ; Lyonel Trouillot (*Les enfants des héros*).

À vouloir pister la « folie » et le «

féminin » dans l'œuvre de plusieurs romanciers et poètes contemporains, la démarche analytique de Stéphane Martelly procède dès l'avant-propos d'un questionnement majeur :

[…] que se passe-t-il […] dans le contemporain littéraire haïtien, période que je situerais de la fin des années 1960 jusqu'au séisme du 12 janvier 2010, pour que, dans cet instant du désastre et de la catastrophe, ainsi pressentis et actualisés, la folie soit partout et que partout semble émerger le féminin ? […] Le tournant du millénaire en littérature haïtienne est marqué par plusieurs grands phénomènes et tendances : inquiétude sur le plan de l'expression de l'identité, sentiment global d'une perte de sens, d'une déroute ou d'une défaite, sombres figures de folie et de désastre dans le paysage contemporain et, de manière apparemment détachée, apparition de figures et de personnages féminins majeurs dans des œuvres de tous genres. Dans le moment ambigu de cette constitution du féminin et de cette déroute du sens, mon interrogation veut s'arrêter plus largement sur la folie et le féminin dans la littérature haïtienne contemporaine en tant qu'expressions concourantes de la dissemblance. (p. 10)

Au chapitre I ("Parcours critiques et déchiffrements heuristiques", Stéphane Martelly examine donc attentivement « la folie et le féminin dans la littérature haïtienne contemporaine » : elle s'applique à un véritable « déchiffrement heuristique » du texte *Folie* de Marie Vieux-Chauvet (p. 31 et ss). Pareil déchiffrement, laborieux, est à terme fécond puisqu'il permet à l'auteure d'éclairer le dispositif narratif de Marie Vieux-Chauvet comme suit :

La stratégie d'écriture la plus marquante en ce qui concerne la folie chez Chauvet réside incontestablement dans ces clivages et ruptures installés au cœur même du texte à travers les jeux de l'énonciation. D'une part on remarque l'énonciation à la première personne du monologue intérieur, par laquelle, dominante, s'exprime la voix de René (...) et d'autre part l'énonciation théâtralisée, portée par des personnages parfois dûment désignés par des didascalies, qui la font éclater vers une multitude de points de vue. (pp. 89-90)

L'ample analyse de ce chapitre est suivie d'une séquence intitulée à dessein "Folie I", texte de création littéraire où l'auteure réélabore, diffracte et recentre son objet d'étude du dedans de l'acte d'écrire. Ce qui d'ailleurs lui vaut de définir très justement l'heuristique :

Ce que j'appelle heuristique est cette écriture qui tourne en cercles concentriques. Qui close, se reflète pourtant infiniment dans des cercles élargis. Son ouverture procède par répétition et résonance. C'est un élargissement qui procède par étapes, méfiantes, prudentes, pour se solder tout aussitôt par un nouveau repli. (p. 117)

Au chapitre II ("Détours/traces : marges et mémoires du contemporain haïtien"), l'auteure poursuit sa démonstration en interrogeant cette fois-ci « les jeux du dissemblable » dans l'œuvre de deux poètes, Davertige et Franketienne :

La relation entre marge et mémoire que j'aborderai en profondeur dans les analyses qui suivent apparaît par ailleurs comme ce rapport forcément subversif qu'entretient une œuvre de création avec un contexte de violence ou de totalitarisme, puisqu'un sens est recherché et puisque cette recherche infinie, par essence inachevée, est une profonde affirmation de liberté. Qu'on aille dans le sens d'un décentrement, d'une « émargination », comme je le proposerai chez Davertige, ou d'un rapatriement de la marge au centre, comme dans le cas de la mémoire accidentée de Franketienne, une telle confrontation entre marge et mémoire permet qu'apparaisse soudain cet allusif au temps présent à la fois comme panorama, comme problème et comme création. Elle permet aussi que cet affrontement surgisse sur le territoire du sujet poétique, du sujet lui-même comme espace paradoxal de ressemblance et de différence, dans des repaires que, quelques pages auparavant, la folie nous présentait comme familiers [...] (p. 129)

Pareille mise en perspective et tracées réflexives de l'analyse permettent à Stéphane Martelly de poser que « *Peut-être qu'après tout, de Idem* [de Davertige] à *Anthologie secrète* [de Franketienne], *ce texte aux multiples formes ne fut que confusion ardente et une grande illusion d'œuvre* (p. 169), car [...] *avec Davertige, c'est la mémoire qui est poussée du côté de la marge par le souvenir et par l'entrée dans la légende et l'éternité. Avec Franketienne, au contraire, c'est la marge qui, me semble-t-il, est creusée au cœur de la mémoire, ce qui l'évide de son principe stabilisant de mêmeté tout en faisant résonner l'accumulation de ses voix.* (pp. 169-170)

Du reste il faut souligner que Stéphane Martelly fait œuvre de pionnière au sens où c'est bien la première fois qu'une analyse de si haut niveau instaure des rapprochements thématiques inédits et féconds entre les cinq auteurs étudiés, en particulier entre Davertige et Franketienne. Le chapitre II, qui aborde entre autres le « trauma » duvaliériste, le "déficit du symbolique" et le "réel traumatique" dans l'œuvre de Franketienne, est lui aussi suivi d'une séquence de création littéraire intitulée "Folie II", un puissant poème dans lequel l'auteure donne voix au deuil, au soliloque intime comme à une sorte de *suspicion théorique qui se situe par-devers toi au cœur de mon questionnement* [...] (p. 231)

Quant à lui le chapitre III ("Lire/créer : féminin et art dangereux de la dissemblance") s'attache à *Mémoire d'une am-nésique* de Jan J. Dominique et à *Les enfants des héros* de Lyonel Trouillot. Stéphane Martelly précise la visée de cet arpentage analytique en ces termes :

[...] *plutôt qu'une étude du genre plus traditionnelle, c'est le féminin en tant qu'archétype de la figure de l'autre qui me préoccupe ici, et, avec la marge et la folie, le féminin comme la forme négociée ou totale de l'altérité.* (pp. 244-245)

L'éclairage de premier plan qu'elle fournit en situe les enjeux :

On pourrait ainsi simplement présenter Mémoire d'une amnésique de Jan J. Dominique comme le récit d'apprentissage d'un personnage féminin qui aurait dû être un fils au lieu d'être une fille et qui s'appelle Paul comme son père, ou peut-être Lili. Récit, projet d'écriture, invention de soi par l'écriture, dès la quatrième de couverture de l'édition d'origine, ce projet d'inspiration autobiographique est signalé pour être tout aussitôt, en tant que tel, dénoncé. (pp. 247-248)

Plus loin dans sa démonstration Stéphane Martelly expose que :

[...] *dans le texte de Trouillot, c'est la femme elle-même qui est présente et absente, figurant de son corps, de sa parole possible et « tenue », cette place laissée vacante que la voix de la principale protagoniste refuse « absolument » d'occuper, signalant surtout, avec une singulière vigueur, ce silence et cette absence. En inscrivant ainsi le féminin, le roman de Trouillot signale également une rupture elle aussi radicale. Dans le refus de raconter comme dans la tentative de raconter ce « ne pas raconter », dans le silence comme dans ce renoncement à l'explication et aux causes, apparaissent la rhétorique et le visage de la folie.*

(pp. 293-294)

L'ample analyse de ce chapitre est suivie d'une séquence intitulée "Folie III", texte de création littéraire où l'auteure poursuit la réélaboration de son travail du dedans de l'acte d'écrire et appelle « […] de tous [ses] vœux cette écriture qui ne me voit pas qui me regarde à peine depuis le lieu de mon silence […] ».

La conclusion du livre, « L'autre bout de nous-mêmes : angle mort de la création » remet en perspective la démarche exposée et confirme la justesse des hypothèses démontrées sans en exclure la fragilité : la « folie », la « marge » et le « féminin » ne se laissent pas en effet confiner dans l'enfermement de la parole scriptée. Le lecteur saura apprécier lorsqu'il aura en mains ce livre qu'il faut lire toutes affaires cessantes.

Je formule le vœu que *Les jeux du dissemblable. Folie, marge et féminin en littérature haïtienne contemporaine* –livre de haute couture du savoir sur la littérature haïtienne contemporaine auquel il manque toutefois un index des notions et sujets traités–, soit amplement diffusé en Francophonie et, en Haïti, en direction du grand public, dans les Foires du livre, dans nos institutions d'enseignement supérieur et en particulier auprès des jeunes passionnés de littérature qui écrivent aussi bien en français qu'en créole. J'espère que les critiques littéraires, en Haïti, auront à cœur de s'inspirer du travail rigoureux de Stéphane Martelly pour arpenter de neuve manière la fiction littéraire haïtienne contemporaine avec les outils analytiques qu'elle expose et utilise dans une langue conceptuelle de grande clarté.

Robert BERROUET-ORIOL, M.A.

Zoé Valdès est née à La Havane en 1959. Docteur honoris causa de l'Université de Valenciennes, sa production littéraire est constituée de romans, poèmes et essais. Elle vit en France depuis 1995.

Zoé Valdès, **Le pied de mon père**, Paris, Gallimard, 2000, 205 pages.

Paru en 2000, *Le pied de mon père* met en scène Alma Desamparada, une petite fille devenue femme qui se lance sur les traces de son père, avec pour seuls indices quelques vagues souvenirs grisés par le temps et la distance, mais plus encore, par les pieds de ce père qui ressemblent aux siens. Une femme qui, née avec la révolution cubaine, a assez vécu pour comprendre le misérabilisme de ses congénères.

En proposant une critique de la forme de gouvernance pratiquée par Castro à Cuba, ce roman met à nu la misère des petites gens, la prison dans laquelle croupit tout un peuple. C'est un cri déchirant pour déplorer la situation dans laquelle tant de personnes se sont résignées à survivre, par crainte de se faire matraquer ou même fusiller. C'est comme si l'auteure voulait nous faire comprendre que les murs dorés des plus nobles palais sont parfois et souvent les plus cruelles prisons dans le monde. Alma Desamparada s'était obligée d'affronter la mer et les périls d'une aventure presque sans issue, de côtoyer des requins sur un radeau pas très commode au lieu d'affronter ses propres concitoyens. On aurait dit que la sauvagerie des milices de l'Orateur Radoteur est plus cruelle que celle des requins, que le danger qu'encourent ceux qui prennent la mer sans aucun espoir de réussite est moindre que celui encouru par ceux qui croisent le chemin des hommes de main du tyran. C'est pourquoi beaucoup de gens décident de se faire dévorer en pleine mer par des animaux sauvages au lieu d'être doublement torturés par le système en place : torturés par l'enfer dans lequel ils sont obligés de survivre et par les châtiments inhumains dont sont victimes tous ceux qui osent pointer du doigt le chef suprême. Ne pouvant plus supporter la réalité mutilante qui se profile sous leurs yeux, les habitants décident de « fuir l'enfer castriste pour le rêve américain ». Quoique ceux qui choisissent cette voie risquent de finir en pâture aux requins, comme l'a décrit Alma dans son effarement :

Libérée des cordes, je ramassai les saints et les diamants. Je voulus regarder la mer à travers la pierre précieuse, mais ce que je découvris, ce furent les débris d'autres radeaux. Des bras, des jambes, le corps mutilé d'un enfant. Je hurlai d'horreur puis jetai le diamant à la mer. Je vomis, je crus perdre la raison. J'eus la certitude de mourir, comme eux. Dans le sillage des restes humains surgirent trois requins (p. 167).

Et ceux qui restent alors, impuissants contre leur propre impuissance de fuir, indignés par leur propre misérabilisme, continuaient-ils de vivre ? Non, ils ne vivaient pas, ils étaient en train de mourir, ils apprenaient à mourir à petit feu. C'est ce qui arrive à un peuple quand ses citoyens sont ankylosés par la peur. La peur d'affronter le tyran, de prendre en main sa destinée, de se révolter contre l'inhumaine condition qu'on lui impose et de s'indigner quand sa liberté est bafouée. Pour donner raison à Constant Virgil Gheorghiu qui, dans *Les sacrifiés du Danube*, souligne que : « Dans ces malheureux pays, les gens ont davantage besoin de ceintures de sauvetage que s'ils étaient sous l'eau, au milieu de l'océan... C'est sur terre que se trouvent les véritables naufragés ».

Apparemment innocent de par son titre, *Le pied de mon père* fait une critique acide du peuple cubain. La société cubaine est vue comme étant une industrie robotique. D'ailleurs, penser est un verbe inconnu dans un pays où les autorités édictent des normes qui condamnent la liberté de pensée. Quand on n'est pas libre de ses propres pensées, réfléchir, penser et vivre ne sont que les pires mensonges du monde. Est-ce pourquoi la narratrice nous a-t-elle dit le fait qu'un cubain puisse penser est le plus grand mensonge du monde ? Car à quoi peut-on penser réellement quand des instances totalitaires imposent ce à quoi tout le monde doit penser? Oui, comment peut-on parler d'humain en absence de liberté ? Par l'entremise de la narratrice, Valdès met en doute la liberté individuelle :

Mais qui n'a jamais fait de prison à Cuba ? Ou plutôt, que celui qui est libre lève la main, l'immaculé citoyen, celui dont les poignets n'ont jamais connu les menottes. Beaucoup cherchaient dans un dictionnaire le sens du mot libre. » (p. 167)

Cependant, le pire n'est pas le fait

d'être cloîtré, mais de rester indifférent face à l'indigence et au malheur, de trop s'habituer à la misère au point qu'elle soit devenue une sorte de banalité à laquelle on s'accroche pour regarder passer le temps, sa vie. En comparaison à ce peuple résigné et croupi dans une misère camouflée, je reprends la formule de Dostoïevski dans *Crime et châtiment* en parlant de Raskolnikov : « La pauvreté l'écrasait. Ces derniers temps cepen-dant, cette misère même avait cessé de le faire souffrir ». Il n'y a rien de plus tragique dans la vie que de s'habituer à sa propre tragédie ! Et le pire, c'est qu'au cœur de cette tragédie, le cubain se sent isolé et étranger à lui au milieu de ses concitoyens. On aurait dit qu'il est en perpétuel exil. Mais cet exil évoqué ici n'est pas le fait de laisser son pays pour se réfugier ailleurs, c'est le fait de vivre chez soi tout en étant un étranger; et quand on est en exil, la vie a un goût morbide. On vit pour ne pas crever de honte. C'est une vie qui pue la mort et qui emmène ses rescapés au bord du gouffre. « Ce n'était pas une vie ; dirait Yasmina Khadra dans *Ce que le jour doit à la nuit*, on existait, et c'est tout ».

Si la situation misérable de ce peuple se révèle odieuse aux yeux de certains, d'autres, par contre, essaient à tout prix de l'embellir et de la présenter comme autre afin de faire croire au reste du monde que les gens mènent une vie paisible. C'est un vice à tous les grands tyrans de vouloir toujours donner de la couleur à leurs infamies. Alma, dans sa lucidité ne se laisse pas berner et dénonce cette propagande on ne peut plus malhonnête et accablante :

Ce qui est impardonnable, dit-elle, c'est d'avoir fait croire au rêve d'un monde meilleur, et que le régime s'entête à vouloir en convaincre la planète à tout prix en usant insidieusement de la répression et de la mort. Les autres tragédies mondiales ont fait couler des flots d'encre. Nous n'avons pas eu de chance avec la nôtre, hideuse entre toutes, mais si raffinée dans ses pièges. (pp. 155-156)

« La mort d'un homme équivaut à la mort de l'humanité », lit-on dans le *Coran*. Et dans ce texte, c'est une humanité souffrante, mutilée que nous présente Valdés, une humanité vidée de toute sensibilité où la violence s'est présentée à ses proies sous couvert de justice.

Jethro ANTOINE

Gary Victor est né Port-au-Prince. Auteur de plus d'une vingtaine de romans, il a reçu plusieurs distinctions pour son œuvre dont le Prix du Livre Insulaire en 2003 pour *A l'angle des rues parallèles* et la bourse Barbancourt en 2015 pour, *Le sang et la mer II : Hériodiane*.

Gary Victor, **Banal oubli**, Paris, Vents d'Ailleurs, 2008, 190 pages.

Gary Victor est l'un des écrivains haïtiens le plus imaginatif dans la construction d'un récit, pour être plus claire, avec un cadre purement haïtien. Avec un rien, l'audiencier haïtien fait des histoires magnifiques, les unes plus intéressants que les autres. De la série d'Albert Buron jusqu'à ses divers romans d'enquête mettant en scène l'inspecteur de police Azémar Dieuswalwe, il ne cesse de nous émouvoir.

Auteur aussi de nouvelles et de textes pour le cinéma, il est l'un des écrivains haïtiens le plus lu et le plus connu de sa génération. Un vrai best-seller. Ces récits accrochent autant les adultes de toutes catégories sociales du pays. Auteur également de littérature jeunesse, son œuvre met en scène les différentes facettes de la vie sociale et politique d'Haïti. Gary Victor est l'écrivain le plus populaire et même le plus vendu de sa génération aux cotés de Margareth Papillon, auteure de littérature jeunesse haïtienne.

En effet, Gary Victor est aussi cet écrivain qui part de la banalité quotidienne pour faire un roman ou un recueil. Tous les détails, même les plus insolites, l'intéressent. Rien n'échappe à ses yeux. Lire son œuvre, c'est aller vers cette réalité merveilleuse tissée de complexité, d'humour et d'obstacles que le héros fini parfois par surmonter. Il aussi l'auteur qui peut écrire une histoire à partir d'un rien. C'est l'homme des grandes histoires, rocambolesques, diront plusieurs journalistes haïtiens et étrangers. Il a ce talent extraordinaire de mélanger le naturel et le surnaturel.

Paru en 2008, *Banal oubli* est l'histoire d'un écrivain, Pierre Jean, qui, dans un élan d'ennui et de découragement, s'est amputé de lui-même. Il s'est oublié dans un bar, après avoir bagarré avec sa femme. Après la publication de son roman *Nuit muette sur la croix de l'arc en ciel*, il n'arrive pas à trouver de l'inspiration. Cet oubli banal va lui inspirer un nouveau roman. Pour recouvrer sa personne, il doit retourner sur les terres de son enfance et faire remonter tous les souvenirs qui l'ont bercé. Entretemps, l'inspecteur Dieuswalé Azémar court aux trousses de meurtriers dans les rues de Port-au-Prince. Voilà ce qui fait l'intrigue de ce roman. *Banal oubli* mélange autant qu'*À l'angle des rues parallèles* le merveilleux et le réel en Haïti.

En fait, le roman commence avec une terrible discussion entre le narrateur et sa femme, Alicia, qui est devenue une vraie peste dans la vie conjugale. Il laisse sa maison pour aller se réfugier dans un bar « Chez James », ainsi commence le désastre dans sa vie. Il fouille dans sa tête, dans ses souvenirs. Tout est là. Son téléphone et autres accessoires qu'il porte toujours avec lui sont là. Du coup, une sensation d'oubli l'envahit. Un manque. Quelque chose d'inhabituel. Qu'est-ce qui pourrait occasionner un tel oubli ?

Je vérifie ce que j'ai sur moi. Mon téléphone portable est dans l'étui à ma ceinture. J'ai un appel en absence. C'est le numéro de James. Je n'ai pas entendu sonner l'appareil. J'avais gardé le mode silencieux après avoir quitté le bar. James m'a certainement appelé pour me signaler l'oubli. Mais quoi ? Mon portefeuille est dans ma poche. Je vérifie tout ce qui s'y trouve. Qu'avais-je en main quand je suis rentré chez James ? Seulement les clés de mon véhicule. Pourquoi cette persistante et inquiétante sensation d'omission de perte? Qu'avais-je en main quand je suis rentré chez James ? Seulement les clés de ma voiture. Pourquoi donc cette persistante et inquiétante sensation d'omission de perte. (p. 10)

Avec *Banal oubli*, Gary Victor fait une plongée dans l'absurde. Le personnage principal du livre, Pierre Jean, romancier lui aussi comme l'auteur, est en plein délire. C'est un être hystérique qui s'en prend autant bien à lui-même qu'à sa femme. D'habitude, on oublie un trousseau à clé, un téléphone portable, son sac, mais comment s'oublier (soi-même) quelque part ? Comment l'écrivain Pierre Jean va-t-il finalement procéder pour se retrouver ? Comment résoudre son problème d'inspiration parce qu'a-près de la publication de son roman *Nuit muette sur la croix de l'arc-en-ciel*, tarde à venir.

Je me dois donc résoudre seul mon problème sans le secours de personne. Quand je m'échappe définitivement de Port-au-Prince. [..]

L'inspiration me vient toujours ainsi. Comme la gifle avec laquelle on réveille le mort qui qui va devenir Zombi. Je suis abasourdi. Qui disait que la réalité dépassait la fiction ? Le titre de mon prochain roman s'impose à moi. Banal oubli. Le titre est pour moi une matrice, le germe que je féconde de mon imaginaire pour faire naître l'œuvre. La situation de départ sera celle que je vis actuellement. Un écrivain sans inspiration [..] p.34.

Comme dans tous les romans de Gary Victor, l'intrigue est toujours passionnante avec des personnages et un cadre bien choisi. Le seul accroc à ses histoires, c'est l'absence d'une petite dose de poésie pour adoucir la langue à chaque fois dans ses récits.

Mirline PIERRE, M.A.

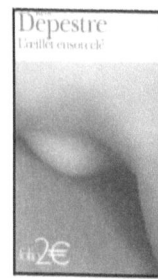

René Depestre est né en 1926 à Jacmel. À dix-neuf ans, il publie ses premiers poèmes, Étincelles. Opposant au régime du dictateur Lescot, il joue un rôle dans sa chute en 1946, avant d'être contraint à l'exil par le comité militaire qui prend le pouvoir.

René Depestre, **L'oeillet ensorcelé**, Paris, Gallimard, 2005, 128 pages.

Au frontispice du recueil, une partie du corps nue d'une femme, de dos, couchée sur le ventre, le sein gauche écrasé sur un drap violet. On devine un bassin en forme d'amphore. Une vraie taille de guêpe! Un grondement de tonnerre retentit au tréfonds du lecteur. Cet encadré d'image plante le décor de *L'œillet ensorcelé*. Une vraie mare aux diables!

L'œillet est un petit œil (lequel?). Un petit trou rond. C'est aussi une région dite hampe, grasset, œillère, lampe, qui s'étend de la partie postérieure et latérale du ventre vers l'extrémité inférieure et antérieure de la cuisse. L'œillet prend tout son sens dans le contexte de ce recueil.

L'auteur se joue des mots, les ensorcelle, leur donne une âme lubrique et un sens neuf, avec beaucoup de finesse et d'humour. Cet œillet, sous sa plume, semble être un fourreau de soie, une bague de chair que porte le doigt viril d'un jeune homme. Un doigt qui se mue dans cet univers en soleil, un sourire sur le visage du duo amoureux, comblé. Et le corps de cette femme au frontispice de *L'œillet ensorcelé* probablement celui de Kostadinka Crnojévitch, « la plus belle femme au monde » (p. 44), « l'ange libre de la jeunesse» (p. 28) de l'auteur-narrateur ou celui d'autres femmes, donne âme, corps et force aux lignes du livre. Elles se nomment: Germaine Villaret-Joyeuse, Cécilia, Chantal Richelet, Sylvie Chancelac, Christine de Neuvoctobre, Josefina Finamour, Lida Dombrozova, Yuko Matsumoto... et même la figure de la sulfureuse et célèbre Pauline Bonaparte. Pas exclusivement des femmes, il y a aussi William Fowler le noir américain qui a jeté son dévolu sur le narrateur (Stefan Oriol).

Toute une constellation de corps sulfureux, dotée d'un cœur doux comme le miel, drape le lit de ce livre, un fleuve en crue. Ils ont le diable au corps. Leur jeunesse est un turbo réacteur qui fait d'eux des êtres déchaînés. Ils se défoulent, se vidant dans le ciel duveteux du corps juteux de l'être conquis. Ils en arrivent à tirer au sort pour que les dieux de la probabilité désignent avec qui convoleront-ils en noces le soir!

Le livre fait cent vingt-huit pages. Quatre nouvelles, bien campées, extraites du recueil *Éros dans un train chinois* paru en 1993 tiennent en respect. Quatre torches libidineuses, traits de souvenirs de René Depestre! Des émois des sens, les plaisirs du corps, l'excitation contenue qui débouchent sur une jouissance digne d'un « possédé ». On eut dit parfois un corps emporté par la fumée d'un joint qui ne finit pas de se déployer infiniment. Ici, les ébats amoureux sont comme des œuvres d'art éphémères, de vraies performances artistiques.

Des histoires d'amour, de conquêtes amoureuses qui datent de quarante ans ("La Jupe") gardent leur première virginité et leur encens intacts, malgré la couche des années. L'univers du livre coloré, libertin, devient un nid douillet, tissé, un lit où la jubilation s'offre. Ce qui se trame entre ces lignes est bien plus qu'une invitation au voyage. Le récit a un effet sur le lecteur. Il devient la bouche des personnages. Il devient leur sexe et leur coup de rein. Celui-ci savoure les délices intimes desquels le narrateur les abreuve. Les hommes se verront avec leur « Paternoster en état d'incandescence et de grâce phallique », pour les femmes, ce qui nous laisse deviner l'état de la mare. Nous sommes comme foudroyés, pris au piège par ces couples d'un soir. On aimerait que ça dure, un peu plus.

Les lieux, dans le récit, sont multiples. Outre les mille lieux intimes que connai(ssen)t le(s) jeune(s) héros, il y a d'autres lieux physiques. Jacmel en est l'épine dorsale. Qu'on aille à New York ou à Kyoto, les souvenirs reviennent au nombril de cette trame, Jacmel (Haïti) comme dans un premier ébat qui nous vole notre virginité. D'autres lieux et pays comme la Yougoslavie, Belgrade, Sarajevo, la gare du nord, Zénitsa, Paris, le bateau L'Ile-de-France, confortent le récit.

Les femmes dans *L'œillet ensorcelé* sont filles de boulanger, étudiantes, sœurs religieuses, sportives, ingénieur-chimiste, mariées, célibataires, libres...

Le jeune héros dans « ce plus bel âge de la vie », n'est pas un complexé. Vingt-deux ans. Qu'il s'appelle, Vincent Lozeroy, Marc Zénon, Stéfan Oriol, Patrick Altamont, il est Haïtien, *descendant des jacobins noirs. Dès la première fois, on connut la bénédiction de jouir ensemble* (p. 52). [...] *Quitter ces cités sans être aller au soleil de leurs femmes, jetait le jeune homme dans la peau d'une sorte d'orphelin du réel merveilleux féminin* (p. 88).

La première nouvelle se déroule à Jacmel, la ville natale de René Depestre. Dans *L'œillet ensorcelé* qui donne si bien son titre au livre, Vincent Lozeroy, un jeune homme d'à peine dix ans, a entre les jambes un « prodige de virilité ». « Un poussoir à l'élasticité hors norme. »

À dix-neuf ans, le « grand-papa vilebrequin » de Lozeroy tient dragée hautes à toutes ces femmes jusqu'au jour où son chemin croise la route de Josefina Finamour une Cubaine délurée, une blonde, bien décidée à repousser les limites légendaires du célébrissime « obélisque » de Lezeroy. Un sorcier du nom d'Okil Okilon, un conteur, nous raconte cette histoire dans les colonnes de la *Gazette*. De quoi briser les habitudes.

La curée labiale dura bien après le lever du devant-jour de février : adolescentes et femmes mariées de la meilleure société jacmelienne jouèrent âprement à qui aurait l'honneur et l'ivresse d'accueillir à son comptoir "des indes orientales" un papa-œillet plus ensorcelé que l'œil du tigre de Bengale. (p. 17)

Dans la seconde nouvelle intitulée "La jupe", *les volontaires, dont Marc Zénon, accoururent de 39 pays (...), divisés en brigade de travail. Chaque brigade avait pour mission d'aider la jeunesse yougoslave à terminer dans le délai record de neuf mois les 242 kilomètres qui séparent la localité de Chamatz, sur les bords de la Sava, de la ville de Sarajevo, la célèbre capitale de la Bosnie-herzegovine* (p. 39), « après le désastre d'une guerre mondiale ». Ces jeunes pensent qu'eux et la jeunesse yougoslave, sont fils du même idéal. Pas certain, « pour les coups de pics dans le granit », assurément. « Dans la douce fourrure slave, niet ». La rencontre intime entre Zénon et Kostadinka, une slave, la légendaire commandant Dinka des communiqués de la BBC, provoque des étincelles. Les supplices subis par les femmes tondues pour avoir laissé les SS, barbares de l'occupation Nazie, leur machiner le derrière, reprennent corps et sens en ces lieux. Une jeune fille serbe, qui avait couché avec un étudiant marseillais, la veille, avait dans la matinée été tondue.

Dans "Blues pour une tasse de thé vert", le jeune Stefen Oriol, épris de Lidia, une joueuse de tennis, est contrarié par les avances « en ardentes et dues formes » de William Fowler, un noir américain. Celui-ci lui adresse « un courrier, un brulot de force ». Fowler invite Oriol chez lui. Il ne résiste pas à *ses yeux étincelants de nègre marron, à ses mains incendiaires de plantations coloniales, à sa grosse bite magique de dépuceleur d'adolescente blanche.* (p. 81) Il use de tout, douceur, brutalité, « bandé comme un élastique allemand » et tente d'abuser de celui-ci. Oriol qui se vante, qui fait le beau en disant aux filles : *le jour de ma naissance une déesse vaudou de dix-sept ans a coupé mon nombril avec ses dents* (p. 70), s'en sort sur le fil, marqué à jamais. *Je me levai d'un bon. Sans prendre le temps de rajuster mes vêtements, je m'enfuis dans le couloir (...) je courus à en perdre haleine vers Lidia.* (p. 83) Néanmoins, Oriol, à travers cette rencontre se frotte avec le jazz, le blues et les autres formes de l'aventure musicale du vieux Sud, les œuvres de Richard Wright, Langston Hughes, Countee Cullen, W.B. Du Bois. Un contrepoids avec la « génération perdue »: Hemingway, Faulkner, Dos Passos, Scott Fitzgerald qu'il connaissait déjà. Il est poète lui-même et son poète préféré est Blaise Cendras.

Patrick Altamon et Yaku Matsumoto, une femme ingénieur-chimiste, mariée, japonaise, se donnent un rendez-vous galant. Yaku, grâce à la flexibilité et à l'ouverture de sa culture japonaise, conduit Patrick jusque dans son foyer. Izumo Ishimatsu, son mari, très compréhensif, accueille avec joie la liaison de sa femme cachée des regards, sous leur toit conjugal. *Une pièce jamais vue dans nos relations: le partage de nos biens érotiques avec l'hôte qui nous vient de la mer, dit Yaku.* (p. 108) L'harmonie du couple ensoleille à jamais leurs travaux et leurs jours d'amants.

Le chiffre neuf est au carrefour des quatre nouvelles. Un six renversé dans tous les sens comme les trois couples de départ dans "La jupe". *J'eus trois fois cette chance avec Sylvie, neuf fois avec Christine* (p. 43). *Je repartis en elle (Kostadinka), à la neuvième pénétration* (p. 53), dans la nouvelle "La jupe". *Les seins à Lida étaient une paire de lunettes d'astronomie pour l'observation du neuvième ciel étoilé, dans la nouvelle Blues pour une tasse de thé vert.* (p. 75). *Elle mit sous les yeux du champignon dix-huit petits pains (9+9) expressément cuits en forme d'anneaux [...] je ne devais les revoir que neuf jours et neuf nuits après [...] j'ai tenu à ravitailler au vol la prodigieuse neuvaine dans L'œillet ensorcelé.* (p. 24) J'ai retenu une table au dix-neuvième étage dit Yuko Matsumoto dans la nouvelle *Un rêve japonais* (p. 92).

Ce chiffre représente aussi l'entraide, la complicité, la jeunesse éternelle. *–Monsieur réclame ma jupe blanche pour couvrir sa nuit d'amour!... Tiens, espèce de grand forban des Caraïbes! dit Chantal.* (p.55)

William Fowler dit Sir Bill comme Josefina Finamour la délurée, la Brigade, permettent aux jeunes héros dans *L'œillet ensorcelé* d'atteindre et de franchir leur limite, de continuer à se battre, car la vie est un combat. Il faut se battre, vaincre pour vivre.

J'étais absolument incapable de danser la valse à l'envers avec William Fowler ou d'aller au lit à son appel pour des forages off shore. Grace à Dieu : Quand à son sexe (Lidia), à l'heure de la cuisson solaire, ma solitude y trouvait un feuilleté de rêve... Jusqu'à l'instant du rendez-vous ces métaphores m'aidèrent à calmer l'impatience que j'avais de mettre les ponts sur les «i» à Sir Bill. (p. 75)

Pauline Bonaparte dans *L'œillet ensorcelé* évoque un passé indélébile des Caraïbes. Elle brode avec le viril membre de Leroy l'histoire de cette terre et celle de la France :

C'était donc ça le charmant œillet de la Caraïbe noire(...) Propose-le à ta grand-mère du Golfe de Guinée! Un Waterloo suffit dans la famille! (p. 19)

L'œillet ensorcelé est une vraie tentation pour le saint-homme! Une lubrique bible pour la prude! Le tailleur porte le nom de Togo, un petit pays de l'Afrique de l'ouest. Depestre est un sacré bâtisseur et un tempétueux blanchisseur de mot! Une cruche d'eau à plusieurs sens.

Le style de l'auteur est dense à l'image de l'engagement politique perceptible entre ces lignes. Une profusion d'images. Une écriture fluide, érotique et parfois descriptive. On est accroché au récit de la première à la dernière ligne. Les scènes érotiques sont détaillées, avec une joie électrique. Le sexe est nommé avec humour par un langage fleuri, drôle, aguichante, vivante, vibrante mêmes. *L'œillet ensorcelé*, un beau gosse aux carnets d'adresses débordés! Hélas!, la demande n'en finit pas! Entre ces lignes, « l'ellipse du bonheur ! »

Kokouvi Dzifa GALLEY

Jean-Claude Charles est né en 1949. Il a vécu à Chicago, New York et Paris où il a collaboré comme journaliste au quotidien *Le Monde* et à la *Radio France Culture*. Poète, romancier et scénariste, *Ferdinand, je suis à Paris* est son quatrième romand.

Jean-Claude Charles, **Ferdinand, je suis à Paris**, Paris, Bernard Barrault, 1987, 2005, 239 pages.

Jean-Claude Charles est un immense écrivain. Il ne fait pas de doute qu'il a été –et il l'est encore sans doute aujourd'hui – le plus grand écrivain haïtien des années 80-90 de la littérature haïtienne. Il est une valeur sûre, une perle rare. Son roman, *Manhattan blues*, paru en 1985 a été salué par Marguerite Duras qui a vu en lui un grand et excellent romancier. Ses livres se lisent avec appétit. Homme de partout et de nulle part, il partage sa vie entre, comme Ferdinand, le héros principal de ses deux grands romans, *Ferdinand, je suis à Paris* et *Manhattan Blues*, entre Paris et New York, vivant comme un nègre errant. Il a composé une œuvre avec des personnages de la vie de tous les jours. Des personnages harassés par la nostalgie, l'exil et l'abandon qui délirent et font de leurs souvenirs des prétextes pour transformer le quotidien maussade.

Comme l'auteur, le narrateur de *Ferdinand, je suis à Paris* est un journaliste haïtien qui mène une vie compliqué à Paris. Écrivain, il voit sa vie se bousculer entre trois villes : Port-au-Prince, Paris, New York. Mais c'est plutôt à Paris qu'il élit domicile, partageant son temps avec Cassegrain, un petit lapin qui lui a été offert par Jenny, la femme de sa vie. Cette dernière réside à New York, mais trouve quand le moyen de sauter dans un avion pour le retrouver dans le petit appartement situé dans le dix-neuvième arrondissement. Femme indépen-dante qui se soucie de tout comme l'est aussi Ferdinand, leur relation est à la fois tendre et houleuse. Un matin, elle débarque à Paris et laisse un message sur le répondeur de son homme pour l'aviser de son arrivée : Ferdinand, je suis à Paris.

Ce matin-là, quand il a reçu ce message, Ferdinand saute dans sa voiture et part à la rencontre de sa bien-aimée. Ne l'ayant pas trouvée à l'aéroport, il erre dans les rues, marchant sur ses traces dans l'espoir de tomber sur sa silhouette. Et tout le récit tourne autour de sa vie, ses journées attendries ou houleuses dans son studio avec Jenny, ses soirées avec ses amis Jean-Pierre, Mike et Ronald, Jenny, cette femme qu'il aime en temps de crise comme en temps de paix, Olivia, qu'il cherche à garder et ce livre qu'il écrit.

Ferdinand, je suis à Paris est un roman plein d'humour, de colère, d'amour et d'amitié. Mélange des cultures haïtienne, new yorkaise et française, le point focal du récit reste certainement Haïti, la terre d'origine du narrateur. C'est une terre qui n'existe, au fait, que dans sa tête. Car depuis qu'il l'a laissée, il rêve d'y mettre les pieds mais la violence, la misère et la dictature l'en empêche. Ce sont donc les vieux souvenirs qu'il a emportés avec lui comme bagage qui lui tiennent compagnie et l'aident à toujours habiter cette terre qui l'appelle tout en étant si loin.

Histoire de mémoire, d'amours impossibles ou presque, le roman est également un cri contre l'injustice et la violence, la misère et la vie déshumanisante des boat people.

Ferdinand, je suis à Paris est aussi l'histoire d'une île, Haïti, avec ses tempêtes politiques, ses clivages sociaux mais surtout ses petits bonheurs ensoleillés. Histoire d'une île en mal de liberté, en prise avec la dictature horrible, la lutte pour le pouvoir et l'espoir perdu. Mais à Paris, Ferdinand vit au rythme du temps, écoute du jazz, Gainsbourg, Gustave Mahler, lit Adorno tout en se mettant à l'écriture. Dans cette grande capitale où il traîne sa vie de journaliste à la pige et d'écrivain, deux choses importent dans toute cette histoire : Jenny et Haïti.

[...] *je traîne dans mon bordel, au sommet d'un immeuble de verre et de béton. Je sens que toute ma vie va se dérouler à Paris. Ou plutôt, à cause de Jenny, entre Paris et New York. Car une autre chose est claire : nous ne vivrons jamais ensemble. Nous vieillirons entre deux villes, avec entre nous ce pays naguère interdit, désormais permis, en tout cas dans ma mémoire. Pour moi, à présent, tout est limpide. Je passe des journées à penser à penser à Jenny. Je suis assis dans mon lit, le dos tourné à la tapisserie africaine dont elle disait. J'entends sa voix.* (p. 16)

Jenny est donc dans sa pensée, il vit avec sa voix dans sa tête. La terre natale est dans son corps, sa mémoire, il vit de ses souvenirs. À mesure que les événements se déroulent sous nos yeux, l'on découvre le côté binaire de la vie du personnage-narrateur. Deux femmes partagent sa vie : *Devant mes yeux défilent des femmes. J'ai fait pleurer* trop de femmes. *J'ai trop pleuré moi-même. Il faut que je retienne Olivia. Il faut que j'attende Jenny* (p. 62). Deux villes le hantent : *Je repense à une histoire de poisson à New York* […] *Ce soir-là, je me suis baladé seul dans New York et j'ai su que j'étais un homme perdu*. (pp. 91-92). *J'ai marché jusque vers les Champs-Élysées afin de me calmer* (p. 179), […] *j'suis pas Port-au-Prince j'suis Paris* (p. 205). En même qu'il a cette hantise de New York et Paris, l'on voit que Port-au-Prince, (Haïti) occupe toute de même un pan de sa mémoire. Il se souvient encore des années difficiles, la terreur de ce peuple à l'agonie, les méandres de *la prison de Fort-Dimanche, en bas de la ville, au bord de la mer* (p. 189), *la fin de [s] trente années d'agonie* (p. 172) et ce *vent de pillage soufflait sur Port-au-Prince* (p. 223) pour évoquer le *déchoukage*, témoignage de cette soif de liberté, ce besoin de s'exprimer, de se débarasser des affres de la faim et de la misère.

En somme, *Ferdinand, je suis à Paris* est un roman purement moderne écrit dans un style haché, qui brise carrément les techniques du roman classique. Avec des bribes de phrases de différents registres langagiers qui se superposent en toute élégance. Le récit est sons, images et rythmes tant l'écriture est jazzée. Il est vivant et énergique, humoristique et coloré. Entre exode, exil, dictature et aventures, Jean-Claude Charles nous a offert un roman tout empli des silences et des bruits du monde.

Dieulermesson PETIT FRERE, M.A.

Quatrième partie

Créations

247 Escapade sous les Tropiques
   Pascal Hermouet

251 D'un voeu primapare
   Robert Berrouët-Oriol

257 Parenthèses
   Navia Magloire

261 Haute lutte
   Watson Charles

267 Cologne
   Milady Auguste

Escapade sous les tropiques
──── *Pascal Hermouet*

Né en 1966 à Bordeaux, Pascal Hermouet a fait des études de Master lettres modernes (Rennes 2) et d'espagnol (Paris Ouest). Il a séjourné au Mexique. Enseignant, il a traduit des textes inédits de la littérature mexicaine pour la revue Siècle 21. En 2016, il a publié son premier recueil de poèmes, Lignes de fuite, *aux éditions Inclinaison.*

Escapade sous les tropiques

escapade sous les tropiques
faire ses prières à Veracruz
blanc colonial rose esplanade
coup de soleil non prévu
poisson charnu riz à volonté
romance gluante duo pimenté
galion atteint flottille enfuie
lampions éteints drapeau perdu
escapade en plein Mexique
aller simple sans paso doble

débarquement insomniaque aux fleurs de Manille dérèglement anorexique cargo dérouté lame de fond inédite typhon sans lamento abordage répété en baie d'Acapulco fort de sables mouvants mangrove abondante fruits callipyges prions ensemble cœur vaillant cou engageant lèvres écarlates alchimie sans soufre impossible n'est pas français de l'importance des langues étrangères savourer Rocío Durcal en version originale polyphonie pour nouveau monde

D'un voeu primipare
—— *Robert Berrouët-Oriol*

Linguiste, poète et essayiste, Robert Berrouët-Oriol est l'auteur de la première étude théorique portant sur "Les écritures migrantes au Québec". Il a dirigé et est coauteur de L'aménagement linguistique en Haïti : enjeux, défis et propositions *(2011). Finaliste du Prix du Carbet et du Tout-Monde, il a obtenu le grand Prix de poésie du Livre insulaire 2010 pour son recueil* Poème du décours.

D'un voeu primipare

À Stéphanie D.

I
car ta voix devenue aube patrie
        tel songe
                solfège
par vocales poncées
parmi précieuses pierres d'un vœu
ce jour tien
sur frêle géométrie du visage
je grefferai l'ultime paradisier
qui arpentera tes semelles
fleurant fastes festivités
et musarde d'apnée
        te voici
                en lointaine souche
                        au surjet primipare des alvéoles
liant d'anabase pour l'hommage persien
sur ma couche de feuilles vertes
des mains foreuses sur souffle cassé
ventriloques
à saute-mouton pavanent
essaiment
vers le braille laiteux des alluvions
        et me voici

dans l'allégresse de l'introït
dénouant parchemins
renouant margelle d'eaux emmêlées
sur sismiques alphabets

II
sur ta langue bengale
à ourler mes digues de silence
j'effeuille lactaires
allegro pour la glaise malefaim du Poème
et patois en feu de brousse
vers toi ma fièvre
dicte festives voyelles
   ah ! ravir ta luette
    ce temps qui dans tes mains
    vient à trop lents pas
et diseuse
et moissonneuse
    ma transhumance s'écrit
     de toi
abécédaire fontaine
de majuscule éternité

III
contre rétine décrue à consumer emblèmes je convoque l'assemblée des lettres des fracas de mémoires hissées en haute mer par-dessus bord dans l'halluciné des galions le neuf hommage au ventre en cavale des négresses défiant le rictus de la trique depuis je veille la nuit de ta langue le chant éteint des plantations drapées de détresse de silence de sextes décapités en toutes langues et voici que je chevauche le cens des dentelières au front des quais contre la chair bègue des écluses mienne majestueuse poreuse oblation et dans l'ivresse des langues j'ouïs leur ferveur déphrasée cavalcade d'éclairs de cravache et

feulements et salines suintées en faîte prosodie d'un mien Poème contre l'amnésie de soi un ultime chant à recoudre sur la mutité des mangroves en reddition de derme dans l'affleurement abécédaire des estampes j'imprime mon ombre à rebours rétines cerclées de lettres à bêcher sur l'Athésienne voix devenue aube patrie pour la faim palimpseste des épigrammes

Parenthèses
——— *Navia Magloire*

Née au Cap-Haïtien, Navia Magloire a fait des études en Psychologie à L'Université Lumière Lyon II. Elle vit actuellement aux États-Unis et participe régulièrement à des rencontres littéraires. Son troisième recueil de poèmes paraîtra sous peu sous le titre de Je suis tout un peuple labyrinthe.

PARENTHÈSES

Je suis en elle comme une mémoire ramifiée
j'attends l'écho des autres mondes
elle se rabat et s'abandonne
je crains qu'elle ne libère ces cris naguère engloutis
entrecoupés de terreur
face à elle je marche
dans ce long printemps profané
je ne sais pas comment naissent les mémoires
mais cette vague, celle qui revient, celle à laquelle
je voudrais me réinscrire
obstinément noire, longuement calcinée,
celle dans le viol sans après de la Vénus Noire
est encore porteuse d'effroi

MUR AMER

Corps de rosée recouvre donc ta violente nudité
le soleil t'en saura gré car lui aussi a froid
Terre de rumeurs et de vents
Je veux être libre de t'oublier libre de te perdre
Belle comme la bruine d'automne sur les feuilles mortes
Tu pousses en moi ton tumulte
tu me fais porter ton poids
Permets-moi de te perdre, je reviendrai
quand je t'aurais oublié
Belle comme le vent que tu caches sous tes ponts
je m'éteins sous les flammes de ta propre folie

Haute lutte

———— *Jean Watson Charles*

Né en Haïti, Jean Watson Charles a fait des études de Lettres Modernes et de sociologie à l'Université d'État d'Haïti. Rédacteur à la revue Legs et Littérature, *il a participé à plusieurs ouvrages collectifs et publié trois recueils de poèmes :* Pour que la terre s'en souvienne *(2010),* Lenglensou *(2011) et* Plus loin qu'ailleurs *(2013). Il vit à Paris.*

Haute lutte

Vacarme, bousculade, bruit incessant, agitation, la foule comme un essaim d'abeilles battait des mains dans un sentiment d'euphorie devant l'entrée des lutteurs. Autour de l'arène, les habitants de la commune des Anglais, instruments de musique en main, improvisèrent un spectacle de carnaval. En liesse, les lutteurs entrèrent dans l'arène et provoquèrent une hilarité apocalyptique, un rire démentiel et une joie sans fin. On oubliait vite que le pays trépassait. Sur l'estrade, des mains s'agitèrent autour des chansons populaires, des fans venus de l'arrière-pays secouaient les corps au son de la musique, d'autres s'émerveillaient devant le spectacle en criant, vive le *Pingué* ! Et sur le terrain en terre battue, dans la poussière – et tout autour –, le décor se prêtait à cette cacophonie générale et surréaliste, des corps gesticulaient au son du *Rara*, un moment pour oublier que leurs peines sont si grandes. Ceux qui ne voulaient pas rater ce spectacle se sont juchés sur les arbres, malgré les nombreuses chutes accidentelles et des morts électrocutés. Émerveillé, subjugué devant cette belle fête populaire, un journaliste étranger, ébahi, retraçait la scène en citant Jean-Price Mars : « Le peuple haïtien est un peuple qui rit, qui chante et qui pleure...un peuple qui rêve toujours de changement. »

L'arène est envahie de poussière et d'un soleil pâle; mais aussi contrasté par l'énergie de la foule. La joie autour d'eux était aussi incandescente que le soleil du sahel. Sur l'estrade, l'effervescence était à son comble, s'enflammait. Après avoir pris une rasade d'alcool, un homme essuya sa moustache frisée sur laquelle sont accrochées des miettes de pain puis hurla le nom de son ami qui sembla ne pas l'entendre à force que l'ambiance lui parcourait son être et le rendit sourd. Il hurla à nouveau. Mathias combien d'argent tu as sur toi? Le pari va commencer, disait-il. Il agita des liasses de billets autour de sa tête comme un signe de trophée, sans rien dire. Autour d'eux, les spectateurs assis sur les pierres ou à même le sol contemplèrent un moment de belle fête humaine et de rencontre. Mathias, d'un geste brusque, se retourna vers Jean-Robert et lui dit, regarde-moi ce costaud, je parie qu'il va nous mettre plein la vue.

Celui qu'il appela le costaud n'est qu'un homme squelettique, mal nourri aux airs d'un malade rechuté. L'athlète dansa au milieu de l'arène alors que Jean-Robert le regarda avec des yeux pleins de tristesse puis lança à Mathias : cet homme ne tardera pas être six pieds sous terre. Mathias ricana après l'avoir dédaigné. Il regarda son favori avec une certaine sérénité, une admiration même. Il fixa l'arène comme si le lieu dépassait son entendement. Les deux hommes se mettèrent en vis-à-vis, écoutant, du coup, les consignes de l'arbitre. L'un fit semblant de comprendre les règlements, l'autre le regarde en coulant un regard peu sympathique. Puis, ce fut le temps des embrassades, des poignées de mains, de sourires et de palpation des membres afin de chasser tous mauvais esprits qui se cachent dans leurs corps. L'un se recula, pivota sur lui-même, frappa ses pieds sur le sol empierré et gesticula son omoplate comme une danseuse dans les bordels de Pétion-ville. C'est surprenant de voir la façon dont cet athlète remua son corps, sa main se tourna vers le ciel face au public comme s'il voulait le prendre dans ses bras. Ce fut l'agitation générale, fou rire –, ses pieds retapèrent le sol dans une chorégraphie à la fois bizarre et grotesque.

Un tonnerre d'applaudissements se leva dans la foule pour saluer ce lutteur-danseur, avec son corps huilé, tout en sueur, beau comme un prince d'Afrique. Puis, il avança vers son adversaire avec ses bras en avant. L'autre lutteur le regarda avec indifférence, un visage sombre et sans expression. Un pantin, dit-il. Vêtus d'un court caleçon - ce qui ne laissèrent nullement les femmes indifférentes, car plongées dans des scènes érotiques à la vue de leurs membres qui dansèrent entres leurs jambes-, les deux adversaires s'avancèrent dangereusement l'un vers l'autre, leurs corps se rejoignant dans une sorte d'aimantation. Chacun chercha à s'agripper au corps de l'autre, parfois dans une lutte brusque et sauvage, en se tenant par les pieds ou par les bras.

Personne n'aurait cru que ces deux chétifs pouvaient donner un tel spectacle. Croche-pieds, enchevêtrement des corps, combats à mains nues, prises glissantes sur le corps huilé, les deux hommes enchaînèrent sauvagement leurs prises ; mais aucun n'arriva encore à vaincre l'adversaire. Leurs corps virevoltent dans la poussière soulevée par le vent. Éberlués, les spectateurs contemplèrent la scène avec stupéfaction, à tel point qu'on entendait une voix qui hurlait : « mets cette saloperie à terre ». D'autres semblaient rentrer en transes, possédés par l'alchimie de la lutte. L'odeur de l'alcool empestait l'air et enflammait les bouches édentées. Dans l'estrade, circulaient des liasses de billets usées, trouées et rafistolées que les mains enfoncèrent dans les poches comme des choses illicites. Les parieurs, à bout de souffle, sentaient leurs corps traversés par des spasmes d'angoisses, de vertige et d'incertitude.

Dans l'espoir de trouver une brèche pour évincer le vis-à-vis, les deux lutteurs se livrèrent à un macabre combat. Il fallait attendre quelques minutes pour qu'on trouve l'un au sol. La foule se rua dans l'arène et cria une victoire qui semblait venir de loin,

loin dans les entrelacements des corps sur un sol dur et rocheux, un combat épique que l'on n'est pas encore prêt à oublier. La foule jubilait, s'extasiait. Et autour du vainqueur, la piétaille grandissante, le toucha, l'admira et l'emporta nu, comme un verre de terre, aux portes de la ville sous un chant de victoire.

Jean Watson CHARLES

Cologne

Milady Auguste

Milady Auguste est née à Port-au-Prince en 1992. Passionnée de littérature, blogueuse d'Ayibopost, elle termine cette année des études en Médecine à la faculté de médecine de l'Université Notre Dame d'Haiti (Und'h). Auteure de DIX *et* Anacaona, Reine du Xaragua, *spectacles de la compagnie de danse Joelle Donatien Belot, elle publiera au printemps 2018 son premier roman,* Le tunnel, *chez LEGS ÉDITION.*

Cologne

Mélodie Devillefort se réveilla en sursaut, rabattit la couverture toute en sueur puis se redressa sur ses coudes, question de vérifier l'heure. 2 heures 30 du matin. Toujours ce rêve étrange. C'était à ne plus comprendre, cela durait depuis presqu'un mois... oui, trente jours depuis la mort de son oncle. Elle ramena ses cheveux d'ébène frisés en arrière, puis sortit du lit tout en s'assurant de ne pas réveiller son amie qui dormait sur le lit d'à côté. La jeune femme savait que quoi qu'elle fasse, elle ne réussirait pas à s'endormir. Mieux valait s'occuper à quelque chose d'utile pour faire passer le temps... et elle avait une idée bien précise en tête... même si elle était consciente que cela allait à coup sûr accentuer ce stress intense qui ne lâchait plus son organisme depuis des semaines.

Elle porta sa main à son médaillon, une pierre d'un bleu limpide en forme triangulaire qui, suspendue à une corde noire, descendait au creux de ses seins. Ses amies européennes la taquinaient souvent à ce sujet, disant qu'elle avait un « talisman » et Mélodie se contentait de sourire. Ses origines avaient toujours attiré l'attention de son entourage, mais c'était surtout ses yeux qui provoquaient l'étonnement de tous « Ah… vous êtes une métisse ? Martiniquaise sans doute ? » Et sa réponse les stupéfiait toujours : « Non, je suis Haïtienne et je ne suis pas une métisse. » Du moins pas à ce qu'elle sache… ou plus précisément selon la seule photographie qu'elle détenait de ses parents… ces derniers étaient décédés dans un accident de voiture plusieurs années de cela. Et la jeune femme n'avait aucun souvenir d'eux, tout ce qu'elle possédait était une photographie que sa tante lui avait donné quand, petite, elle commençait à poser des questions…

Elle avait hérité les cheveux d'ébène frisés de sa mère, une marabou comme on l'appelait dans son pays et la couleur cannelle de son père. Mais en ce qui s'agissait de ses yeux, d'un bleu si limpide, on ignorait de quel côté de sa famille qu'elle avait hérité ce gène. Or, comme on aimait dire que toute la population haïtienne est en fait métissée, peut-être qu'un gène endormi d'un ancêtre colon s'est manifesté dans sa génération…

Mélodie soupira à nouveau, prit l'ordinateur portable qui était sur son lit et, après une profonde inspiration, se décida à l'ouvrir. Il fallait qu'elle regarde à nouveau cette vidéo, même si elle savait pertinemment que cela continuerait de la perturber.

Oui depuis quelques semaines, la jeune femme avait l'étrange impression que tout était en train de basculer dans son univers… qu'elle n'avait aucun contrôle sur les événements qui se succédaient autour d'elle. Et dire qu'elle pensait que passer une semaine avec ses amies à Cologne après les examens du premier semestre de sa dernière année en Ethnologie à la Sorbonne lui changerait les idées… elle avait vu tout faux !

Quelques minutes avant de quitter son appartement parisien qu'elle partageait avec sa colocataire, elle s'était rendu compte qu'elle avait reçu une enveloppe. Mais ne voulant surtout pas rater son vol et impatiente de retrouver ses amies, elle l'avait emmenée avec elle et l'avait complètement oubliée au fond de son sac. Et c'est la veille, en préparant ses bagages pour son retour, qu'elle l'avait retrouvée en piteux état, toute repliée sur elle-même, le sceau rouge « Envoi express » et le timbre qui n'était autre que celui d'Haïti l'avait tout de suite interpellée. Comment avait-elle fait pour oublier de l'ouvrir à son arrivée à Cologne ? La question ne se posait même pas ! Entourée de ses amies, elle avait été beaucoup plus préoccupée à faire la fête et à jouer les touristes dans cette ville cosmopolite riche en culture, que de s'occuper d'une enveloppe qu'elle avait prise à la va-vite.

Aucun membre de sa famille ne l'avait prévenue qu'elle recevrait du courrier, et l'enveloppe était si légère qu'elle semblait vide ! Et à son grand étonnement son contenu était une clef USB...

Quel secret détenait ce petit morceau de plastique ? Un document important ? Une vidéo ?

En ouvrant l'unique fichier qui se trouvait sur la clef, la jeune femme avait sursauté en voyant le personnage qui s'adressait directement à elle.

Et à présent... Mélodie, plaçant ses écouteurs dans ses oreilles, se décidait à regarder la vidéo encore une fois. Elle tapa l'écran du bout de son index, et l'image se mit à bouger. La jeune femme reconnut tout de suite le décor qui se dévoilait petit à petit sur l'écran de son ordinateur. Comment aurait-elle pu oublier le bureau de son oncle Victor ? Elle se revoyait petite, s'y faufilant pour y prêter un livre, aider son oncle à taper des documents et même des fois y écouter en catimini des conversations "d'adultes" ?

Cette pièce se trouvant dans une ancienne maison de Pacot regorgeait de souvenirs de son enfance. C'est avec nostalgie qu'elle fixait avec attention tout ce qui rendait ce bureau si cher à ses yeux : en arrière-plan les tableaux locaux, la grande bibliothèque en bois de chêne ainsi que les encadrements contenant des photos de famille.

La vidéo a été sans aucun doute filmée par la caméra intégrée à l'ordinateur de Victor Devillefort, vu la qualité de l'image et la position assise de son oncle, le dos droit contre le dossier de sa chaise, les mains jointes devant lui.

Elle ne put s'empêcher de ressentir cette douleur dans la poitrine en regardant le visage de cet homme, son parrain et oncle… sa barbe et ses cheveux blancs, et ce pli sur son front, si caractéristique de ses instants de pure réflexion.

Mélodie… si tu reçois ce message, c'est que malheureusement il m'est arrivé quelque chose de grave. Après une profonde inspiration, il continua : je ne dispose pas d'assez de temps pour t'expliquer en long et en large ce qui est en train de se passer, mais sache que tu trouveras, si tu cherches bien, tous les éléments de réponse. Mais je ne te demande qu'une seule et unique chose : ne donne à quiconque, j'ai bien dit « quiconque » ton médaillon, sous aucun prétexte. Te rappelles-tu de la légende que j'aimais te conter quand tu étais petite ? Légende liée à cette pierre de la même couleur que tes yeux ? Mes dernières recherches et découvertes m'ont fait comprendre que ce n'était pas du tout une fable. Je t'en conjure, Mélodie, garde cette pierre précieusement. Au moment opportun, ta tante t'expliquera tout ce que tu devras savoir.

Et la vidéo s'arrêta ainsi. La jeune femme serrait très fort le médaillon au creux de sa main, tout en essayant de calmer sa respiration et les battements effrénés de son cœur. Oui, il fallait qu'elle fasse quelque chose! Elle ne pouvait pas rester là comme ça, avec une telle vidéo en sa possession… sans agir !

Elle enleva les écouteurs, puis s'assit en tailleur sur son lit. Cette vidéo démontrait de manière explicite que son oncle savait qu'il était en danger… ce qui étayait la thèse de sa tante, disant que son mari n'avait pas été tué par un simple accident de voiture comme cela avait été le cas pour son frère et sa femme quelques années plus tôt, mais qu'on l'avait carrément assassiné !

« Dieu du Ciel ! », pensa Mélodie, tout en fermant les yeux. Que devait-elle penser de tout ça ? Si son oncle avait véritablement été en danger. Cela sous-entendait que sa tante et elle l'étaient en ce moment !

— Mel ? Ça va ? fit Beth d'une voix endormie tout en se redressant.

— Je ne voulais pas te réveiller Beth. Oui, ça va, t'inquiète.

Élisabeth se redressa complètement tout en allumant la veilleuse, ses cheveux blonds fusaient de toute part ; ajustant ses lunettes sur son nez aquilin, elle regardait son amie avec attention. Cela faisait trois ans qu'elles se connaissaient, Mélodie et elle ; en plus d'être colocataires, elles étaient devenues les meilleures amies du monde. Et elle savait pertinemment bien quand son amie lui mentait ou pas…

— Mel… je sais que ça ne va pas. Qu'est-ce qui se passe ?

— Rien, je te dis ! Ce n'est rien ! Allez, recouche-toi. Essayons de rattraper ces quelques heures de sommeil qui nous restent.

Tout en disant cela, la jeune fille donna dos à son amie tout en se pelotonnant sous sa couverture coupant ainsi court à toute discussion. Élisabeth secoua la tête d'un air consterné, puis se résigna à éteindre, tout en sachant bien que demain, elle comptait bien lui tirer les vers du nez…

Milady AUGUSTE

Cinquième partie

Regards

275 **Comité International des Études Créoles, 15ème Colloque international**
Par Fritz CALIXTE

277 **Prix, distinctions et événements**

Comité International des Études Créoles, 15ème Colloque international

Le 15ème colloque International des Éudes Créoles s'est tenu du 31 octobre au 4 novembre 2016 à Baie Mahault en Guadeloupe. Réalisé depuis presqu'une cinquantaine d'années, à intervalle régulier, le colloque est organisé sous la direction du Comité international des études créoles qui réunit des chercheurs du monde entier travaillant autour des questions de langue, culture, tradition des sociétés créoles.

Le colloque constitue la grande messe des études créoles et confirme l'importance des études créoles pour les sciences humaines et sociales. Le projet était d'aborder la question « Pourquoi étudier les langues, cultures et sociétés créoles aujourd'hui ? » en sollicitant différentes disciplines des sciences humaines et sociales, en accordant une priorité aux questions liées aux politiques éducatives en pays créolophones et à la place du créole dans les institutions scolaires. Soixante-dix communications, issues de toutes les disciplines des sciences humaines et sociales, ont également été présentées, dont dix-huit consacrées aux questions éducatives et aux enjeux didactiques du créole à l'école. Trois sessions de communications ont été explicitement consacrées à la question de l'école et de l'enseignement.

Environ une centaine de participants, issus de dix-sept pays différents, ont pris part au programme scientifique du colloque (voir le programme et la liste des participants). Le colloque a largement bénéficié de la participation des laboratoires des universités régionales : CRILLASH (G. L'Étang) et CRREF (F. Anciaux) de l'Université des Antilles, l'Université de Guyane (M. Blérald & Hidair-Krivsky) et des laboratoires (LangSE (Langue, Société, Éducation) et LADIREP de l'Université d'État d'Haïti. Au-delà, la plupart des territoires créolophones étaient représentées au Colloque. Cela a permis de nombreux échanges en langue créole, l'un des vœux exprimés, il y a fort longtemps par le mouvement *Bannzil*. L'un des aspects les plus remarquables de ce Congrès fut les échanges dans les diverses langues créoles présentes.

Le 15ème colloque international des études créoles a produit des résultats scientifiques stimulants. Il a encouragé la collaboration entre les différentes structures de recherche représentées (notamment les laboratoires de l'espace caribéen, tels que le CRREF ou le CRILLASH, et les laboratoires européens). Il a, enfin, contribué à la diffusion des recherches créoles auprès des publics de l'aire caribéenne (principalement Martinique et Guade-loupe) local, fortement présent.

Organisé avec le soutien de l'Organisation Internationale de la Francophonie, du Conseil Régional de la Guadeloupe, de l'Agence Universitaire de la Francophonie, de la Direction des Affaires Culturelles de la Guadeloupe, du Conseil Départemental de la Guadeloupe, de la Communauté d'Agglomération Cap Excellence, de l'Université des Antilles, de l'Association Haïti Monde et de l'Association pour la Promotion et la Diffusion des Études Créoles (APRODEC), la prochaine étape consiste en la publication des actes du colloque. Le prochain congrès se tiendra en 2018 aux Seychelles.

Fritz CALIXTE, Ph.D.

Prix, distinctions et événements

Anthony Phelps, Prix Carbet 2016

Le Prix Carbet de la Caraïbe et du Tout Monde 2016 a été décerné à l'écrivain haïtien, Anthony Phelps pour l'ensemble de sa production littéraire. Anthony Phelps, en 1961, a participé dans la construction du Groupe Haïti littéraire et scientifique à cote de Roland Morisseau, Serge Legagneur et d'autres écrivains importants de l'époque. Il est l'un de nos meilleurs écrivains haïtiens vivants.

LEGS ÉDITION au Salon du livre de Francfort

Du 19 au 23 octobre 2016, LEGS ÉDITION a participé au Salon du livre de Francfort, en Allemagne. Cette activité est Inscrite dans le cadre d'une mission destinée à des éditeurs d'Afrique subsaharienne et d'Haïti à l'invitation du Bureau international de l'édition française (BIEF). À rappeler que la Foire du livre de Francfort est la plus grande foire du livre professionnelle au monde avec 7 100 exposants venus de 100 pays, 4000 événements et 10000 journalistes accrédités dont 2 000 blogueurs.

Les Étonnants voyageurs en Haïti

Du 1er au 5 décembre 2016 a lieu en Haïti la 3ème édition du festival Étonnants voyageurs de Port-au-Prince autour de la thématique « Écrivains et artistes dans le chaos du monde ». Cette dernière édition a été l'occasion pour les participants de montrer au monde entier que la production littéraire haïtienne est riche et variée. Présidé par Lyonel Trouillot et Dany Laferrière, il est une initiative de l'écrivain français Michel Lebris.

Prix, distinctions et événements

Coutechève Lavoie Aupont, prix René Philoctète de la poésie

Les prix René Philoctète de la poésie 2016 et Dominique Batraville ont été décernés au poète Coutechève Lavoie Aupont pour ses deux recueils respectivement titrés *Le doute de la main* et *Make pa*. Présidé par Lyonel Trouillot, le prix a été institué par la Direction nationale du livre (Dnl) en vue de promouvoir la création poétique dans le pays. Coutecheve Lavoie Aupont est l'une des plumes émergentes de la littérature haïtienne.

Faubert Bolivar, Prix Paroles et actions

L'écrivain Faubert Bolivar a reçu, en mars 2017, le Prix Paroles et actions pour son texte théâtral intitulé *Les Revenants de l'impossible amour*. Faubert Bolivar est dramaturge et poète haïtien. Il évolue en Martinique. Sa production littéraire est disponible en Haïti et l'étranger.

Cinq prix littéraires pour Makenzy Orcel

Le romancier et poète Makenzy Orcel a reçu cinq prix littéraires (Prix littérature-monde 2016, Prix Louis Guilloux 2016, Prix littéraire des Caraïbes de l'ADELF 2016, Prix Ethiophile 2016 et le Prix littéraire de la Société des Gens de lettres) pour son roman *L'ombre animale* publié aux éditions Zulma en France. Né en 1983, Orcel est l'auteur de *Les latrines* (2011) et *Les Immortelles* (2010) salué par le prix Thyde Monnier de la Société des gens de lettres.

Sixième partie

Repères bibliographiques des écrivains de la Caraïbe

Recensement sélectif d'œuvres d'écrivains de la Caraïbe[1]

---

1. Ce travail est réalisé par Mirline Pierre avec le concours de Dieulermesson Petit Frère à partir de recherches effectuées en ligne et dans leur bibliothèque personnelle. Nous sommes très reconnaissants envers Thomas Spear, créateur du site île en île (http://www.ile-en-ile.org) qui rassemble des données importantes sur la littérature haïtienne, lesquelles nous ont été très utiles.

Cuba

Alejo Carpentier (1904-1980)
- *Le Royaume de ce monde,* 1949
- *Le Partage des eaux,* 1953
- *Chasse à l'homme,* 1958
- *Le Siècle des Lumières,* 1962
- *Le Recours de la méthode,* 1974
- *Concert baroque,* 1974
- *La Harpe et l'Ombre,* 1979
- *La Danse sacrale,* 1980
- *La Musique à Cuba,* 1985

Pedro Juan Guitterez (1950-)
- *Le roi de La Havane*
- *L'Insatiable Homme-Araignée*
- *Viande à chien* (Prix Narrativa Sud del Mondo)
- *La mélancolie des lions*
- *Le nid du serpent*
- *Notre GG dans La Havane*
- *Coeur métissé*
- *Moi et une vieille négresse voluptueuse*
- *Lulú le dégagé*
- *Mourir dans Paris*

Leonardo Parduro (1955-)
- *Passé parfait,* 2000
- *Vientos de cuaresma* (1994)
- *Électre à La Havane,* 1998
- *L'Automne à Cuba,* 1999
- *Adiós Hemingway,* 2004
- *Les Brumes du passé,* 2006
- *Mort d'un chinois à La Havane,* 2001
- *Hérétiques,* 2013

Zoe Valdès (1959-)
- *Sang bleu,* 1993
- *La Sous-développée,* 1996

- *Le Néant quotidien*, 1995
- *La Douleur du dollar*, 1997
- *Café Nostalgia*, 1999
- *Trafiquants de beauté*, 2001
- *Cher premier amour*, 2000
- *Le Pied de mon père*, 2000
- *Soleil en solde*, 2000
- *Miracle à Miami*, 2002
- *Louves de mer*, 2005
- *L'Éternité de l'instant*, 2005
- *Les Mystères de la Havane*, 2002
- *Danse avec la vie*, 2009
- *L'Ange bleu*, 2012
- *Le Roman de Yocandra*, 2012
- *La Nuit à rebours*, 2013
- *La Chasseuse d'astres*, 2014
- *La femme qui pleure*, 2015

Guadeloupe

Maryse Condé (1937)
- *Heremakhonon*, 1976
- *Une Saison à Rihata*, 1981
- *Ségou: Les murailles de terre*, 1984
- *Ségou: La terre en miettes*, 1985
- *Moi, Tituba, sorcière noire de Salem*, 1986
- *La vie scélérate*, 1987
- *Traversée de la mangrove*, 1989
- *Les Derniers Rois Mages*, 1992
- *La Colonie du Nouveau Monde*, 1993
- *La Migration des coeurs*, 1995
- *Desiradat*, 1997
- *Célanire cou-coupé*, 2000
- *La Belle Créole*, 2001
- *Histoire de la femme cannibale*, 2003
- *Les belles ténébreuses*, 2008

- *En attendant la montée des eaux*, 2010.
- *Le Coeur à rire et à pleurer, contes vrais de mon enfance*, 1999
- *Victoire, des saveurs et des mots*, 2006
- *La vie sans fards*, 2012
- *Mets et merveilles*, 2015

Daniel Maximin
- *L'Isolé soleil*, 1981
- *Soufrières*, 1987
- *L'Ile et une nuit*, 1995
- *Tu, c'est l'enfance*, 2004
- *L'Invention des Désirades*, 2000
- *Les Fruits du cyclone, une géopoétique de la Caraïbe* (avec la collaboration de Valérie Picaudé-Baraban), 2006
- *Aimé Césaire, frère volcan*, 2013

Ernest Pépin
- *L'Homme au Bâton*, 1992
- *Tambour-Babel.*, 1996
- *Le Tango de la haine*, 1999
- *Cantique des tourterelles*, 2004
- *L'Envers du décor*, 2006
- *Toxic Island*, 2010
- *Le Soleil pleurait*, 2011
- *Le Griot de la peinture*, 2014
- *Au verso du silence*, 1984
- *Salve et Salive*, 1991

André Schwarz-Bart
- *Le Dernier des Justes*1, 1959
- *Un Plat de porc aux bananes vertes* (avec Simone Schwarz-Bart), 1967
- *La Mulâtresse Solitude*, 1972
- *L'Étoile du matin*, 2009
- *L'Ancêtre en Solitude* (avec Simone Schwarz-Bart), 2015
- *Adieu Bogota* (avec Simone Schwarz-Bart), 2017

Simone Schwarz-Bart
- *Un Plat de porc aux bananes vertes* (avec André Schwarz-Bart, 1967.
- *Pluie et vent sur Télumée Miracle*, 1972.

- *Ti Jean l'horizon*, 1979.
- *L'Ancêtre en Solitude* (avec Simone Schwarz-Bart), 2015
- *Adieu Bogota* (avec Simone Schwarz-Bart), 2017

Haïti

Bonel Auguste

- *Fas doub lanmò,* 2000
- *Fulgurance,* 2004
- *Dève lumineuse,* 2007
- *Nan Dans Fanm,* 2015
- *Un cri Lola,* 2013

Jean Claude Charles

- *Négociations,* 1972
- *Sainte dérive des cochons,* 1977
- *Bamboola Bamboche,* 1984
- *Manhattan Blues,* 1985
- *Ferdinand je suis à Paris,* 1987
- *Le Corps noir,* 1980
- *De si jolies petites plages,* 1982
- *Quelle fiction faire ? Que faire ? ; notes sur la question littéraire haïtienne,* 1999

Louis Philippe Dalembert

- *Le Crayon du bon Dieu n'a pas de gomme,* 1996
- *L'Autre face de la mer,* Stock 1998
- *L'Île du bout des rêves,* 2003
- *Rue du Faubourg Saint-Denis,* 2005
- *Les dieux voyagent la nuit,* 2006
- *Epi oun jou konsa tèt Pastè Bab pati,* 2008
- *Noires blessures,* 2012
- *Ballade d'un amour inachevé,* 2014
- *Vodou ! Un tambour pour les anges,* 2003
- *Le roman de Cuba,* 2009
- *Le Songe d'une photo d'enfance,* 1993

- *Histoires d'amour impossibles... ou presque,* 2007
- *Les bas-fonds de la mémoir,* 2012
- Avant que les ombres s'effacent, 2017

Néhémy Jean-Pierre
- *Emmuré suivi de Mots épars,* 2012
- *Rapatriés,* 2017

Nadine Magloire
- *Le mal de vivre,* 1968
- *Autopsie in vivo: le sexe mythique,* 1975
- *Autopsie in vivo,* 2009
- *Autopsie in vivo* (la suite), 2010

Stéphane Martelly
- *Couleur de rue,* 1999
- *Le Sujet opaque, une lecture de l'oeuvre poétique de Magloire-Saint-Aude,* 2001
- *L'Homme aux cheveux de fougère / Nèg-fèy,* 2002
- *La Maman qui s'absentait,* 2011.
- *Inventaires,* 2016.
- *Les jeux du dissemblable. Folie, marge et féminin en littérature haïtienne contemporaine,* 2016

James Noël
- *Poèmes à double tranchant / Seul le baiser pour muselière,* 2005
- *Le Sang visible du vitrier,* 2006
- *Bon Nouvèl,* 2009
- *Kabòn 47,* 2009
- *Quelques poèmes et des poussières (avec Vingt-cinq poèmes avant le jour, de Dominique Maurizi),* 2009
- *Des poings chauffés à blanc,* 2010
- *Kana Sutra,* 2011
- *La migration des murs / La migrazione dei muri,* 2012
- *Le Pyromane adolescent,* 2013
- *Cheval de feu,* 2014
- *Le pyromane adolescent suivi de Le sang du vitrier,* 2015
- *Majigridji,* 2017

Makenzy Orcel
- *La douleur de l'étreinte*, 2007
- *Sans ailleurs*, 2009
- *À l'aube des traversées et autres poèmes*, 2010
- *Les Immortelles*, 2010
- *Les Latrines*, 2011
- *L'Ombre animale*, 2016

Rodney Saint-Éloi
- *Graffitis pour l'aurore*, 1989
- *Voyelles adultes*, 1994
- *Pierres anonymes*, 1994
- *Cantique d'Emma*, 2001
- *J'avais une ville d'eau de terre et d'arcs-en-ciel heureux*, 1999
- *J'ai un arbre dans ma pirogue*, 2004
- *Récitatif au pays des ombres*, 2011
- *Jacques Roche, je t'écris cette lettre*, 2013
- *Haïti, Kenbe la*, 2010

Martinique

Aimé Césaire (1913- 2008)
- *Cahier d'un retour au pays natal*, 1939
- *Soleil Cou Coupé*, 1948
- *Corps perdu*, 1950
- *Ferrements*, 1960
- *Cadastre*, 1961
- *Les Armes miraculeuses*, 1970
- *Moi Laminaire*, 1982
- *La Poésie*, 1994
- *Et les Chiens se taisaient*, 1958
- *La Tragédie du roi Christophe*, 1963
- *Une Tempête*, 1969
- *Une Saison au Congo*, 1966.

Suzanne Dracius (1961-)
- *L'Autre qui danse*, 2007

- *Rue Monte au Ciel*, 2003

Frantz Fanon (1925-1961)
- *Peau noire, masques blancs*, 1952
- *L'An V de la révolution algérienne*, 1959
- *Les Damnés de la terre*, 1961
- *Pour la révolution africaine*, 1964

Édouard Glissant (1928-2011)
- *Soleil de la conscience (Poétique I)*, 1997
- *Le Discours antillais*, 1997
- *Poétique de la Relation (Poétique III)*, 1990
- *Introduction à une poétique du divers*, 1996
- *Faulkner, Mississippi*, 1998
- *Traité du Tout-Monde. (Poétique IV)*, 1997
- *La Cohée du Lamentin. (Poétique V)*, 2005
- *Une nouvelle région du monde. (Esthétique I)*, 2006
- *Mémoires des esclavages*, 2007
- *Quand les murs tombent. L'identité nationale hors-la-loi ?* (avec Patrick Chamoiseau), 2007
- *La terre magnétique : les errances de Rapa Nui, l'île de Pâques* (avec Sylvie Séma), 2007
- *L'intraitable beauté du monde. Adresse à Barack Obama* (avec Patrick Chamoiseau), 2009
- *Philosophie de la Relation*, 2009
- *Le Sel Noir*, 1960
- *Les Indes, Un Champ d'îles, La Terre inquète*, 1965
- *Boises; histoire naturelle d'une aridité*, 1979
- *Le Sel noir; Le Sang rivé; Boises*, 1983
- *Pays rêvé, pays réel*, 1985
- *Fastes*, 1991
- *La Lézarde*, 2007
- *Le Quatrième Siècle*, 1997
- *Malemort*, 1997
- *La Case du commandeur*, 1997

Liste des rédacteurs et contributeurs :

Jethro ANTOINE
Milady AUGUSTE
Catherine BOUDET
Robert BERROUËT-ORIOL
Fritz CALIXTE
Jean Watson CHARLES
Webert CHARLES
Louis-Philippe DALEMBERT
Audrey DEBIBAKAS
Claudy DELNÉ
Marie-Josée DESVIGNES
Jean James ESTÉPHA
Pierre Suzanne EYENGA ONANA
Kokouvi Dzifa GALLEY
Guillemette de GRISSAC
Benjamin HEBBLETHWAITE
Pascal HERMOUET
Serghe KÉCLARD
Frenand LÉGER
Navia MAGLOIRE
Alba PESSINI
Dieulermesson PETIT FRÈRE
Mirline PIERRE
Hugues SAINT-FORT
Carolyn SHREAD

Déjà parus

- *Insularité(s)*, No. 1, Janvier 2013
- *Érotisme et tabou*, No. 2, Juillet 2013
- *Dictature, révolte et écritures féminines*, No. 3, Janvier 2014
- *Traduction, réécriture et plagiat*, No. 4, Juillet 2014
- *Migration et littérature de la diaspora*, No. 5, Janvier 2015
- *Littérature jeunesse* , No. 6, Juillet 2015
- *Les plumes francophones émergentes* , No. 7, Janvier 2016
- *Marie Vieux-Chauvet* , No. 8, Juilllet 2016

Imprimé pour le compte de LEGS ÉDITION
26, delmas 8, Haïti
(509) 37 45 33 05/37 48 59 51
legsedition@fr.ht
www.legsedition.com
Mai 2017

www.ingramcontent.com/pod-product-compliance
Lightning Source LLC
Chambersburg PA
CBHW022002160426
43197CB00007B/240